한국 고전시가의 교육적 탐색

한국 고전시가의 교육적 탐색

고영화

한국학술정보㈜

이 책은 고전시가교육의 방향을 크게 세 측면에서 탐색해 본 것이다. 책으로 정리하고 보니 고전시가교육에 입문한 뒤 현재에 이르는 동안 관심을 가져왔던 과제들의 변화 과정을 그대로 담아내고 있음을 발견하게 된다.

제1부는 인간 발달 이론의 관점에서 시조 교육을 설계해 본 것으로서, 박사 학위 논문을 다듬은 것이다. 학습자의 발달 단계에 따라 작품에 대한 의미 부여의 모습이 변화해 나간다는 점에 주목하여 시조 교육의 내용과 방법을 위계화해 본 연구이다. 여기에는 학습자 요소에 대한 관심이 강조됨으로써 고전문학은 국어교육의 다양한 층위에서 풍부한 교육 내용으로 다루어질 수 있을 것이라는 믿음이 깔려 있다.

제2부는 학습자의 경험 세계를 확충시켜 줄 수 있는 자료로서 고전시가가 갖는 의미에 대해 탐구한 것이다. 과거는 현재와 유사하기 때문에 의미 있는 것만이 아니라 때로는 매우 낯선 자극 자료의 역할을 할 수 있기 때문에, 그리고 현재에 없는 어떤 것을 확인하게 하고 검토하게 한다는 점에서 현대의 학습자에게 매력적인 대상일 수 있다. 이러한 점에서 고전시가의 '낯섦'이 갖는 교육적 의미에 초점을 맞추어 탐구해 본 논문 두 편을 모았다.

제3부는 <용비어천가>를 대상으로 하여 고전시가가 표현교육의 자료로서 기여할 수 있는 가능성에 대해 모색해 본 것이다. 한국 고전시가 작품들의 표현 자질에 주목하여 그것을 표현교육의 측면에서 음미해 보는 일은 고전의 현재적 연관성을 모색하는 작업으로서, 앞으로도 지속적으로 이루어져야 하는 과제라고 할 수 있다.

이처럼 지금까지 필자가 생각해 온 고전시가교육의 과제와 방향을 이 책은 담고 있다. 이러한 과정이 생각의 성숙과 발전이라고 할 수 있을지는 잘 모르겠다. 그러나 짧지 않은 시간 동안 변화해 온 필자의 모습은 신생 학문이라고 할 수 있는 '고전시가교육학' 자체의 모색과 탐구의 과정을 투영하는 것이기에 개인적인 의미에만 한정되는 것은 아니리라 생각한다. 바라는 것은, 지금까지의 모색이 고전시가교육학의 더 큰 한 걸음을 위해 기여했으면 하는 것이다.

이 책을 내며, 지금까지 공부를 할 수 있도록 도와주신 많은 분들을 떠올려 본다. 먼저, 학문하는 자세를 가르쳐 주시고 교육에 대한 관점의 폭을 넓힐 수 있도록 지도해 주신 김대행 선생님께 깊은 감사의 말씀을 올린다. 이 책에 담긴 모든 글들은 선생님께서 이룩하신 학문적 터전 위에서 가능할 수 있었다. 박사 학위 논문을 심사해 주신 김흥규, 김학성, 윤여탁, 김종철 선생님께서는 중요한 조언을 통해 학문적으로 더욱 분발할 수 있도록 이끌어주셨다. 국어교육과 관련된 다채로운 주제를 통해 학문적 관심사를 풍요롭게 기질 수 있도록 이끌어주신 서울대학교 국어교육과의 여러 은사님들께도 감사드린다.

공부에 전념할 수 있도록 항상 아낌없는 지원을 해주시는 양가 부모님께 이 책이 작은 기쁨이 되었으면 좋겠다. 곁에서 지켜봐준 남편과 밝게 자라준 유리에게도 고마움의 마음을 전한다.

2009년 관악에서
고영화

목 차

제2부 고전시가의 경험교육적 탐색···183

제1부
인간 발달과
시조 교육

제1장
시조의 국어교육적 가치

1. 품위 있는 언어 능력의 신장

현대시나 다른 고전 장르와 비교해 보았을 때 시조의 형식적 특성으로 언급할 수 있는 것은 길이가 짧다는 점이다.[1] 3장이라는 정형화된 틀과 대략 45자 내외의 글자 수에 자신의 사상과 감정을 표현해야 한다는 제약이 작용하기 때문이다. 이러한 양적(量的)인 제약은 시조를 시조답게 하는 견고한 틀이 된다.

짧게 표현한다는 것의 미덕은 표현의 간명성, 단순함의 미(美), 언어의 절제(節制)가 갖는 인간학적 가치 등과 같이 다양한 측면에서 접근할 수 있다. 그러나 어떠한 경우에든지 그것이 시적 언어의 중요한 본질이라는 점, 간결한 형식에 자신의 사상과 감정을 담을 수 있는 표현 능력을 요구한다는 점,[2] 표현의 기민성과 관련될 뿐

---

1) 사설시조의 경우 평시조에 비해 길어진 형태를 보이지만 그것은 평시조를 기준으로 했을 때의 판단이며, 그것이 시조 장르의 일반적인 특성을 부정할 수 있는 근거가 되지는 못한다. 또한 현대시에서도 시조보다 짧게 표현할 수 있지만, 본고에서 초점을 맞추고 있는 것은 닫힌 장르로서의 시조가 갖는 완결성이다.

2) 실제로 시조 쓰기가 언어 능력 신장을 위해 활용되고 있는 예를 들 수 있다. 모 신문사의 경우 기자들의 민족적 정서를 일깨우며 압축된 시조의 심상 훈련으로 압축된 기사의 질을 끌어올리기

만 아니라 인간적 품격의 측면과도 관련된다는 점은 국어교육에서 주목해야 할 사항이다.

평이하고 일상적인 어법을 활용하면서도 단조로움을 피하고 시적인 긴장을 유지하며, 삶의 본질에 대한 통찰을 불러일으킬 수 있게 하는 데에는 시조의 3장 구조가 기여하는 바 크다. 서정시의 심미적 복합성은 구조적으로 간결한 발화를 통해서 가장 훌륭하게 작용한다[3]는 점에서 시조 교육은 언어 표현에 대한 감수성을 키우기 위한 좋은 자료가 될 수 있다.

현대시의 상대적 다변(多辯)에 비해 시조는 단순함 속에 인간 삶의 원형성을 명징하게 표현하고 있다. 난삽하고 복잡한 형식이 아니라 간결함을 통해 시조는 절제의 미학을 담고 있다. 시조 형식의 특질로 언급되고 있는 '우아함', '전아함' 등은 표현의 절제와 관련된다.

간결함 속에 사상과 감정을 표현할 수 있도록 하는 것은 좀 더 다듬어진 언어 능력을 향상시킬 뿐만 아니라 인간의 행동을 변화시키는 역할을 한다. 언어를 통한 인간의 교육 특히 모국어 교육의 중요성에 대해 강조를 한 헤르더(Herder)는 이러한 관점을 잘 보여주고 있다.[4] 즉 언어 표현의 품위는 인간의 품위를 반영하며 시조 언어의 교육은 궁극적으로는 인간성의 교육인 것이다.

언어는 인간이 세계를 열어 보이는 것이자 인간이 세계에 대해 스스로를 열어 보이는 것이기도 하다. 즉 시조의 형식을 교육하는

위해 매주 시조 한 편을 지어 제출하도록 하였다고 한다.(홍성란 엮음, 『중앙시조대상: 수상작품집』, 책만드는집, 2004, p.214.) 이러한 사실은 시조 형식의 학습을 통해 습득한 언어 감각이 현대의 실용적인 언어활동을 영위하는 데에도 기여할 수 있는 가능성을 시사한다.

3) 서정시의 심미적인 복합성과 서정시의 구조적인 간결성 사이에는 일종의 심오한 연관이, 최소한 일종의 類同性이 성립된다.
Dieter Lamping, *Das lyrische Gedicht: Definitionen zu Theorie und Gedichte der Gattung*, 장영태 옮김, 『서정시: 이론과 역사』, 문학과지성사, 1994, p.118.

4) 안정오, 「헤르더의 언어관과 언어교육」, 『한국학연구』 13, 고려대학교 한국학연구소, 2000.

것은 특이한 형태로 표현하는 능력을 가르치거나 특정한 목적을 달성하기 위한 도구로서의 성격이 아니라 세계를 구성하고 학습자 자신을 구성하는 능력이라는 점에 초점을 맞추어야 한다.

고전 시학에서는 문체를 인간의 됨됨이와 연결해 가치 평가했던 전통이 있다. 그러던 것이 근대에 들어와 이들을 분리하여 파악하게 되는 과정을 겪는다. 이러한 상황은 동양뿐만 아니라 서구에서도 유사하다. 윌리엄스(Williams)에 의하면 '기품'과 '위엄'은 '실용성', '유효성', '정확성'에 자리를 내주었다. '품위 있는 학식'의 집성체인 문학은 여전히 이 다양한 의도들을 통합시켰지만, 압력 때문에 특히 18세기 후반과 19세기 초반에 있은 압박 때문에 무너지고 말았다.[5]

현재 국어교육에서 이루어지고 있는 담론 또한 이러한 성격을 보여준다. 표현과 인간성의 관련에 대한 무관심 그리고 문체의 특성을 단순히 개성으로 포괄시켜 논의하고 있는 모습은 반성을 요한다. 국어교육에서 추구해야 할 언어 능력은 실용성이나 정확성 등의 가치만이 아니라 인간의 품위와 연결하여 논의될 필요가 있다.

이를 위해서는 먼저 시조의 '짧음'의 성격을 분명히 해야 한다. 짧다는 것이 시조의 형식적 특징을 설명하는 데에 필요충분조건은 되지 못하기 때문이다. 즉 한시에서의 절구나 하이쿠 등과 같이 짧은 장르와 비교하여 시조의 양식적 특질을 설명할 필요가 있다. 절구가 의상적(意象的), 관조적(觀照的), 독백적(獨白的)인 데에 비해 시조 양식은 정취적(情趣的), 대화적(對話的), 주체적(主體的)이라

---

5) 문학이라는 개념의 역사적 발전 과정을 살펴보면, 문학이란 읽고 쓰는 능력과 관련되는 것에서부터 품위 있는 학식과 활자화된 책에 대해 역점을 두는 것에 이르기까지 그리고 유별나고 필수적인 문화적 행위라고 해야 할 창조적 또는 상상적인 글쓰기를 강조하는 것에 이르기까지 모두를 가리킨다.
Raymond Williams, *Marxism and Literature*, Oxford University Press, 1977, 박만준 역, 『문학과 문화이론』, 경문사, 2003, pp.207~209.

는 연구6)나 하이쿠의 함축에 비해 시조는 명료성을 특질로 하는 오성적(悟性的)인 장르라는 점들을 참조할 만하다.

2. 삶의 보편성 인식

고전문학으로서의 시조는 의식적으로 거리두기를 하지 않아도 그 자체로 현대의 학습자에게는 '낯선' 것이다. 이러한 낯섦에서 오는 거리는 그것이 시간적인 것이든, 인식적인 것이든 교육적 의의를 갖는다. 이질성을 거쳐 도달한 보편성 또는 이질성까지도 포괄한 보편성의 인식은 더욱 가치 있는 것이기 때문이다.

모든 해석학의 목표들 가운데 하나는 문화적 거리와 싸우는 것이다. 즉 텍스트가 근거하고 있는 가치 체계가 주체와 거리를 두고 있는 것이라는 점에 대한 인식 그리고 그러한 거리와 싸우는 것이 해석의 본질이다. 이러한 의미에서 해석은 '함께 모으며', '같게 만들며', '동시대적이고 유사한 것으로' 만들며, 그리하여 처음에는 '낯설었던' 것을 진정으로 자기 '자신의' 것으로 만든다.7)

낯선 타자로부터 보편적인 공통성을 읽어내는 과정은 타자에 대한 이해이면서 한편으로는 주체에 대한 이해이기도 하다. 낯선 과거를 통해 삶의 보편성을 이해한다는 것은 과거의 가치를 현대의 가치와 대비하는 과정을 통해 낯선 것 속에서 보다 본질적인 인간의 삶의 모습을 인식할 수 있다는 의미이다. 그러한 점에서 고전문학이 갖는 거리는 모든 인간적 이해 행위에 결부될 수밖에 없는

---

6) 鄭雲采, 「윤선도의 시조와 한시의 대비적 연구」, 서울대학교 대학원, 1993.

7) Paul Ricoeur, *Hermeneutics and the human sciences: essays on language, action and interpretation*, 윤철호 옮김, 『해석학과 인문사회과학: 언어, 행동 그리고 해석에 관한 논고』, 서광사, 2003, p.281.

성찰적 성격을 보다 극대화하여 드러낼 수 있으며 이를 통해 현재에 묻혀 있을 수 있는 잠재성을 드러내는 역할을 한다.

시조에서 현대의 학습자에게 낯선 것, 이해하기 힘든 것으로 간주되는 것은 주로 삶의 태도와 관련된 것이다. 특히 연군(戀君)의 정서, 안빈낙도(安貧樂道) 등은 시조에서 자주 노래되고 있는 주제 항목인데 이러한 삶의 태도는 현대의 관점에서는 진부하거나 진실하지 못한 것으로 여겨지기도 한다. 현대시에 비해 시조의 문학성을 평가 절하하거나, 기녀 시조나 사설시조와 같이 현대인에게도 공감을 주는 작품을 문학적으로 높이 평가하는 경향은 이를 반증한다.

그러나 이러한 평가는 시조가 향유되어 온 역사적 맥락을 존중하기보다는 현재의 잣대로 시조를 바라보는 것이라고 할 수 있다. 과거의 것으로서의 시조를 교육한다는 것은 학습자가 가지고 있는 기존의 관념을 확인하고 강화하기 위한 것이 아니다. 또는 '과거는 이러했다'는 식의 정적인 지식을 학습자에게 단순 전달하고자 함도 아니다.[8]

시조 교육 더 나아가 고전문학 교육의 가치는 학습자로 하여금 낯선 대상을 만나 과거의 삶의 방식도 인간 삶의 한 모습일 수 있음을 이해하게 하는 데에 있다. 그리고 그러한 삶의 조건에서 이룩해 낸 삶의 진실성을 공평한 태도로 평가하는 데에 있다. 즉 그러한 내용이 현재의 자신에게도 관련될 수 있다면 어떠한 점 때문인가에 대해 성찰해 보는 기회를 갖도록 하는 것이다. 이해하는 것은 자신을 텍스트에 투사하는 것이 아니라 자신을 텍스트에 노출시키

---

[8] 이러한 점에서 '조선 시대의 문학'이나 '선인들의 노래'와 같은 단원에 시조 작품을 수록하고 있는 현재 국어 교과서의 접근 방식은 비판의 여지가 있다. 이러한 단원 구성은 시조를 단순히 과거 어느 시점에 향유된 문학 장르일 뿐이며, 조상의 것이니까 알아야 하는 사항으로서만 여기게 할 수 있다. 현재에 있어서 시조가 갖는 의미가 부각되는 방향으로 교재가 편성되어야 한다.

고 텍스트로부터 확장된 자아를 수용하는 것[9]이라는 점은 낯선 것으로서의 고전문학이 갖는 교육적 가치를 논의하는 데에 있어서 중심 사항이다.

낯섦 속에 자신을 비추어 봄으로써 학습자는 '자아'의 상상적 변이(variations)를 경험할 수 있으며, 인간 삶에 대한 보편적 인식에 한 걸음 더 가까이 다가설 수 있게 된다. 이처럼 시조교육의 목표는 학습자의 의미 지평을 확대하고 그럼으로써 자신의 인식을 변화, 성장시키고자 함이다. 대상에 대한 앎은 자기에 대한 앎으로 연결될 때 교육적 가치가 있는 것이다.

이를 위해서는 시조 텍스트가 갖는 낯섦과 친숙함을 효과적으로 활용할 수 있어야 한다. 역사적 대상으로서의 시조를 친숙함의 기준으로만 접근하는 것도 바람직하지 못하지만 타자와 나의 관련성에 대한 인식 없이 낯선 것으로만 규정하는 것도 모든 것을 타자화한다는 점에서 단면적 세계 인식의 또 다른 모습이다.

중요한 것은 타자성이 어떻게 나를 이루고 있는가를 인식하는 것이며, 타자를 동일화하지 않으면서 나에게 의미 있는 존재로 삼는 것이다. 현상 그 자체의 이질성, 표면적 차이에 의해 대상을 타자화하는 수준을 벗어나 대상의 타자성을 의미화하는 능력과 태도가 필요한 것이다. 역사학에서의 논의에 의하면 역사 이해의 목표는 감정이입 능력의 신장이라고 한다.[10] 이때의 감정이입이란 대상의 상황을 느껴 보되, 대상과 동일시되는 것을 의미하지 않으며 외부자의 입장에서 접근하는 것을 의미한다.

시조 교육의 의의는 타자성에 대한 인식을 활성화함으로써 주체의 영역을 확장하고 역사성의 경험을 통해 인간 이해를 심화하는

---

9) Paul Ricoeur, 앞의 책, p.254.
10) 김한종, 「역사학습에서의 상상적 이해」, 서울대학교 대학원, 1994, p.6.

데에 있다. 개별적이고 감각적인 실재로서의 예술 작품은 인간과 세계에 대한 보편적 이해에 이르게 한다. 이 과정에는 주체의 외화와 자기 자신에로의 회귀라는 변증법적 과정이 작용한다.[11] 시조 교육은 과거의 타자성을 자기 이해의 맥락으로 전이함으로써 삶의 보편성을 깨닫게 하는 데에 그 의의가 있다.

이해력은 구체적 사상(事象)으로부터 일반화를 형성하는 것이다. 문학 작품의 가치는 다양한 작품을 접함으로써 인간의 삶에 대한 이해력을 제공하는 개념들을 효과적으로 형성해 나갈 수 있다는 점에 놓인다. 특히 감수성이나 세계 인식의 측면에서 현재와 거리를 갖는 과거의 것으로서의 시조 교육은 이러한 개념 형성을 더욱 폭넓은 지평에서 이루어질 수 있도록 이끈다는 점에서 값진 경험이 될 수 있다.

시조가 그리고 있는 세계의 타자성에 빗대어 자신의 의미지평을 이끌어 냄으로써 학습자는 자신의 의미 세계에 거리를 두고 상대화할 수 있다. 이를 통해 타자성은 타자성으로만 머물러 있지 않고 개별적 자기인식을 보편적 자기인식으로 고양시키는 역할을 한다.

3. 언어문화 정체성의 확립

사회화로서의 교육관은 교육의 본질을 이해하는 중요한 관점들 가운데 하나이다.[12] 국어교육은 사회화 과정으로서의 교육 일반의 속성을 바탕으로 하되, 그 위에 국어과라는 특정 교과의 성격을 구현함으로써 교육이 추구하는 바를 구체적으로 실현하기 위한 행위라고 규정할 수 있다.

---

11) 김소영, 「자기의식의 변증법에서 본 헤겔의 예술철학」, 서울대학교 대학원, 1998, pp.12~13.
12) 이홍우, 『교육의 개념』, 문음사, 2006.

그런데 인간의 사회화 과정에서 중요한 역할을 하는 것이 바로 언어이다. 언어를 통해 사회적 의사소통이 이루어질 수 있으며 세대 간 문화전승이 가능할 수 있기 때문이다. 특히 언어가 교육 대상이면서 교육 수단이기도 한 국어교육에 있어서 사회화는 텍스트의 내용이 사회의 모습을 반영하고 있다는 점뿐만 아니라 언어에 내재되어 있는 문화적 특질 또한 사회화 과정에 관여한다는 점에서 이중적인 의미를 갖는다. 이러한 점에서 언어가 담고 있는 내용적 측면의 경험과 별개로 언어 형식 자체의 경험을 교육 내용으로 설정할 수 있다.

민족의 개념을 같은 역사, 문화를 공유하는 사람의 공동체로 파악할 때 민족 언어는 한 민족 집단을 특징짓는 가장 중요한 요소라고 할 수 있다. 언어는 단순한 의사소통의 수단을 넘어서 문화를 발전시키고 정교화하고 전파하는 데에 있어서 중요한 기능을 하기 때문이다. 사람들은 언어에 의하여 어떤 대상의 의미와 경험을 축적하였다가 사회적 유산으로서 새로운 세대에 전승할 수 있다.[13]

즉 언어를 공유한다는 것은 그 말에 새겨진 오랜 역사와 전통을 공유하는 것이며, 그 언어 체계에 들어오지 못하는 다른 집단과 자신을 구별하는 기반이 된다. 이러한 점에서 언어는 정체성과 밀접한 관련이 있다. 또한 언어는 정서와 사고 체계 전반에 걸쳐 영향을 미치는 것이기 때문에 언어 공동체는 곧 정서적 공동체와 역사 공동체의 성격을 갖게 마련이다.

상징적 민족성론에 의하면 구조적 동화가 일어나면 민족적인 요소가 도구적 기능보다는 표현적이고 상징적인 기능을 갖게 된다.[14]

---

13) Donald Light · Susanne Keller, *Sociology*, 노치준 · 길태근 공역, 『사회학 입문』, 한울 아카데미, 1992.
14) 민족학은 민족 문화 또는 민족 조직을 필요로 하는 대신 민족적 상징의 사용에 의지한다. 그 결과 민족성이란 상징적 민족성으로 바꿔 말할 수 있을지도 모른다.
Herbert J. Gans, Symbolic Ethnicity : The Future of Ethnic Groups and Cultures in

즉 의사소통적 기능보다는 민족 문화의 일부로서 언어문화 정체성을 형성하는 요소로 작용하게 된다는 것이다. 이러한 측면에서 시조 교육을 통해 언어문화 정체성을 확립하는 것은 '정체성을 확인하는(identifying identity)' 구성적인 과정으로서 의의를 갖는다.

7차 국어 교과서에서 시조가 대폭 축소된 것은 의사소통이라는 실용적 가치가 지배적으로 작용하면서 시조가 갖는 문화적 요소에 대한 인식이 상대적으로 부족했기 때문인 것으로 판단된다. 이는 다른 문학 제재 일반에서도 확인할 수 있는 사항인데, 7차 교과서에서 시조는 작품을 대폭 줄이고 교육 내용은 고전을 감상해 본다는 항목으로만 다루어지고 있다.[15] 즉 학습자에게 의미화될 수 있는 시조의 다층적인 교육 자질에 대한 인식보다는 과거 문학의 하나로, 정적인 지식으로 제공되고 있는 것이다. 여기에는 과거의 것을 알아야 하는 이유에 대한 이론적 근거 없이 당위로서 이해하고 있는 태도가 반영되어 있다. 즉 추상적으로 반복되어 온 '전통 문화의 계승과 창조'라는 내용 항목과 관련된다.

그러나 시조 교육은 언어 능력의 신장과 삶의 보편성 이해라는 목표와 함께 하나의 언어문화 공동체의 일원으로서 자신의 문화에 대한 자긍심을 형성해 줄 수 있는 방향으로 나아가야 한다. 한시가 지배적이었던 당대의 표현 관습을 고려해 보았을 때 시조의 민족 시가적 면모가 특히 강조될 필요가 있다. 독특한 시형에 우리말로 읊어진 시조의 독창성은 시 형식 자체만으로도 충분히 문화 교육적 가치가 높다. 또한 여러 세대를 거쳐 다양한 계층의 사람들에 의해 향유되어 오늘날에 이른 시조의 역사성은 언어문화 정체성을 확립하는 데에 필요한 민족 문화적 지식으로서의 성격을 갖는다.

America, in *Theories of Ethnicity*, New York University Press, 1996, p.425.
15) 이는 시조가 실린 교과서의 단원 제목에서도 읽을 수 있는 편찬 태도이다.

이처럼 시조 교육에 의하여 문화 정체성을 확립하려는 의도는 사회화로서의 교육관과 관련되는데, 사회학에서 논의되고 있는 집합적 정체성은 이에 참조할 만하다. 사회심리학자들은 인간의 현대적 성격과 불안에 대한 이해에서 시작한 에릭슨(Erikson)의 자아정체성의 개념에 대해 보다 확장된 논의를 하였다. 사회학자들의 정체성에 대한 논의는 주로 인간행위는 기본적으로 사회적인 것이라는 전제하에 진행되었다. 이러한 면에서 사회학자들의 정체성 논의는 기존의 정신분석학에서 제시하고 있는, 개인이 자아(Self)를 어떻게 규정하는가라는 문제에서 벗어나 개인의 자아가 사회에서 어떠한 영향을 받는지 또 어떻게 구성해 나가는가에 중점을 두고 있다. 집합적 정체성은 개인이 '선택'하는 가치 지향적인 성격을 갖는 것으로, 개인과 집단의 관련을 환기한다.

특히, 다가치(多價値) 시대에 있어서 사회 통합을 위한 문학의 기능과 필요성은 이러한 집합적 정체성과 관련하여 강조될 필요가 있다. 공동체의 성립 조건의 하나로 공통된 기억의 공유를 들 수 있다. 공동체의 성립은 피부색, 머리털, 신체 등과 같은 인종학적 특징이나 생활방식과 같은 인류학적인 특징 이상의 것을 요구하기 때문이다.

문화는 한 사회의 구성원인 인간이 취득한 규범, 습관 그리고 행동과 표상 지침으로 이루어진 복잡한 총체이다. 그것은 한 언어 안에서의 담론적 표현 대상이고, 집단과 개인들에게는 정체성과 다른 사람에 대한 차이를 만드는 요소이며, 사회 성원들이 서로에 대해 그리고 그들의 환경에 대해 가지는 방향 지시의 요소이다. 모든 문화는 역사적 맥락에 따라 재구성된 전통들을 통해 전달된다.[16]

---

16) Jean - Pierre Warnier, *La Mondialisation de la Culture*, 주형일 옮김, 『문화의 세계화』, 한울, 2000, p.25.

국어교육에서는 주로 언어에 대한 그리고 언어를 통한 교육적 기획을 통해 학습자의 문화 정체성 확립을 추구하게 된다. 시조 교육은 통시적인 축에서 언어문화 정체성 형성에 기여할 수 있다. 중요한 것은 시조 교육에 의한 언어문화 정체성의 확립이 당위적으로 주어지는 것이 아니라 학습자들이 그 가치를 충분히 인식하고 자발적으로 확립할 수 있도록 구안되어야 한다는 점이다.

제2장
인간 발달 이론과
시조 교육의 시각

1. 시조 교육 위계화의 필요성

인간은 변화를 존재 조건으로 한다. 인간의 변화는 시간의 흐름에 따른 성장에 의한 것일 수도 있고 특정한 의도가 개입되어 이루어지는 것이기도 하다. 그것은 인지적(認知的) 영역과 관련된 것일 수도 있고 정의적(情意的)인 것일 수도 있다. 점진적으로 이루어지는 것이기도 하지만 특정 기간에 질적 도약을 이룩할 수 있는 존재가 바로 인간이다. 교육이 인간과 만나게 되는 것은 바로 이 변화 가능성에 대한 믿음을 기반으로 한다.

인간을 인간답게 만들기 위한 기획으로서의 교육은 사회적이고 역사적인 존재로서의 인간의 본질을 확인하고 성장시켜야 함을 목표로 한다. 삶의 역사성은 과거와 현재를 연결시킴으로써 삶의 범위를 확장한다. 즉 인간은 현재의 삶을 절대화하지 않음으로써 더욱 풍요로워질 수 있는 것이다.

이 연구는 고전문학으로서의 시조가 갖는 과거성이 인간의 발달 단계와 대응하여 매우 다양한 방식으로 의미화될 수 있다는 점에

착안하여 논의를 진행하려 한다. 이를 위해 시조가 과거의 것이라는 점 그리고 현재의 학습자에게 거리가 있는 대상이라는 점에서 출발하고자 한다. 시조의 이러한 낯섦이 오히려 교육적으로 큰 가치가 있다는 점을 구체화된 교육 요소의 구안으로 제시하려는 것이다. 이러한 연구는 크게 세 가지 측면에서 의의를 갖는다.

첫째, 시조의 교육적 자질을 좀 더 포괄적이고 본격적인 시각에서 드러낼 수 있다. 시조 교육의 위계화는 1차적으로 시조 교육 내용의 체계화를 뜻한다. 그동안 연구자의 주요 관심사에 따라 다소 산발적으로 시조 교육의 의의가 논의되어 왔는데, 이제 기존의 시조 교육 연구사에 대한 반성과 함께 시조 교육의 전체적인 상을 제시하고 그것을 바탕으로 교육 내용이 체계화될 필요가 있다. 본고는 국어교육 내에서 시조 교육이 언어, 문학, 문화의 세 층위에서 각각 특성화된 교육 내용 요소로 작용할 수 있으며 이들은 지식, 수행, 경험, 태도의 항목으로 구현된다는 관점하에 시조 교육 내용을 체계화하고자 한다.

교육 내용의 설계에 있어서 교육 내용 요소와 학습자 요소는 반드시 함께 고려해야 할 대상이다. 즉 시조의 특정 자질이 교육적으로 가치가 있다는 입론에는 그것이 어떠한 발달 단계의 학습자를 상정하고 있는지에 대한 고려가 논리적으로 선행되어야 한다. 그렇지 않을 경우 아무리 중요한 자질이라 하더라도 충분히 의미 있는 내용으로 교육되지 못할 뿐만 아니라 경우에 따라서는 지나치게 이상적(理想的)이라는 비판을 받을 수도 있다. 특히 고전 문학의 역사성(歷史性)과 문화성(文化性)은 학습자 요소에 대한 고려 없이는 그 교육적 필요성을 의심받을 수 있는 여지가 더욱 크다.

이 연구는 국어교육 연구 일반에서 학습자 요소를 누락한 채 또는 학습자 요소에 선행하여 교육 내용 요소에 주로 초점을 맞추어 논의해 온 경향이 있다는 점, 그리고 이러한 연구 관점은 교육 내용 구성의 추상성과 임의성을 야기한다는 점에 대한 비판에서 출발한다. 그리고 학습자의 발달 단계를 고려함으로써 시조의 교육적 자질이 국어교육의 다양한 층위에서 풍부한 교육 내용으로 자리 잡을 수 있게 하기 위한 이론적 근거를 제공하고자 한다.

즉 시조 교육을 위계화한다는 것은 연령에 따라 좀 더 쉽게 가르치거나 좀 더 어렵게 가르쳐야 한다는 교육 방법에 관련된 것만은 아니다. 그보다는 인간의 성장과 더불어 각 단계마다 독자적인 의미를 가지고 다루어져야 하는 시조의 교육적 자질이 달라진다는 관점이다. 이러한 관점은 언어, 문학, 문화 교육 영역과의 관련 속에서 초점화된 시조 교육의 목표 설정을 가능하게 할 것이다.

둘째, 문학교육에서 이루어진 기존의 위계화 논의에 대한 비판적 대안의 성격을 갖는다. 문학 수용 능력의 발달은 작품에 대한 해석의 깊이와 관련될 뿐만 아니라 수용자가 관심을 갖고 적극적으로 의미를 부여하는 요소의 변화 과정이다. 즉 하나의 작품에 대해서도 발달의 단계에 따라 작품 이해와 평가의 준거가 되는 초점 요소가 달라지는 것이다. 이 점을 부각시킴으로써 본고는 주로 반응의 질과 깊이에 주목해 온 기존의 위계화 논의가 갖는 한계를 극복할 수 있을 것이다.

또한 주제를 중심으로 이루어진 기존의 위계화 연구에 대한 비판의 성격도 갖는다. 주제 요소는 학습자의 문학 체험에 관여하는 하나의 요소이다. 따라서 학습자가 문학을 체험하는 국면을 포괄적으로 다루기 위해서는 주제 요소뿐만 아니라 각 발달 단계에서 전제로 삼고 있는 문학에 대한 관념을 포함해야 한다.

셋째, 위계성의 시각을 연구에 도입함으로써 현재 국어교육의 일반적 경향을 메타적인 시각에서 성찰할 수 있다. 예를 들어, 현재

국어교육에서 지속적으로 강조되고 있는 개성이나 독창성과 같은 가치가 모든 인간에게 중요하거나 주요한 관심사가 아니라 특정 발달 단계에서 특히 주목되는 덕목임을 환기하는 역할을 할 수 있다.[1] 이러한 관점은 교육과정이나 교과서의 편찬 등과 같은 국어교육의 실제적인 국면에 반영되어 내용 구성의 변화를 보일 수 있을 것이다. 즉 위계성의 도입은 개인의 발달 과업에 국한된 의의를 갖는 것이 아니라 궁극적으로는 바람직한 국어교육의 상을 정립하는 데에도 기여할 수 있다.

학습자의 발달 단계에 따른 교육 설계를 강조하는 것은 교육의 실제와 관련해서뿐만 아니라 근본적으로는 교육의 본질에 비추어 보았을 때에도 충분히 부각되어야 한다. 교육의 양태는 시대나 장소에 따라 다르게 나타나지만, 어느 경우에나 인간을 인간답게 만드는 활동이라고 할 수 있다. 즉 인간 요소는 교육 설계의 출발점이자 도달점으로서의 성격을 갖는다.

2. 발달이론과 시조 교육의 만남

학습자가 문학을 체험하는 국면을 포괄적으로 다루기 위해서는 주제 요소뿐만 아니라 각 발달 단계에서 전제로 삼고 있는 문학에 대한 관념을 포함해야 한다. 관념(idea)은 작품에 대한 우리의 판단을 구조화하며 그럼으로써 우리의 인식을 이끌며 반응의 모습을 만드는 수단이다. 문학에 대한 관념은 달리 표현하자면, 문학이란 무엇인가 또는 문학은 어떠해야 하는가에 대한 관점을 반영한다.

---

[1] 참신성, 독창성 등의 가치가 특정 사회, 특정 시대의 산물이라는 점은 교육에 대한 역사적 접근을 통해서도 확인된다. 사회사적 측면에서뿐만 아니라 개인사적 측면에서도 이들 가치에 과도하게 집중하는 것에 대해 비판적 거리를 취할 필요가 있다.

본고는 학습자의 발달 단계에 따라 문학에 대한 관념도 변화한
다는 점에 주목하여, 이를 준거로 시조 교육의 위계화를 설계하고
자 한다. 학습자의 발달 단계에 따라 작품 해석의 질이나 깊이뿐만
아니라 수용의 초점 요소가 이동한다는 관점이다. 즉 주요하게 의
미를 부여하는 요소가 발달 과정에 따라 이동한다는 시각인데 이
는 텍스트와 독자의 '비대칭적 관계'[2)에서 비롯된다.

인간 발달 이론은 심리학, 도덕성 발달, 자아 개념 발달 등 다양한
분야에서 논의가 되어 왔다. 본고는 이 가운데에서 파슨즈(Parsons)
에 의해 수행된 예술 수용 능력의 발달 이론과 셀만(Selman)의 조
망 수용 능력의 발달에 대한 이론을 주요 연구 방법으로 삼았다.
파슨즈의 이론은 문학 수용을 이해하는 데에도 도움을 주는 통찰
력을 보여주며, 셀만의 이론은 특히 고전 문학 교육에 있어서의 역
사적 이해 능력 발달에 시사하는 바가 크기 때문이다. 특히 파슨즈
의 이론은 미취학 아동으로부터 성인에 이르기까지의 연령을 포괄
하고 있다는 점에서, 주로 아동을 중심으로 이루어진 여타의 발달
이론들에 비해 가치를 갖는다.

발달 이론의 계보로 보았을 때 파슨즈의 이론은 피아제의 인지
발달 이론, 콜버그의 도덕성 발달 이론, 셀만의 사회 인지 발달 이
론과의 관계 속에서 좀 더 종합적으로 이해될 수 있다. 다시 말하
면 파슨즈의 이론은 이들의 이론을 미적 수용 능력에 결부시켜 논
의한 것이라고 할 수 있다.[3) 파슨즈의 이론은 특히 피아제의 인지

---

2) 두 개 또는 그 이상의 분편의 접합은 '이동 시점의 시야' 하나를 형성한다. 이해의 과정에 있
어서 최소 구성 단위인 이 참조 시야는 구조적으로 똑같은 가치를 가지고 있는 분편들을 포함
하고 있는데 그것들이 만남으로써 독자의 관념 형성에 의해 해소되어야 하는 하나의 긴장 관
계가 생겨난다. 즉 한 분편이 우세하고 한 분편은 일시적으로라도 그 중요성이 감소되어야 한
다. 독자의 역할은 '예정된 구조의 행위' 속에 스스로의 위치를 정하고 다양한 관점들을 서서
히 발전되는 하나의 패턴으로 결합하는 일이다.
  Robert C. Holub, *Reception Theory*, 최상규 옮김, 『수용미학의 이론』, 예림기획, 1999,
  pp.128~138.

발달 이론을 미적 이해 능력의 발달에 적용한 것이다. 그러나 피아제의 이론에서의 인지가 이해(understanding)를 요하는 것이 아닌 어떤 행위(activity)의 형태로 간주되는 점에 대해서는 반대를 한다.[4] 또한 콜버그가 발달의 후기 단계를 개인적 구성으로 이해하는 것과는 달리 타인과의 대화, 전통에의 참여를 중시한다. 사회성의 발달이 미적 수용 능력 발달의 기초가 된다는 점은 그의 이론이 취하고 있는 중요한 관점으로서, 본고에 시사하는 바가 크다.

시조 교육의 위계화를 구안하기 위해서는 이들 이론에서의 발달 단계를 현재의 학제를 고려하여 재조직할 필요가 있다. 본고는 초등학교, 중학교, 고등학교로 단계를 구분하여 논의를 하였다. 그리고 학교급별로 교육 내용이 변별성을 갖도록 구성하고자 하였다.

그러나 이러한 구분이 특정 단계의 성격을 과장하는 방향으로 나아가는 것은 바람직하지 않다. 인간의 성장은 연속성을 갖는 것으로서, 이전 단계에 없던 특징이 갑자기 출현했다기보다는 이전 단계에부터 존재해 온 요소가 강화되거나 점진적으로 약화되는 과정이다.[5] 따라서 특정 시기의 요소를 과장되게 묘사하는 경향은 실제 교육 대상으로서의 인간을 위한 교육의 위계화를 설계함에 있어서 실상에 부합하지 못한 결과를 낳을 수 있다.

본고에서 '초점 요소'로 설정하고 있는 교육 내용은 각 학교급별

---

3) Michael J. Parsons, *How we understand Art: A cognitive developmental account of aesthetic experience*, Cambridge Univ. Press, 1987, p.10.

4) 이는 피아제의 이론이 주로 과학과 수학 영역에서 유래된 내용과 관련하여 청소년을 연구하고 검사하며 발달되었다는 점과 관련된다. 특히 형식적 조작에 있어서 예술적·문학적 분야에서의 특수성에 대한 고려가 부족하다는 비판을 받는다.
Rolf E., Muuss, *Theories of Adolescence*, The McGraw-Hill Companies Inc., 정옥분 외 공역, 『청년발달의 이론』, 양서원, pp.252~253.

5) 한 예로, 자아 정체성의 요소는 특히 청소년기에 자주 언급되는 사항이다. 그러나 정체성의 확립이란 청소년기에 등장하여 이 시기에 완결되는 과제는 아니다. 청소년이 느끼는 자아 정체성과 40세에서 느끼는 자아 정체성은 질적인 차이를 보일 수는 있지만 본질적으로 상이한 것이라고 할 수는 없다.

로 새롭게 강조되어야 하는 요소일 뿐이지 그 이전, 이후 단계와 전혀 별개의 내용만으로 하나의 발달 단계를 여겨서는 안 된다. 즉 발달 단계에 따라 특정 요소가 비중을 달리하면서, 초점화된다는 관점을 취하고자 한다. 이를 통해 인간 이해에 있어서 보다 더 균형 잡힌 시각을 견지할 수 있다.

또한 상위 학년으로 갈수록 학습자 개인의 속성이나 환경 요소가 연령보다 더 큰 영향을 미친다는 점을 염두에 둘 필요가 있다.[6] 일반적으로 말했을 때, 그리고 더 어린 나이에서만 발달 단계는 연령을 따른다. 그 후에는 나이보다 환경이 더 중요해진다.

본고에서 학습자의 발달 단계를 초등학교, 중학교, 고등학교 단계로 구분한 것은 발달 이론에서 이루어진 논의와 현행 학제를 고려한 결과이다. 여러 학자들이 지적하고 있듯이 발달이 이루어지는 불연속적 단계는 대개 7세 그리고 12, 13세이다.[7] 이는 현행 학제로 보았을 때 초등학교와 중학교 단계가 시작되는 시기와 일치한다.[8]

또한 고등학교 단계 이후부터는 절대적인 연령보다는 개인의 자질이나 환경 등의 요소가 발달에 더 큰 영향을 미친다는 것이 많은 연구자에 의해 지적되고 있다. 독일의 경우 '유아기, 초등학교 시기, 성숙기 이전, 성숙기'로 나누어 추천 도서 목록을 소개하고 있음을 참고할 만하다. 이러한 구분에서 주목할 바는 유아기와 초등

---

6) 이 점은 발달 이론을 학교 교육에 도입하는 과정에서 많은 연구들이 취하고 있는 관점이다. 예를 들어 피아제의 발달 단계의 순서에 대해서는 이의가 없으나 단계와 연령의 관계에 대해서는 이견이 많다는 점이 거론되기도 하였다.
   한종하 외, 『중등학생의 지적 정의적 발달 특성 조사 연구』, 한국교육개발원, 1982, p.20.
7) 사춘기가 시작되는 가장 일반적인 시기는 남녀에 따라 차이가 있다고 한다. 소녀의 경우 12세 무렵 그리고 소년은 그보다 1년 뒤인 13세 무렵이 된다.
   Water R. Hill, *Secondary School Reading: Process, Program, Procedure*, Allyn and Bacon, Inc., 1979, pp.45~46.
8) 김경연(2000)에 의하면 독일의 경우 70년대 후반부터는 13세 내지 14세 이상의 독자를 위해 '어린 성인(junge Erwachsene)'이라는 범주가 도입되었다고 한다. 즉 한국의 중학교 단계에 해당하는 이 시기의 독자성을 이전의 아동기와는 변별하여 인식하고 있음을 보여준다.

학교 시기가 절대적인 연령에 따른 구분이라면 성숙기 이전과 성숙기는 상대적인 지표에 의한 구분이라는 점이다. 이처럼 이원적인 기준에 의해 구분을 하고 있는 것은 인간의 발달이 후기로 갈수록 개인차를 보인다는 점을 염두에 두고 있기 때문이라고 판단된다.

그러나 실제 학교 교육을 고려하여 위계화를 하기 위해서는 이러한 개인 편차에 대한 고려를 하되, 어느 정도의 구분이 불가피하다. 그러므로 본고에서는 중학교와 고등학교 단계로 구분을 하였다.[9] 이는 현재 학제를 고려함으로써 교육의 효율성과 일관성을 유지할 수 있다는 점 그리고 지금까지 이루어져 온 교육적 경험에 대한 존중에 의한 것이다.

---

9) 급격한 신체적 변화 그리고 사회적 역할의 변화와 그에 대한 적응의 시기인 청년 초기(early adolescence)는 일반적으로 13세에서 16세 사이에 해당한다고 간주된다. 완만한 신체적 성장 그리고 행동 양식에 있어서 안정성이 증가하는 것이 특징인 청년 후기(later adolescence)는 법적인 성년에 도달함으로써 끝나는 것으로 여겨지지만 이것은 개인 그리고 상황에 따라 상당히 가변적이다.(Water R. Hill. 앞의 책, pp.45~46)
청년 초기와 청년 후기로 구분하고 있는 것은 중학교와 고등학교로 구분하는 데에 참고가 될 수 있다. 연령뿐만 아니라 청년 초기와 후기의 성격의 차이를 규정하고 있는 것도 본고의 논의 방향에 부합한다.

제3장
시조 교육 위계화의 변인

    학습자 변인과 교육내용 변인은 위계화 논의를 진행하는 데에 있어서 양대 축이 된다. 어떠한 교육 내용이 가치 있는 것이라 하더라도 학습자의 발달 단계에 부합하지 않는다면 교육적으로 의미화되기 어렵다. 또한 교육내용의 특성을 배제한 학습자의 특성은 교육적으로 바람직하지 않다.

    위계화는 교육 내용의 제시 순서와 교육 요소의 번역과 관련된다. 교육 내용을 어떠한 순서로 제시할 것인가는 학습자의 작품 수용 능력의 발달 과정과 부합하는 방향으로 나아가야 한다. 교육 요소를 어떻게 번역할 것인가는 학습자의 발달 단계뿐만 아니라 국어과 내의 하위 영역들과의 관련 속에서 생각하여야 할 부분이다. 본고에서는 이를 위계화의 축으로 삼고자 한다.

1. 학습자 변인

(1) 학교급별 학습자의 발달 특성

학습자 요소에는 성향, 자질, 연령, 발달 단계, 성별, 지역적 차이 등 다양한 요인이 있을 수 있다. 이들 요소들은 교육의 실제적인 국면에서 각기 다른 영향을 미칠 것이지만, 이들을 모두 고려하여 교육 내용을 설계하는 것은 현실적으로 가능하지 않으며 반드시 바람직한 것만도 아니다.[1]

본고에서는 이들 다양한 학습자 변인 가운데 발달의 요소를 주요 변인으로 상정하고자 한다. 발달 단계는 학령(學齡)과 관련하여 어느 정도 예측 가능한 것이기 때문에 교육 목표의 설정에 있어서 일반화된 논의로 연결될 수 있기 때문이다. 또한 흥미(興味)와 같이 교육적으로 유의미한 정의적 자질들이 발달 단계에 영향을 받는다는 점에서 교육적으로 의미 있는 요소이기도 하다. 이러한 점을 바탕으로 하여 학교급별 학습자의 발달 특성을 초등학교, 중학교, 고등학교 단계로 나누어 살펴보고 이에 대응될 수 있는 시조 교육의 대체적인 성격에 대하여 언급하도록 한다.

초등학교 단계는 피아제의 구체적 조작기(concrete operation stage), 콜버그의 전 인습(preconventional) 단계에 해당하는 시기이다. 미취학 아동들이 주로 신체적 특성에 의해 자신과 타인을 구별하며 자신의 주관적 관점과 타인의 주관적 관점이 다름을 알지 못하는 데에 비해 초등학생은 상대방의 관점을 추론할 수 있으며, 상대방의 관점에서 보이는 자신의 행동과 동기에 관해 숙고할 수 있다는 점

---

[1] 교육은 학습자 개개의 구미에 맞게 행해져야 하는 것만은 아니기 때문이다. 학습자를, 그리고 학습자의 흥미를 존중한다는 것은 현재 학습자가 처한 상태를 출발점으로 하되 그것을 종착점으로 여겨서는 안 되며, 교육은 교육 공동체가 추구하는 이상태(理想態)를 상정하고 있는 가치 지향적인 활동이기 때문이다.

에서 인지적 발달을 보인다. 그러나 일반적인 제3자의 관점, 일반적인 사회적 관계 체계를 이해하지는 못한다.

이홍우(1976)는 구체적 조작기의 약점을 다음과 같이 들고 있다. 지적 활동이 눈앞에 보이는 구체적인 사물이나 사상을 기초로 하여 전개된다는 점, 구체적인 사물이나 사상(事象)의 여러 가지 특성을 한 번에 한 가지씩밖에 다룰 수 없다는 점, 구체적 조작의 군집(群集)은 비교적 서로 단절되어 있으며 통합된 전체를 이루지 않는다는 점이 그것이다.

구체적 조작기로서의 이 시기에는 시조 작품의 경험이 구체성과 결부되어 이루어질 때 효과적이다. 즉 초등학교 단계에 있어서 시조 교육은 언어 형식의 즐거움과 감각적 경험의 사실성을 중심으로 한 수용 그리고 주제에 대한 행동적 이해가 강조되어야 함을 의미한다.

중학교 시기는 피아제의 구분에 의하면 형식적 조작기에 해당하며 콜버그 이론에서의 인습(conventional) 단계에 해당한다.[2] 그러나 피아제의 이론적 구분과는 달리 실제 학습자들의 수준을 조사한 연구에 의하면 이 구분을 정확히 반영하는 것이 무리일 수 있음을 알 수 있다. 피아제는 이러한 점 때문에 후에 형식적 조작기를 '거의 완전한 형식적 기능을 하는 단계'와 '완전한 형식적 기능을 하는 단계'로 다시 세분하였다. 따라서 중학교 단계에서 형식적 조작기로서의 사고 특성을 보인다고 하더라도 그것은 완전하고 능숙한 정도라기보다는 형식적 사고의 출발점으로서 간주하는 것이 마땅하다.

---

2) 한국 청소년을 대상으로 도덕성 발달 실태를 조사한 연구에 의하면 중학교 1학년 학생의 대부분은 전 인습 단계와 인습 단계에 걸쳐 분포되어 있으며 학년이 높아짐에 따라 점차 인습 단계로 이동하여 3학년의 경우에는 67.9%에 해당하는 학생이 인습 단계에 도달한다.
김안중, 『한국 아동의 도덕성 발달에 관한 연구』, 한국교육개발원, 1982.

형식적 조작이 가능하다는 것은 허구와 실재를 구분할 수 있다는 의미이며 주체로서의 자아와 객체로서의 자아 사이의 관계를 이해할 수 있게 되었음을 뜻한다. 이는 셀만의 '관찰하는 자아(observing ego)'라는 개념과 관련된다. 즉 제3자인 관찰자로서 자신을 사고의 객체로 삼을 수 있으며, 자신과 다른 사람 사이의 사회적 상호작용을 관찰자의 입장에서 바라볼 수 있다는 것이다. 또한 자기 자신의 관점과 집단 구성원들이 갖는 보다 일반화된 관점을 구별할 수 있는 능력도 나타난다. 이처럼 각각의 관점을 동시에 그리고 상호적으로 고려할 수 있는 단계를 셀만은 제3자 조망수용 단계라고 명명한 바 있다. 이는 이전 단계에 비해 사회인지적인 측면에서 발달한 것이다.

이 단계에 이르면 문학을 커뮤니케이션으로 바라볼 수 있는 것이 가능해진다.[3] 사실의 재현물로서 문학을 이해하는 경향을 넘어서서 작품을 중심에 둔 작가와 독자, 독자와 독자 사이의 소통 관계를 이해하는 것이다. 또한 작품을 통해 타인과 능동적으로 상호작용하는 학습자 자신의 자아를 숙고함으로써 더욱 확충된 자아를 실현할 수 있게 된다.

타인의 경험의 내면성에 대하여 새롭게 눈뜨게 되는 이 시기를 파슨즈는 표현성(expressiveness)의 시기로 규정하였다.[4] 그에 의하면 이 시기의 전형적인 학습자들은 예술의 목적이 경험을 표현하는

---

3) 작품을 읽고 친구들과 이야기를 나누어보자는 지시문이 초등학교 저학년에서부터 교과서에 제시되어 있다. 그러나 초등학생들 사이에서 실제로 이루어지는 토론 활동을 보면 이러한 취지와는 달리 매우 단순한 모습으로 이루어지고 있음을 알 수 있다. 이는 토론 활동이 모든 단계에서 제시되고 있는 것이 학습자의 수준에 따라 차별화되기보다는 추상적으로 단순 반복되고 있는 것은 아닌가 하는 반성을 하게 한다.

4) 파슨즈의 구분에 의하면 이 단계는 초등학교 이후부터 시작된다.(Michael J. Parsons, *How we understand Art: A cognitive developmental account of aesthetic experience*, Cambridge Univ. Press, 1987, p.12.) 즉 중학교에 해당하는 연령부터가 이 단계에 해당하므로 고등학교 학습자에게서도 이러한 특성은 나타날 수 있다. 그러나 본고에서는 이러한 특성이 발달되기 시작하는 초기 단계를 교육적으로 의미화하여 다룰 필요가 있다고 본다.

것에 있다고 보며 문학은 타인의 내면세계에 대하여 무엇인가를 말해 줄 수 있는 것으로 기대한다. 따라서 관습성보다는 창의성, 상상력, 감정의 깊이와 강렬함이 작품 수용에 있어서 중요한 가치 기준으로 작용하게 된다.

초등학교 단계에서 구체적이고 물리적인 대상으로 이해되었던 작품 속 제재는 이제 좀 더 내적인 어떤 것이 된다. 즉 표현된 대상 그 자체가 아니라 그것에 의해 구현되는 주제적 의미에 대해 탐색하게 된다. 이 단계는 작품 속에 재현된 인물이나 상황에 감정 이입하는 능력을 요구하며 작품의 가치는 우리가 그것에 동감할 수 있게 만드는 표현성에 있다는 인식을 보여준다.

초등학교 단계에서는 작품 또는 등장인물에 대한 느낌이 다른 사람에게도 기대되는 객관적인 성격을 띠는 것이었음에 비해 중학교 단계에서는 주관성을 띤다. 또한 이전 단계에서의 느낌이라는 것은 다분히 행동적 속성과 결부된 것이었음에 비해 이 단계에서는 내면성을 강하게 갖는다는 차이를 보인다. 이러한 차이는 작품을 통해 타인의 내면을 좀 더 깊이 있게 이해할 수 있음을 보여주는 지표이며, 그런 의미에서 문학을 통한 사회화의 가능성을 시사하는 것이기도 하다.

이러한 발달 특성을 고려할 때, 표현과 주제적인 측면에서 참신함과 개성을 인정받은 시조 작품들이 이 시기의 학습자에게 매력적으로 다가올 수 있다. 표현의 탁월성뿐만 아니라 작가의 비범한 면모는 작품에 대한 흥미를 유발하는 한편 타인의 삶에 대한 이해와 공감을 촉발하는 훌륭한 학습 자료로 작용한다.

고등학교 단계에서부터의 발달은 객관적인 연령보다는 환경의 영향을 더 많이 받는다. 학습자에 따라서는 중학교 단계의 발달 수준을 유지하는 경우도 있으며 그와 반대로 일반 성인의 지적 · 인지적 발달 수준에 상응하는 모습을 보이는 등 개인차를 보인다.

그러나 대부분의 청소년들 심지어 많은 성인들은 인습 단계에 해당하는 발달 수준을 보인다. 콜버그는 그들을 사회 질서를 유지하고 정당화하기를 바라면서 사회적 인습에 순응하는 존재로 기술하고 있다.[5] 이 단계에 해당하는 학습자들은 외부의 사회적 기대에 부합하는 데 관심을 가지며 현존하는 사회 질서와 타인의 권리에 대한 인식에 기반을 둔 사고를 보여준다.

이는 청소년기에 대한 최근의 연구들과도 상통한다. 청소년기를 질풍노도의 시기로 묘사한 것은 홀(Hall)에 의해서인데 이는 청소년기에 대한 편견으로 오랫동안 인용되어 왔다. 그러나 많은 연구자들의 보고에 의하면 대다수의 청소년들이 사회적 요구에 부응하려고 노력하며 조용히 이 시기를 거친다고 한다.[6]

이처럼 청소년기에 대한 상반된 견해의 대립을 에릭슨은 정체성(identity)이라는 개념을 통해 해소하려고 하였다. 즉 청소년기는 질풍노도의 시기만도 아니고 동조와 복종의 시기만도 아니다. 다만 정체성의 확립과 정체 혼미 사이에서 싸우는 시간이라는 것이다. 이 시기에는 급격한 자신의 변화를 경험하면서 자신을 발견하려는 노력이 다양한 모습으로 나타나게 된다. 동조 행동도, 반항도 그 근원은 모두 독립된 정체성을 확립하려는 욕구에서 비롯된다.

이 단계의 발달에 있어서 중심이 되는 것이 정체성이라는 의미인데, 사회적 흥미가 현저하게 나타나는 시기인 청년기[7]에 있어서 정체성은 사회적인 맥락 속에서 모색될 수 있다. 이 시기에 있어서

---

5) Rolf E. Muuss, *Theories of Adolescence*, The McGraw - Hill Companies Inc., 정옥분 외 공역, 『청년발달의 이론』, 양서원, 2003, p.269.

6) 권두승 · 조아미, 『청소년 세계의 이해』, 문음사, 1998.

7) 사회 중심적 관심은 청년기 동안 증가하여 대학생 집단에서 최고 수준에 이른다.
이춘재 외, 『청년심리학』, 中央適性出版社, 1993, p.95.

관심을 갖는 범위는 또래 집단으로부터 사회와 세계로 넓혀지며, 미적 판단에 대한 이해도 사회성을 띤다. 인습 단계로서 청년기는 개인의식보다 집단의식이 강하게 되는 시기이며, 이전 단계가 사회집단에 대해 정서적인 귀속감을 느낀다면 이 단계에서는 이지적 근거에 의한 소속감을 갖는다[8]는 언급도 이와 관련된다.

셀만의 이론에 의하면 고등학교 단계는 '일반화된 타자 조망 수용 단계'에 해당한다.[9] 이 단계에서는 문학에 대한 관점에 집단이나 문화의 개념이 들어오기 시작하며 문학을 하나의 제도 또는 문화 양식으로 바라볼 수 있게 된다. 장르에 대한 인식, 작품을 문화 양식으로 바라볼 수 있다는 것은 일반화된 타인 개념을 상정할 수 있음을 뜻한다.

즉 하나의 작품이 전통에 관련되는 방법으로서 스타일에 대해 이해하게 되며, 작품의 가치는 개인적이라기보다는 사회적 성취임을 알게 되는 것이다. 작가는 의식하지 못했을 수도 있는, 그러나 작품 창작에 개입되는 전통성에 대해 이해하게 된다. 작품은 고립된 개별체가 아니며 다른 작품들, 작가들로 구성되는 문학 환경을 구성하는 한 부분으로의 성격을 갖는다. 중학교에서는 작품이 재현하는 주제의 범주보다는 개별적 작품으로서의 특성에 관심을 기울이는 데에 비해 고등학교에서는 작품 범주에 대한 관심이 증대하는 특성을 보인다.

고등학교 단계에서 성취해야 할 교육목표를 설정하기 위해서는 이 시기의 학습자들의 발달적 측면만이 아니라 이들에 대한 사회적 요구를 포함하여 사회문화적 환경의 측면을 함께 살펴볼 필요

---

8) 김중신, 「문학작품의 선정과 배열에 관한 고찰」, 『국어교육연구』 창간호, 서울대학교 국어교육연구소, 1994.

9) Robert L. Selman, *The Promotion of Social Awareness*, Russell Sage Foundation, 2003.

가 있다. 상위 교육 기관으로의 진학 또는 취업 등과 같이 사회생활을 위한 준비기[10]로서의 고등학교 단계의 가장 큰 과제는 정체성을 확립하는 일이라고 할 수 있다. 특히 오늘날과 같이 급격한 변화와 외래문화의 강한 영향 속에서 아직 완성되지 않은 자아 정체성을 확립하는 일은 개인뿐만 아니라 사회의 특별한 노력을 요구한다.

정체성에 대하여 널리 받아들여지는 정의는 정체성이 개인과 사회적인 요소를 포함한다는 점이다. 정체성은 개인이 스스로를 다른 사람과 구별시킬 수 있는 물리적, 사회적, 심리적 요소로 구성된다. 또한 정체성은 근본적으로 개인을 타인과 묶어주는 것이기도 하다. 즉 정체성은 타인과의 구별뿐만 아니라 타인과의 공통성을 그 본질로 한다는 것이다.[11]

타인과의 공통성이라는 측면에서 중요하게 언급할 수 있는 것이 바로 문화 정체성이다. 하나의 문화 공동체의 구성원으로서 학습자들은 해당 공동체의 문화에 익숙할 것을 요구받는다. 모국어 교육으로서 국어교육이 추구해야 할 중요한 목표 가운데 하나로 국어 문화의 전통에 대한 정체성을 들 수 있다. 특히 외래문화의 강한 영향권 속에 들어 있는 현대의 학습자들에게 이 목표는 과거 사회에 비해 더욱 강조되어야 한다.

또한 이 시기는 공통 교육으로는 마지막 단계에 해당한다는 점도 교육 목표의 선정을 위해 염두에 두어야 한다. 즉 고등학교 이

---

10) 외국의 경우를 살펴보면 영국은 A Level 이상(11~12학년), 독일은 아비투어(12~13학년), 미국은 고등학교(9~12학년)에 해당한다. 한국은 고등학교 시기인 10~12학년이 이에 대응된다고 할 수 있다.

11) 에릭슨은 이를 정체성의 주관적 측면과 객관적 측면으로 나누어 논의하였다. 정체성의 주관적 측면은 개인적인 성격을 갖는 것으로서, 독자적인 자기 인식을 의미한다. 이에 비해 객관적 측면은 심리·사회적 정체성으로서 개인이 속하고 있는 집단과 사회에 대한 귀속감 내지는 일체감을 뜻한다. 민족적 주체의식이나 국가적 주체의식으로 나타나는 집단적 정체감이 이에 해당한다.

후로는 각 학생의 진로가 개별화되고 학생들은 사회생활의 참여자가 되기 때문이다. 따라서 고등학교 교육에서는 학습자로 하여금 표현과 이해 능력의 기반이 될 수 있는 총체적인 공통 기초 지식을 갖추도록 해야 한다.

이처럼 학습자의 발달 특성과 사회적 요구 등을 복합적으로 고려하여 고등학교에서는 시조 장르의 문화성에 대한 교육이 강조되어 이루어져야 한다. 이전 단계에 비해 시조의 역사적, 사회적 맥락이 부각되어야 하며 이를 통해 문화적 정체성을 탐색할 수 있도록 한다.

(2) 발달과 흥미의 관련성

흥미는 어떤 대상이나 일에 대하여 재미를 느끼는 것에 의해 발생한다. '재미를 느끼는 것'은 바로 흥미의 중요한 성질 가운데 하나인 능동성(能動性)을 뜻한다. 교육에 있어서 흥미는 정신적 에너지의 원천으로 작용한다. 흥미가 결부되지 못하는 경우 교육은 단순히 지식의 저장고를 채우는 행위로 전락할 것이며 더 이상 발전적인 전개가 이루어지는 것을 기대하기도 힘들게 되기 때문이다.

교육은 교수 활동에 의해 시작되는 것이지만 그 최고의 단계에 이르러서는 자율적 내면의 획득을 추구하는 것이기도 하다. 따라서 교육의 초기 단계에서 교육 대상에 관심을 불러일으켜 학습이 일어나도록 하기 위한 필요조건으로서의 성격뿐만 아니라 교육의 최고 단계에 이르도록 하기 위한 계기로서 흥미의 자기활동성(自己活動性)은 매우 중요하다.

교육의 본질과 목표를 흥미론과 결부시켜 논의한 헤르바르트(Herbart)는 흥미의 중요한 본질을 다음과 같이 몇 가지 속성으로 요약하였다. 첫째, 그에 의하면 흥미는 지(知)와 애(愛) 사이의 상태를 말한다.

> 흥미는 知(Wissen)와 愛(Liebe)의 중간적 형태이다. 곧 知는 대상
> 에 대하여 이를 注視만 할 따름이며 이에 대해서 무관심하지만 愛는
> 대상을 欲求하고, 그래서 이를 획득하려고 대상을 향해서 노력하는
> 것이다. 이처럼 흥미는 대상에 대한 注視와 이를 장악하려고 하는
> 愛와의 중간적 성질을 띠고 있다.[12]

즉 대상에 대한 관조에서 그것을 욕구하는 상태로 옮겨 가는 과
정에 위치하는 것이 흥미라고 할 수 있다. 이러한 특성은 대상에로
의 나아감을 가능하게 하며 교육을 통한 성장을 가능하게 하는 추
동력의 역할을 한다.

이러한 논리에 의하면 흥미는 교육의 기초인 동시에 목적이 된
다. 한 인간이 어떠어떠한 것에 대한 흥미를 갖게 되었다는 것은
그가 도달한 지적·정의적 수준을 말해 주는 것이며 교육은 그러
한 수준을 한 단계 더 높이고자 하는 노력이라고 할 수 있기 때문
이다. 헤르바르트가 흥미를 '인격(人格)'과 같은 말로 쓴 것은 이러
한 이유 때문이라고 볼 수 있다.

흥미와 발달이 교육적으로 만나게 되는 것은 바로 여기에서이다.
특정한 발달 단계에 이르렀다는 것은 특정한 요소에 대해 흥미를
기울일 수 있게 되었음을, 그리고 궁극적으로는 그것을 성취할 수
있는 단계에 이르렀음을 뜻한다. 즉 전 단계와는 달리 특정 요소를
받아들일 수 있는 심리적 태세가 갖추어졌음을 말한다. 흥미를 갖
게 되었다는 것은 그것을 의미 있게 여기며 기꺼이 그것을 알고자
하는 마음 상태에 이르렀음을 의미하는 것이기 때문이다.

따라서 학습자의 흥미를 존중해야 한다는 명제는 그저 학습자의

---

12) Johann F. Herbart, 김영래 옮김, 『일반교육학』, 학지사, 2006.

관심에 알맞은 내용을 제공하면 된다는 의미가 아니라 그것을 통해 인지적 또는 정의적 능력을 발달시킴을 전제로 해야 한다. 시조 교육의 위계화를 설계하는 데에 있어서 의미 있는 흥미란 바로 이런 것이다.

헤르바르트는 학습의 수단적 가치로서의 흥미보다 목적으로서의 가치, 즉 흥미의 도야(陶冶) 그 자체를 교육의 직접적인 목표로 여겼다. 그래서 흥미를 외적 또는 방편적으로 이용하려는 교수·학습이 아니라, 흥미 있는 학습 대상을 학습자의 성장 방향과 동일시하여 흥미의 도야 바로 그것을 교육의 목적으로 여김으로써 목적과 수단 사이의 혼연일체를 모색하였다.[13]

둘째, 흥미는 정적인 상태가 아니라 동적(動的)인 것으로서, 견지(堅持)와 확장(擴張)을 위한 계속적인 활동을 행한다. 헤르바르트는 이를 "그가 알고 있는 일을 견지하고 이를 확장하려는 자는 그에 대하여 흥미를 가지고 있는 것이다."라고 표현한다. 어떠한 표상이 다른 표상과의 연합을 계속적으로 촉진하고 있다면 그 표상의 대상에 대하여 흥미가 있다는 것이다. 표상의 연합은 흥미에 의해서 촉진된다.

문학의 수용에 있어서 작품에 특별히 주목하게 되는 초점 요소가 존재하기 마련인데, 초점 요소는 견지와 확장으로 설명되는 헤르바르트의 흥미 개념과 상통한다. 이러한 초점 요소는 학습자의 발달 수준에 의해 규정된다. 즉 문학이란 어떠해야 하며, 어떠한 자질들을 그 속에서 발견할 수 있으며, 그것들을 어떻게 판단해야 하는지에 대한 상이한 기대들이 궁극적으로 작품 수용의 초점 요소로 작용하게 되는 것이다. 그리고 수용자는 각 단계에서 지배적으로 작용하는 기대 개념을 '이용'하여 작품을 이해한다. 학습자가

---

13) 최용섭, 「Herbart의 多面的 興味論에 對한 硏究」, 『綜合論文集』, 조선대학교, 1975, p.86.

어떠한 발달 단계에 놓여 있는가를 파악하는 한 방법은 그들이 어떠한 전제를 이용하고 있는지를 이해하는 것이다.

각 단계에서 수용자가 갖고 있는 상이한 기대들은 작품에 대한 그들의 반응에 깊이 영향을 미친다.[14] 파슨즈는 예술 수용 능력의 각 발달 단계마다 새롭게 부각되는 초점 요소를 '주요 제재(subject matter), 감정의 표현(emotional expression), 매체와 형식과 스타일(medium, form, style), 판단(judgment)'의 넷으로 나누었다.[15] 즉 학습자의 미적 체험은 이러한 초점화된 흥미 요소를 구심점으로 하여 이루어진다는 것이다.

파슨즈의 이론은 미술 작품의 수용을 중심으로 이루어진 실증적 연구이기는 하지만 문학 작품의 이해에 대하여도 참조할 만한 부분이 있다. 특히 사회적 인식력의 발달이 예술 수용에 영향을 끼친다는 관점은 이 이론이 견지하고 있는 바로서, 고전문학으로서의 시조 교육의 위계화를 위한 연구에도 시사하는 바가 크다. 즉 시조를 왜 가르쳐야 하는가 또는 시조의 무엇을 가르쳐야 하는가에 대한 대답은 학습자의 발달 단계와 그에 의해 규정되는 흥미에 따라 달라진다는 의미이다.

셋째, 흥미는 내재성(內在性)을 갖는다. 흥미의 내재성을 부각시키기 위해 헤르바르트는 욕망, 의지와 흥미를 비교한다.

> 흥미는 무관심과 구분된다는 점에 있어서는 욕망, 의지, 그리고 심리적 판단과 유사하지만 욕망이나 의지나 심리적 판단처럼 대상을 통제하거나 제거하는 것이 아니라 대상에 의존한다는 점에서 그 세 가지와 구분된다. 흥미를 느낄 때 우리는 내적으로는 활동을 하지만

---

14) 이는 인간의 지적 발달은 세계를 지각하는 방법의 '질적 변화(質的 變化)'를 수반한다는 피아제 이론과 관련된다. 즉 양적인 관점에서 인간의 발달을 바라보는 것이 아니라 질적인 변화에 관심을 두고 있다는 점에서 주목할 만하다.

15) Michael J. Parsons, 앞의 책.

외적으로는 흥미가 욕망이나 의지로 바뀔 때까지는 아무런 활동을 보이지 않는다. 그러므로 흥미는 한편으로 단순한 관찰과 또 한편으로 목적 달성의 중간 상태에 놓여 있다. 이 점은 흥미에 관하여 간과할 수 없는 대단히 중요한 한 가지 구분을 시사한다. 즉 흥미의 대상은 우리가 실지로 원하는 욕망의 대상과 동일하지 않다. 욕망은 일단 발동하면 우리가 현재 가지고 있지 않은 미래의 대상을 손에 넣으려고 애쓰는 반면에 흥미는 단순한 관찰로 표현되며 있는 그대로의 현재를 관조하는 데에 머무른다.[16]

이러한 의미에서 욕망이 미래적인 데에 비해 흥미는 현재적(現在的)이다. 욕망은 어떠한 대상을 장악하려고 하는 것이기 때문에 아직은 소유하고 있지 않은 미래를 향한 노력인 데에 비해 흥미는 그 관심이 지금 주시하고 있는 대상에 부착되어 있는 것이기 때문이다.

또한 흥미는 지적(知的)인 것이라고 할 수 있겠다. 교육에서 중요한 흥미는 순간적으로 사라지는, 학습자의 마음에 아무런 감동을 주지 못하는 그런 외적인 흥미가 아니라 모든 심각한 활동에 언제나 수반되는 깊은 흥미, 살아 있는 흥미이다. 흥미는 자족적 성격, 지적인 성격이라고 요약할 수 있다.

7차 교육과정에는 위계화의 기준으로 학습 속도 및 능력에 따른 학습 성취도뿐만 아니라 흥미, 적성, 진로 등이 언급되어 있다.[17] 그러나 실제 교육과정 내용에 이러한 점이 구체적으로 정립되어 있지 못하다는 점은 부차적이라 하더라도 같은 학년에서 흥미를 고려한다는 것이 위계화의 취지에 부합하는지 그리고 그것이 바람직한 것인지에 대해서는 숙고할 필요가 있다. 학습자의 수만큼 다양한 흥미가 존재할 것이고 이들을 모두 충족시키는 방향으로 교

---

16) 이환기, 『헤르바르트의 교수이론』, 성경재, 2004, p.99.
17) 교육인적자원부, 『수준별 교육과정 편성·운영의 실제』, 신영프린팅, 2001, p.7.

육과정을 설계하는 것은 효율적이지도 않으며 교육적으로 반드시 바람직한 것이라고 할 수 없기 때문이다.[18] 이에 비해 본고에서의 흥미는 발달의 과정에서 나타나는 차이를 고려해야 한다는 점에서 위계화의 본질에 부합한다.

또한 흥미에 대해 본고에서 취하는 관점은 구체적인 생활 사태에서 개별 학습자들이 느끼는 것으로 바라본 듀이의 흥미론[19]에 대해서도 거리를 둔다. 흥미를 학습자 개개인의 층위에서 살피면 그 변인을 제한할 수 없게 되기 때문이다. 이에 비해 발달에 의해 한정되는 흥미는 교육적 관련성을 갖는, 교육적으로 의미 있는 학습자 변인이 될 수 있다.

흥미는 주의(注意)로부터 시작되며 이는 다른 요소들을 억누르고 희미하게 하는 속성을 갖는다[20]는 점은 특정 시기에 있어서의 작품 수용이 작품의 전체적 요소를 균질적으로 파악하여 이루어진 결과라기보다는 어떤 초점 요소에 의한 잠정적인 결론으로 간주되어야 함을 뜻한다. 그리고 이 잠정적인 결론은 초점 요소의 이동에 따라 변화되는 과정을 거친다.

문학 수용에 있어서 중요한 것은 정적 결과로서의 지식이 아니라 그것을 수단으로 하는 탐구나 문제 해결의 과정이다. 교육이란 확정된 관념이나 지식을 수용하는 과정이 아니라 그것을 형성하고 발달시키는 과정이기 때문이다.

이러한 관점을 취했을 때 초기 발달 단계를 미숙함으로써 간주하지 않게 되고 그 단계의 고유성을 존중할 수 있게 된다. 어린이

---

18) 엄밀한 의미에서 어떠한 학습자도 동일한 흥미나 발달 수준을 보여주지 못한다. 위계화 연구에서 귀납적 접근이 갖는 한계는 바로 이러한 점에 있다.

19) John Dewey, *Democracy and Education*, 李烘雨 역, 『民主主義와 敎育』, 敎育科學社, 1996.

20) 이환기, 앞의 책, p.101.

들은 초기부터 미적인 반응을 보이며 그들의 반응은 매우 강렬하다. 그리고 그것은 즐거움이 수반된 것이기도 하며 그 즐거움과 감동은 때로 숙련된 독자의 그것에 못지않은 것이기도 하다. 만약 인간이 문학을 통해 아무런 즐거움도 느끼지 못한다면 그것으로부터 아무런 의미도 만들지 못할 것이라는 점에서 이러한 내재적 흥미는 중요하다. 성장과 함께 발달의 후기 단계에까지 이를 수 있게 되는 것은 교육을 통해서이지만 이전 단계에서의 작품 수용 방식은 경시될 수 없다.

문학을 수용하고 그로부터 어떤 의미를 생성해 내는 원동력이 되는 것은 학습자의 흥미와 즐거움이다. 피아제는 아동 스스로가 그들의 지식을 구성하는 데 능동적으로 참여한다는, 그 당시로는 새롭고 혁신적인 생각을 추가하였다.[21] 즉 인지 체계는 환경의 정보를 능동적으로 선택하고 재해석함으로써 자신의 지식을 구축한다는 것이다. 시조에 대한 학습자의 흥미는 이러한 선택과 의미화에 기여한다.

2. 교육 내용 변인

(1) 학습 활동 변인

대상에 대한 인식 능력의 발달은 인지 기능의 차원으로 협애화할 수 없으며 사회성, 역사성 등이 포함되는 보다 복합적인 능력으로 파악되어야 한다. 여기에서 살펴볼 학습 활동 변인은 국어교육을 구성하고 있는 언어, 문학, 문화 영역이 심화 관계에 있음을 고려하여 시조 교육 내용을 이와 연결시켜 구안하는 것을 뜻한다. 즉

---

21) Rolf E. Muuss, 앞의 책, p.216.

하나의 개념이 언어 교육 관련 학습 활동 요소로 교육될 수도 있고 문학이나 문화 관련 학습 활동 요소와도 결합할 수 있음을 고려한 것이다.

시조 텍스트를 언어에서 문학으로, 문학에서 문화로 바라볼 수 있게 되는 것은 작품 이해에 개입하는 사회성의 증가와 관련된다. 언어체로서의 시조는 하나의 텍스트를 이루고 있는 외적인 질서에 대한 인식을 뜻한다. 즉 외적으로 뚜렷이 구분할 수 있는 결과물이 라는 점에서 시조에 대한 가장 초보적인 교육 단계에서부터 접근 할 수 있는 방식이다. 접근할 수 있는 실재의 일부로서의 언어, 특 히 글쓰기에서 고정된 형식으로서의 언어는 그것이 형식적이고 외 부적인 모양을 갖추고 있다는 점에서 문법, 논리학, 수사학으로 연 구될 수 있다.

하나의 텍스트를 언어체로 보는 것에 비해 문학으로 보는 것은 수용자 자신과 구별되는 타인으로서 작가의 고유성과 내면성에 대 한 인식이 가능해졌음을 뜻한다. 이러한 점에서 한 단계 더 발달된 인지 수준을 요구한다. 또한 하나의 문학 작품에서 더 나아가 문화 로 볼 수 있는 것은 특정한 작가 개인이 아닌 불특정 다수로서의 타인을 상정할 수 있는 능력, 일반화된 타인의 개념을 필요로 한다. 이처럼 언어, 문학, 문화로의 교육 내용의 심화는 작품 이해에 개 입하는 사회성의 증가 그리고 한 인간이 사회화되는 과정과 관련 된다.22)

언어, 문학, 문화로 구획할 수 있는 세계 영역은 자아의 발달에 따라 자신과 관련짓는 외적 경계의 실체라고 할 수 있다. 자아 발

---

22) 교육과 사회화의 관련에 대해서는 세 가지 관점이 있다. 교육이 사회화의 상위 범주라는 관 점, 사회화가 교육의 상위 범주라는 관점, 그리고 교육과 사회화를 동의어로 사용하는 관점이 다. 본고는 이 중에서 세 번째 관점을 취한다.
조용환, 『사회화와 교육: 부족사회 문화전승 과정의 교육학적 재검토』, 교육과학사, 2004.

달이란 자아가 상이한 주변 세계 영역과 자신을 관련지으면서 그 속에 내재하는 보편성을 습득하고 그럼으로써 자신의 정체성을 형성해 나가는 과정이라고 할 수 있다.

따라서 하나의 텍스트에 대한 학습 활동은 언어, 문학, 문화의 위계성을 반영하여 구안될 수 있다. 즉 동일한 텍스트라 하더라도 학습자의 발달 수준에 따라 언어 요소에 초점을 맞추어 교육되거나 문학 또는 문화적 요소에 초점을 맞추어 교육될 수 있는 것이다. 초점이 어느 곳에 놓이느냐에 따라 동일한 텍스트라 하더라도 서로 다른 난이도의 학습이 될 수 있다.

초점 요소라는 용어는 다른 요소를 배제하지 않으면서 특정 발달 단계에서 특별히 강조되어야 할 중심적 교육 요소가 있다는 의미이다. 즉 어떤 단계가 언어, 문학, 문화 가운데 하나의 요소만으로 교육되어야 하는 것이 아니라 이들 사이의 비중을 달리하면서 교육 내용이 구안되어야 함을 뜻한다.

학습자는 성장하면서 자신과 관계 맺는 영역을 점차 확장해 나가는 동시에, 관계 양상에 대하여 좀 더 의식적이 되어 간다. 언어, 문학, 문화로서의 교육 내용은 초등학교에서 고등학교 단계에 이르기까지 모든 학교급에서 다루어질 수 있는 것인데 이들에 대한 반성의 정도에 따라 각 단계는 구분된다. 예를 들어 초등학교나 중학교 단계에서의 문화 교육 내용은 단순한 행위 기대에 의한 것이라면 고등학교 단계에서는 반성적이고 의식적으로 되는 것이다.

즉 같은 '언어'라고 하더라도 초등학교 단계에서의 수준과 그 이후의 단계에서의 그것은 차이를 보이게 된다. 이처럼 언어, 문학, 문화 요소에는 그 자체에 이미 종적인 심화 관계가 내재하는데, 그것이 각 학교급별로 배열될 때 학습자의 반성적 의식의 개입 정도가 심화된다.

이처럼 작품 이해 능력이 발달한다는 것은 작품을 개인적 의미 부여로부터 공적인 해석 행위로 바라보는 능력이 증가하는 과정이라고 할 수 있다. 이 과정은 크게 보았을 때 사회인지적 조망 수용 능력의 발달과 관련되며 타자와의 대화를 통해 확충된 자아 형성을 목표로 하는 고전문학 교육의 설계에 전제가 된다.

언어, 문학, 문화의 학습 활동을 초등학교, 중학교, 고등학교 단계와 같은 구체적인 학교급과 대응시키기 위해 본고에서는 셀만의 연구를 참고하고자 한다. 셀만은 감정이입을 사회성 발달과 연관시키며 자기중심적 조망 수준에서 사회적, 상징적 조망 수준으로 나아가는 발달 과정에 대하여 논의하였다. 셀만은 다른 사람의 사고와 감정을 추론, 평가하는 능력으로서 인지적 감정 공명이라고 할 수 있는 '조망 수용(perspective taking)'의 발달 과정을 다음과 같이 다섯 단계로 구분하였다.[23]

자기중심적 조망 수준(3~5세)
자신의 해석과 다른 사람의 관점이 다를 수 있음을 알지 못한다. 자신의 지각이 진실하거나 정확한 관점이 아닐 수도 있다는 것을 이해할 수 없다. 자신과 타인의 구별은 신체적 특징에서만 이루어진다.

주관적 조망 수준(6~7세)
사람들의 신체적 특성과 심리적 특징을 변별한다. 자신과 타인의 조망을 동시에 유지할 수는 없다.

상호적 조망 수준(8~11세)
상대방의 관점을 추론할 수 있으며, 상대방의 관점에서 보이는 자신의 행동과 동기에 대해 숙고할 수 있다. 사람이 동시에 두 가지 상반된 정서를 경험할 수 있다는 사실을 깨닫게 된다.

---

23) Robert L. Selman, 앞의 책, p.21.

제3자 조망 수용 수준(12~14세)

제3자의 관점을 고려하기 시작한다. 자신과 자신의 생각 또한 사고의 객체가 될 수 있음을 안다. '관찰하는 자아'가 성립된다.

일반화된 타자 조망 수용 수준(15~18세)

자신의 관점을 다양한 관점들의 문맥 속에서 이해할 수 있다. 각기 서로 다른 종류와 수준의 관점들을 비교하고 질적으로 대조할 수 있다. 심층적이고 복합적 상호 이해의 조망을 추상화할 수 있다.

위의 구분에 의하면 초등학교 단계는 대개 상호적 조망 수준에 해당하며 중학교 단계는 제3자 조망 수용 수준, 고등학교 단계는 일반화된 타자 조망 수용 수준에 해당한다. 즉 초등학교 단계의 학습자에 비해 중학교 단계에서는 제3자로서의 타인의 관점을 추론할 수 있다는 점에서 작품을 읽고 작가의 내면세계를 탐구하는 활동이 활성화될 수 있다는 것을 암시한다. 또한 고등학교 단계에 이르러 일반화된 타자의 시각을 채택할 수 있다는 것은 문화에 대한 반성적이고 평가적인 교육 내용이 가능하며 문화 요소를 본격적으로 다룰 수 있게 됨을 시사한다. 위의 논의를 종합해 보았을 때 초등학교에서 중학교 그리고 고등학교 단계에 이르는 과정이 언어, 문학, 문화라는 초점 요소의 이동 과정과 대체로 일치함을 확인할 수 있다.

사회성의 발달은 달리 말하면 참조하는 준거 집단의 범위가 점차 넓어지는 것이라고 할 수 있다. 공간적 범위, 시간적 범위에서의 확대 그리고 실재적 대상뿐만 아니라 이념적 대상까지를 포함하게 되는 과정이 바로 그러하다. 셀만의 조망 수용 능력 발달 이론은 이러한 관점을 부각시키는 데에 도움이 된다.

모든 단계에 있어서 문학 교육은 결국 자신과 인간 본성에 대한 탐구이어야 하며, 사회성의 발달은 작품을 수용하는 능력의 기초가 된다. 이때 사회성의 발달이란 다른 말로 하면 타인의 관점을 취할 수 있는 능력의 증가와 같다. 사회적이고 역사적 존재로서의 인간의 조건을 최대한으로 성취시키기 위해 국어교육에서의 문식성은 기능적인 것으로부터 문화적인 것으로 확장되어야 한다.

그런데 사회성 발달의 궁극적 목표는 독립적인 자기 견해를 갖게 되는 것에 두어야 한다. 발달의 최종 단계로서 자기 견해를 갖게 되는 것은 사회화되기 이전의 자의적 해석과는 달리 타인을 상정하고 있는 행위이다.

여기에서 사회화와 주체성의 관계를 대립적으로만 이해하지 않기 위해서 사회화의 개념을 분명히 할 필요가 있다. 인간은 자유의 의미를 사회화의 과정에서 습득한다. 그러므로 인간의 사회화와 인간의 자유는 상호 제약하는 것이 사실이라 할지라도 상호 반대되는 것은 아니다. 사회적인 존재로서의 인간에게만 자유가 문제 되며, 자유 역시 사회적인 성격의 것이다.[24]

이러한 논의에 비추어 보았을 때 사회화라는 용어를 협의와 광의로 나누어 살펴볼 필요가 있음을 알 수 있다. 본고에서 논의할 사회화는 1차적 사회화와 사회화를 통한 자율성의 획득 과정인 2차적 사회화를 포함한다. 교육은 사회화 이상의 것을 추구한다고 했을 때 이는 1차적 사회화를 의미한다. 이 단계에서는 문화의 전달과 습득이라는 과제가 중요하다. 교육은 사회화되고 인간화되는 과정을 위한 기획이라는 표현에서는 2차적 사회화를 의미한다. 이 단계에서는 1차적 사회화에서 습득한 제반 내용을 반성을 통해 재구성하는 과제가 중요해진다. 교육이 추구하는 사회화는 1차적 성격의 사회화와 함께 궁극적으로는 2차적 성격의 사회화를 향한 것이어야 한다. 발달은 비사회적 개인에서 사회적 인간으로, 그리고

---

24) 이규호, 『인간의 사회화와 사회의 인간화』, 배영사, 1995, p.19.

자율적·독립적인 인간으로 성장하는 과정이기 때문이다.

　이러한 과정은 사회의 훌륭한 구성원이 됨으로써 생물적 충동의 지배로부터 자유로워지고, 사회에 독립적인 관점을 형성함으로써 사회의 지배로부터 자유로워지는 인간의 본질적 조건과 관련된다. 이처럼 발달은 의존으로부터 자율을 향하여 나아가는 큰 방향성을 갖는다.

　문학에 내포된 인문적 가치는 그것이 우리의 의식을 자유롭게 하면서 인간과 사회를 폭넓게 보게 하고, 이를 토대로 창조적 실천에로 나아가도록 해 주는 데에 있다. 시조를 통한 역사성의 교육은 사회적 인간으로서의 조망 수용 능력의 신장, 다른 말로 하면 사회적 인식 능력의 신장을 꾀할 수 있도록 기획되어야 한다. 언어, 문학, 문화로 구안되는 학습 활동 변인은 이에 도달하는 데에 필요한 사항이다.

(2) 텍스트 변인

　국어 교육의 위계화에 있어서 텍스트 요소는 중요한 변인이 된다. 교과 성격상 대상 텍스트의 난이도에 따라 상당 부분 교육 내용의 위계가 결정되기 때문이다. 시조 교육에 있어서도 텍스트 자체가 갖는 난이도를 위계화의 한 변인으로 설정할 수 있다.

　발달 단계에 따른 인간의 다양한 면모와 함께 시조라는 장르에 해당하는 작품들의 성격도 매우 다채로운 편폭을 보인다. 평시조와 사설시조, 고시조와 현대시조 등이 모여 시조라는 큰 장르를 구성하고 있기 때문이다. 시조 교육의 위계화는 시조에 대한 단면적인 접근을 지양하고 시조의 복합성을 학습자의 발달 단계에 결부시켜 논의하는 것을 의미한다. 이를 위해 성숙의 다양한 단계에서 어떠한 언어 경험을 필요로 하는지에 대한 고려가 필요하다.

본고에서는 이를 크게 작품의 표현적인 측면과 내용적인 측면으로 나누어 살펴보고자 한다. 표현적인 측면은 작품의 어휘 수준, 의미 구조의 선명성 정도가 기준이 된다. 고전 작품이라는 점에 있어서 어휘는 텍스트의 난이도를 결정하는 중요한 요소로 작용한다.[25] 시조에서의 어휘의 중요성은 난이도와 관련해서만이 아니라 작품의 인식 체계를 집약적으로 보여주는 역할을 한다는 점에서 작품 감상의 주요 요소가 된다. 의미 구조는 초, 중, 종장 사이의 관계로서 이는 난이도뿐만 아니라 시조에 대한 감각을 형성하는 데에도 중요하므로 전형성(典型性)의 관점에서 접근할 필요가 있다.

또한 시조에서 지배적인 수사법은 작품의 미의식을 이해하는 데에 중요한 역할을 하므로 이를 위계화의 한 요소로 삼는 것이 필요하다. 예를 들어 대구법과 같은 것은 언어 요소의 짝 맞추기라는 속성으로 초등학교 단계에서도 교육될 수 있는 자질이 될 것이며, 상징이나 추상적 구체화와 같은 수사법은 문화적 맥락과 관련되어 중학교 이상의 단계에서 교육하는 것이 적합하다.

텍스트의 내용적인 측면에는 소재, 주제, 세계관, 미의식 등이 포함된다. 어렵거나 쉬운 느낌은 대상에 대한 친소(親疎)와 상당 부분 관련되어 있다. 즉 익숙하기 때문에 쉽게 느껴지는 것이며 낯설기 때문에 어려운 것이다. 이러한 의미에서 텍스트에 나타나는 제재, 상황, 인물, 관심사, 의식, 감정, 표현 등에 걸친 주요 내용과 특질을 뜻하는 내용소(內容素)[26]의 관점을 위계화에 반영할 필요가 있다. 이를 참고로 하여 본고에서는 시조 작품을 크게 윤리적 덕목, 애정, 사회와의 관계, 자연관 등으로 나누어 살펴볼 것이다.

---

25) 학습자들이 고전문학을 배울 때 가장 어렵게 느끼는 것으로 어휘의 문제를 들고 있는 것은 교육 현장에서 이루어진 많은 설문조사 결과에서 확인할 수 있다.
    권순정, 「고전시가의 어휘교육 연구」, 서울대학교 대학원, 2006, p.1.
26) 김흥규 외, 「색인어 정보 연산에 의한 고시조 데이터베이스의 분석적 연구」, 『韓國詩歌研究』 3, 韓國詩歌學會, 1998, p.276.

또한 학습자에게 작용하는 친숙성의 정도와 관련하여 창작 시기에 대하여도 고려할 필요가 있다. 친숙성이란 반복적 접촉을 통해 한 대상과 익숙해진 정도를 뜻한다. 학습자의 텍스트 경험에 따른 친숙성의 형성은 난이도에 영향을 미칠 수 있다. 동시(童詩)와 생활 감정 등의 측면에서 유사성이 있는 텍스트에 친숙함을 느낄 수 있으며 이는 작품에 대한 선호도로 연결될 수 있다.

그러나 현대시조가 반드시 고시조에 비해 쉽게 수용되는 것은 아니다. 시조의 기본 형식을 익히는 데에는 현대시조보다는 고시조가 더 유용하다. 고시조의 경우 단순성과 원형성을 더 잘 보여주고 있기 때문이다. 따라서 현대시조를 수용하는 경우 초등학교 단계에서는 표현 구조가 단순하면서 쉬운 동시조(童時調)가 적합하며 중학교 이상에서는 성인의 현대 시조를 수록하는 것이 바람직하다. 동시조 가운데 적절한 작품을 선정함으로써 시조에 대한 학습자의 거리감을 줄이면서 시조 형식에 대한 기본을 확고히 할 수 있다. 중학교 이상에서 수용되는 현대시조는 현대적 정서의 공유라는 측면에 기여할 수 있다.

그러나 이는 하나의 텍스트가 특정 단계에서만 가르쳐질 수 있다는 의미는 아니다. 그보다는 하나의 텍스트가 특정 단계의 어떠한 측면과 관련하여 의미를 형성하며, 발달 수준이 다른 단계에서 초점이 이동하면서 어떻게 달리 수용될 수 있는지를 밝히는 방향으로 논의를 진행할 것이다. 극단적으로 말했을 때 하나의 작품은 모든 단계의 학습자에게 차별화된 교육 목표로 교육될 수 있다. 그러나 그렇다 하더라도 작품에 존재하는 위계성에 대한 대체적인 틀은 성립할 수 있으며 교육적으로도 필요하다.

제4장
학습자의 발달 과정에 따른 시조 교육의 내용

　본고에서 시조 교육의 위계화는 현실 추수적인 방향이 아닌 이상적(理想的) 설계를 추구한다.[1] 실제 학습자들의 능력과 수준에 대한 파악도 중요하지만, 교육이란 바람직한 방향으로 현실을 이끌어 나가는 역할을 하여야 한다는 점에 충실하고자 한다. 연령의 증가와 함께 발달이 항상 수반되는 것은 아니며, 신체적 성숙과 더불어 교육의 역할이 인간의 성장에 더욱 중요한 역할을 하기 때문이다.[2]

　만약, 교육 내용이 해당 발단 단계의 수준에 꼭 들어맞는 것이어야 한다면 교육이 개입함으로써 인간은 어떻게 한 단계 더 높은 성

---

1) '이상적(理想的)'이라는 말은 현실을 도외시한 채 '수준 높은' 시조 교육이 이루어져야 한다는 의미는 아니다. 오히려 현재의 시조 교육이 학습자의 발달 단계와 흥미 요소에 대한 고려 없이 추상적이고 어려운 교육 내용으로 채워져 있음에 대한 비판의 의미를 갖는다. 이는 시조에 대한 학습자의 관심을 유발하고 발전시키는 데에 저해 요소가 된다. '이상적'이라는 표현은 학습자의 발달 단계에 따라 차별화된 교육 내용이 제공됨으로써 학습자의 총체적 성장을 추구한다는 의미에서 '규범적'이라는 말로 바꿔 쓸 수 있다.

2) 완전한 형식적 조작기 또는 후 인습 단계에 이를 수 있는 것은 전체 청소년과 성인의 50% 정도에 불과하다는 보고가 있다. 이 보고는 많은 비평가들이 피아제의 형식적 조작기를 이전 단계와 같은 의미에서 하나의 단계로 고려될 수 있는지에 대해 의문을 제기하도록 한다. 또한 신체적 성숙과 더불어 교육의 역할이 발달에 중요한 역할을 한다는 점을 시사한다.
　Rolf E., Muuss, *Theories of Adolescence*, The McGraw-Hill Companies Inc., 정옥분 외 공역, 『청년발달의 이론』, 양서원, 2003.

장을 이룩할 수 있게 되는가에 대한 근원적인 의문에 봉착하게 된다. 교육 내용의 위계화는 학습자의 현재 수준에 대한 이해에서 출발해야 하지만 그곳에 머무르는 것으로 만족해서는 안 된다. 위계화 논의에서 주력해야 하는 것은 개별 학습자의 발달 수준을 정확하게 묘사하려는 작업이 아니라 오히려 교육을 통해 도달할 수 있는 이상적인 수준에 대한 숙고이어야 한다. 발달과 교육 내용의 위계화의 관계에 대하여 본고는 이러한 관점에서 접근하고자 한다.[3]

따라서 본고에서는 실제 학습자에 대한 세밀한 실태 조사에 주력하기보다는 시조의 교육적 가치, 문학을 통한 인간의 변화라는 이념의 추구에 중점을 두고 논의를 진행하고자 한다. 이를 위해 각 학교급별 시조 교육 내용을 크게 지식, 수행, 경험, 태도의 항목[4]으로 나누어 고찰할 것이다. 국어교육 내용 요소로서의 지식, 수행, 경험, 태도 항목으로 시조 교육 내용을 구조화하려는 것은 이들 항목이 교육을 통해 바람직한 인간을 형성하는 데에 중요한 거점이 된다는 이유 때문이다. 이러한 접근 방식은 시조 교육의 내용을 입체화하는 데에 기여하며, 시조 교육을 목표 지향적인 것으로 만드는 역할을 한다. 또한 국어 교육 내에서의 시조 교육의 성격을 보다 분명히 하는 데에도 기여한다.

1. 알아야 할 지식

지식은 학습자가 겪어 온 경험을 조직적으로 이해할 수 있게 하

---

3) 문학 교육에서 발달을 연계시키는 데에는 발달 영역 적용 접근 방법과, 발달 순응적 접근, 발달적 필요에 따른 접근과 같이 세 가지 관점이 있다. 본고에서는 발달 순응적 접근만으로 위계화 논의를 진행하는 것에 대해 비판적 시각을 갖고 있다.
  김신정, 「동시 교육과 인지발달」, 『문학교육학』 11, 한국문학교육학회, 2003, p.248.
4) 김대행, 「내용론을 위하여」, 『국어교육연구』 10, 서울대학교 국어교육연구소, 2003.

며, 앞으로의 경험을 체계적으로 그리고 예견할 수 있도록 만드는 역할을 한다. 교육에서 가르쳐야 할 지식은 무엇인가 그리고 그러한 지식들을 어떠한 체계로 조직하여 제공하여야 하는가는 지식론에 있어서 핵심적인 논의 사항이다. 브루너(Bruner)가 말한 지식의 구조는 교과의 핵심적인 아이디어에 손상을 가하지 않는다는 전제하에 단순한 것에서 복잡한 것으로 위계화하여 제시하는 것이다.[5]

경험이 부족한 학습자들은 차이 나는 모든 정신 조작들을 단 하나의 원리로 개념화할 수 있는 간결한 지표를 선호한다. 단순성과 전형성이 초기 단계에 제공되어야 할 지식의 성격이라면, 발달은 복잡성과 분화성에 대한 수용 능력의 신장이라고 할 수 있다. 따라서 학습자의 성장에 따라 지식은 보다 폭넓은 설명력을 가질 수 있는 것이 되어야 한다.[6]

지식으로서의 시조 교육 내용으로는 크게 시조 형식에 대한 지식, 시조 문학에 대한 문학사적 지식을 들 수 있다. 시조 형식에 대한 지식은 시조의 본질을 이해하는 데에 필요한 사항으로서 초등학교 단계에서부터 고등학교 단계에 이르기까지 위계화하여 제시되어야 할 필요가 있다. 3장으로 이루어져 있다는 점, 각 장은 4음보로 이루어지며 각 음보는 대개 3음절이나 4음절이라는 점, 종장에서는 전환이 일어난다는 점, 평시조와 사설시조의 관계, 현대 시조에서의 다양한 형식적 실험 등이 여기에 해당된다.

시조 문학사에 대한 지식은 고등학교 단계 이후에 본격화하여

---

5) Jerome Bruner, 李烘雨 譯, 『브루너 敎育의 過程』, 培英社, 1984.

6) 이와 관련하여 문학교육에서의 지식의 요건을 '정수성'과 '최소성'으로 규정하고 있는 논의를 참고할 수 있다.(김종철, 「대학 교양 교육으로서의 문학교육의 방향: 성인의 문학 생활화와 관련하여」, 『문학교육학』 10, 한국문학교육학회, 2002, p.83.) 이 논의에서는 '학교 교육에서의 지식은 가능한 한 정수적인 지식이어야 하며, 학생들이 정수적인 최소한의 지식을 완전히 자기 것으로 하여 가능한 한 많은 작품을 즐기도록 해야 한다.'는 점 그럼으로써 '즐기는 즐거움과 깨닫는 즐거움'이 살아날 수 있도록 하여야 한다는 점을 강조하였다.

다루어져야 하지만 고등학교 단계 이전에까지 축적되어 온 시조 작품의 경험은 그 자체로 시조 문학사에 대한 지식의 부분을 형성한다. 이러한 의미에서 경험 영역은 지식 영역을 구체화하는 의미를 가지며, 한편으로 지식은 경험의 규칙성에 의미와 구조를 부여[7] 할 수 있는 것으로 파악될 수 있다.

(1) 초등학교 단계

초등학교 시조 교육에서 우선적으로 제공되어야 할 지식은 시조가 우리 민족 고유의 정형시라는 점이다. 자유시와는 달리 정형시에는 일정한 형식과 규칙이 있다는 것 그리고 시조는 오랫동안 우리 민족이 즐겨 온 독특한 형태의 정형시라는 점을 아는 것이 이 단계에서의 지식 교육 내용이 될 것이다. 이는 블룸(Bloom)의 구분에 의하면 '용어에 대한 지식'에 해당하는 것으로, 시조라는 용어가 뜻하는 바에 대한 앎을 뜻한다.

이 용어에 대한 지식은 문학적 지식만이 아니라 역사적 사실에 대한 지식을 포함하고 있다. 그리고 이에 대한 앎, 즉 오래전부터 우리 민족에 의해 발달되어 온 시 형식으로서의 시조에 대한 앎은 언어문화 정체성 형성의 가장 초보적인 단계에 있어서 긍정적으로 작용할 수 있다. 한글이라는 우리만의 문자가 있듯이 시에도 우리만의 독창적인 양식이 있었다는 것은 매우 놀라운 사실로 학습자에게 제공될 수 있으며, 이는 우리 문화에 대한 자부심을 형성하는 데에 기여한다.

이에 대한 앎은 다른 문학 장르와 변별되는 시조 특유의 형식성에 대한 이해로 이끈다. 정형시로서 시조가 갖는 형식적 특성은 시

---

7) 李烘雨, 『Bruner 知識의 構造』, 敎育科學社, 1990, p.19.

조의 창작과 수용에 있어서 중요한 역할을 한다. 따라서 시조를 처음 배우는 단계에 있어서도 시조의 시조다움을 규정짓는 시조의 형식에 대한 지식은 필요하다.

시조의 형식에 대한 교육은 언어체 자체의 외형적 특성에 대한 제시로부터 시작하여 시조 형식이 갖는 문화적 의미에 이르기까지 매우 다각적으로 이루어질 수 있다. 또한 단순하고 간단한 지침 정도의 수준을 일러줄 수도 있으며 자세하고 복잡한 사항에 대한 지식을 제공할 수도 있다. 중요한 것은 단순하고 쉽게 제시하는 것이 시조 장르에 대한 잘못된 이해로 인도해서는 안 된다는 것이다. 시조의 장르적 특성을 이루고 있는 가장 핵심적이고 본질적인 지식이 입문 단계에서 더욱 필요한 것이기 때문이다.

이를 위해 초등학교 단계에서는 기본형에 해당하는 작품을 통해 정형시로서의 시조에 대한 지식을 습득할 수 있도록 한다. 기본형에서 벗어난 작품들이 실제 시조 작품 가운데 적지 않은 양을 차지하고 있지만 이에 대한 지식을 함께 제시하는 것은 시조에 입문하는 단계에서는 불필요할 수 있다. 초등학교 단계에서 초점을 맞출 시조 형식에 대한 지식은 시조가 초장, 중장, 종장의 3장 6구 4보격이라는 점이다.

중요한 것은 시조의 형식에 대한 이해가 단순히 암기해야 할 사항 또는 형식적 억압으로 제공되어서는 안 된다는 점이다. 우리 민족 고유의 시형에 대한 관심과 자긍심으로 연결될 수 있도록 한다.

(2) 중학교 단계

가. 확장형 시조에 대한 지식

중학교 단계에서 교육되어야 할 시조 형식에 대한 지식은 두 가지 조건을 충족시켜야 한다. 첫째, 이전 단계에서 제공되었던 지식에 비해 한 단계 심화되고 확장된 것이어야 한다. 둘째, 이 시기의 학습자가 보이는 발달 특성과 부합하며 의미화될 수 있는 것이어야 한다는 점이다.

이러한 점을 고려할 때 초등학교 단계에서 다분히 규칙적인 것으로 학습되었던 데에 비해 한 구의 글자 수가 축소 또는 확장됨으로써 독특한 미의식을 발양하고 있는 작품, 엇시조나 사설시조에서 보이는 파격과 같은 내용이 중학교 단계에서 다루어질 수 있다. 이러한 내용은 초등학교에서의 지식에 비해 분명 심화된 성격을 갖는다. 그것은 일차적으로 기본형 시조에 대한 지식을 전제로 했을 때 비로소 확장형에 대한 지식이 성립될 수 있다는 점 때문이기도 하다.

그러나 보다 본질적으로는, 다양한 시조 작품에 대한 설명을 부가하였다는 점에서가 아니라 시조의 정형성에 대한 보다 깊이 있는 이해를 도울 수 있다는 점에서 그러하다.[8] 즉 무절제하거나 분방한 파격으로 치닫지 않고 '절도 있는 파격미'[9]를 추구한다는 사실은 원칙에 대한 운용의 묘를 구비하고 있는 시조 형식의 중요한 특징이라고 할 수 있다. 이에 대한 지식은 규범과 규격으로서 시조의 정형성을 이해하는 데에서 그치지 않고 그 속에서 누릴 수 있는 자유에 대한 인식을 요구한다는 점에서 규범성보다는 표현의 개별성에 흥미를 보이는 중학교 단계 학습자의 발달 특성과 조화를 이룬다. 초등학교 단계의 학습자들에게 있어서 시조 형식은 하나의 정해진 표현 틀로서 인식될 뿐, 그것과 작가의 상호작용에 대한 이

---

8) 시조는 한시(漢詩)나 화가(和歌)와 같은 정형(定刑)이 아니고 정형(整形)이었다. 이 정형(整形)에는 말을 자유롭게 쓸 수 있다. 과연 시조는 정형시(定型詩)가 아니고 정형적(整形的) 자유시였다.(李秉岐, 『가람文選』, 三中堂, 1976, p.236.) 이러한 언급은 시조가 규격화된 것이라기보다는 정제된 것이라는 측면에 대한 설명이라고 할 수 있다.

9) 김학성, 「시조의 양식적 독자성과 현재적 가능성」, 『韓國詩歌硏究』 19, 韓國詩歌學會, 2005, pp.98~101.

해나 형식의 창의적 수용에 대한 인식에는 이르지 못한다. 그러나 작품의 표현성에 관심을 보이기 시작하는 중학교 단계에서는 직관적이지만 이에 대한 이해가 가능해진다.

정형시로서의 시조에 입문을 하는 단계인 초등학교에서부터 확장형 시조에 대한 지식을 제공하는 것은 학습자에게 인지적으로 부담이 된다. 따라서 시조의 기본형에 대한 인식이 확고하게 된 뒤인 중학교 단계에서 이에 대한 지식을 제공하는 것이 바람직하다.

나. 개인 작가에 대한 지식

중학교 단계에서 다루어질 수 있는 역사적 지식은 주로 창작 배경과 관련된 작가의 삶에 대한 것이다. 이들은 '구체적 사실에 대한 지식'으로 분류될 수 있다. 현대시에 비해 시조는 작가의 삶과 긴밀한 관련을 보이며, 작품 해석에도 이에 대한 지식이 관여한다. 또한 이에 대한 앎은 작품을 인간 삶의 자취로 이해하는 데에 기여한다는 점에서 가치 있는 교육 내용이다.

작가의 삶을 글쓰기와 관련시켜 주목하는 것은 학습자 자신과 거리를 갖고 있는 시공(時空) 속의 제3자가 갖는 의도와 주관성에 대한 이해 능력을 필요로 한다. 초등학교 단계의 학습자들이 자신과 직접적으로 관여하는 상대방의 관점[10]에 대한 이해에 머물며, 제3자에 대한 관점은 좀 더 일반적이고 객관적인 수준에 머무는 것과는 달리 중학교 단계의 학습자들에서는 작가의 주관성에 대한 이해 능력이 발달한다. 그러므로 작품과 작가의 삶을 연결 지어 파악하는 내용은 중학교 단계 이상에서 보다 잘 구현될 수 있다.

또한 작가 계층이 아닌 개인 작가의 삶에 대한 지식은 작가의

---

10) 대략적으로 초등학교 시기에 해당하는 8세에서 11세에 이르는 단계를 셀만은 2자적, 상호적 관계(second-person and reciprocal level)라고 명명하였다.
Robert L. Selman, *The Promotion of Social Awareness*, Russell Sage Foundation, 2003, p.21.

주관성에 대한 관심을 보다 선명히 충족시켜 줄 수 있다. 작가 계층으로 접근하는 것은 작가의 고유성을 한 단계 추상화시켜 다른 작가들과의 공통성으로 상승시키는 능력을 요구한다. 그러나 2장에서 살펴본 바와 같이 중학교 단계의 학습자는 이러한 일반화된 타인의 관점에 대한 이해에는 무리가 있다. 따라서 개별적 타인으로서의 작가 개인의 삶에 대한 지식을 통해 타인의 고유성과 주관성을 자신과 결부시켜 이해할 수 있도록 교육 내용을 구안하도록 한다.

왕조의 교체나 정치적 격동 속에서 산출된 작품들의 경우 이와 관련된 역사적 사건에 대한 설명을 제공하는 것이 마땅하다. 이에 해당하는 교육 내용에는 고려 말에 지어진 작품, 단종 폐위와 관련된 작품, 임병양란 등의 국난을 겪으면서 지어진 작품과 관련된 정보들이 포함된다.

또한 작가 개인사적인 사건이라 하더라도 작품 이해에 있어서 필요한 사항은 작품과 함께 제시하여야 한다. 예를 들어 황진이 시조의 경우 이에 관련된 정보는 작가의 인간적 면모를 투영해 작품을 깊이 있게 감상할 수 있게 하는 역할을 할 뿐만 아니라, 그 자체로도 매우 매력적인 이야기로 수용될 수 있다.

(3) 고등학교 단계

가. 인접 장르와의 관계에 대한 지식

고등학교 단계에서 시조 형식에 대한 지식은 다른 시가 장르와의 관련 속에서 제공되도록 한다. 이러한 지식은 시조라는 장르 내에서의 기본형과 확장형에 대한 이해로부터 한 걸음 더 나아가 시조와 공시적으로 또는 통시적으로 관련되는 장르들과의 관련 속에서 시조의 형식을 이해하게 한다는 점에서 더욱 깊이 있는 지식으로서의 성격을 띤다.

예를 들어, 3장 형식의 근원이 10구체 향가의 구조에까지 연결될 수 있음을 이해함으로써 이러한 의미 구조가 민족 시가의 한 특성임을 알 수 있게 된다. 또한 시조에서 쉽게 찾아볼 수 있는 대구나 병렬 등의 속성이 민요나 가사에서도 애용된다는 사실을 통해 인접 장르와의 공통점을 이해할 수 있다.

그러나 다른 장르와의 공통성을 보이면서도 시조만이 현대에 이르기까지 계속 향유되어 올 수 있었던 까닭은 무엇인지에 대하여 사고해 볼 수 있도록 한다. 즉 세 부분의 의미 단위로 내용을 전개한다는 점에서는 같지만, 시조는 그러한 틀을 가장 세련된 모습으로 새롭게 탄생시킨 고유의 시형이라는 점, 대구나 병렬에서 그치지 않고 이를 효과적으로 집약하는 종장의 장치를 갖고 있다는 점을 함께 이해할 수 있도록 한다.

이러한 과정을 통해 학습자가 문학사적 안목과 함께 시조의 미적 가치에 대한 심도 있는 이해에 도달할 수 있도록 한다. 또한 현대시에서도 이러한 의미 전개 방식을 따르고 있는 예를 제시함으로써 표면적인 차이보다는 이면에 흐르고 있는 표현 자질에 주목할 수 있는 능력을 기를 수 있도록 한다.

이러한 지식은 시조를 한 개인의 창작물로 보는 것과는 달리 보다 넓은 표현 문화 속에서 파악하는 것을 의미한다. 작가의 주관적 의도만으로 결정되는 것이 아니라 역사적인 영향 관계 속에서 이루어진 결과물로서 시조의 창작과 향유를 이해할 수 있게 한다. 이에 대한 지식은 고등학교 단계에서 발달하는 사회성에 대한 지적인 관심과 결부하여 효과적으로 교육될 수 있다.

나. 향유층에 대한 문학사적 지식
고등학교 단계에서는 범주 간, 장르 간, 작품 간 비교에 의한 이해를 활성화할 수 있어야 한다. 시조는 그 향유 기간이 길었을 뿐만 아니라 다양한 계층에 의해 향유되어 왔다는 특징이 있다. 시조는 계층적 귀속성이 강한 장르로서 향유 계층에 따라 사대부시조, 기녀시조, 가객시조로 나눌 수 있다. 이들은 현실 인식과 작품의 표현에 있어서 흥미로운 차이를 보이고 있다.

고등학교 단계에서 다루어야 할 시조 교육의 내용은 각 작품들의 개성이 계층적 특성과 관련하여 어떻게 일반화될 수 있는가에 대한 관심으로 연결되어야 한다. 이는 '경향(傾向)과 계열(系列)에 관한 지식'에 해당하는 것으로서, 한 작가의 특성과 개성으로 작품을 의미화한 중학교 단계에서의 작품 수용에 비해 심화된 교육 내용이라고 할 수 있다.

중학교 단계에서의 작가에 대한 관심이 작가 개인의 특이하고 영웅적인 요소에 대한 것이라면 고등학교 단계에서는 특이한 전기적 사건성이 없다고 하더라도 일반화할 수 있는 것으로서의 성격을 갖는다. 중학교에서의 관심이 주로 작가 개인 심리적인 측면에 있었다면 고등학교 단계에서는 작가가 터한 문화성에 대한 인식을 요구하는 것이다. 즉 작가 자신은 인식하지 못할 수도 있는 그의 특성(character)인 것이다.[11] 이처럼 다양하고 광범위한 작품들을 향유 계층에 따라 몇 개의 부류로 나누어 고찰하는 것은 비교와 대조의 과정에 의한 이해 능력의 신장에 기여한다.

이러한 접근은 소속 계층과의 관련 속에서 한 작가의 특성과 성취를 좀 더 분명히 이해할 수 있게 한다. 공통된 주제나 표현 자원을 활용하되 세계관과 미의식의 측면에서 차이와 변주를 보이는 작품들을 비교함으로써 개별 작품에 대한 이해가 심화될 수 있다.

---

11) Michael J. Parsons, *How we understand Art: A cognitive developmental account of aesthetic experience*, Cambridge Univ. Press, 1987, p.112.

2. 수행해야 할 과제

수행으로서의 시조 교육 내용은 말하기, 듣기, 읽기, 쓰기와 같은 국어교육의 활동 영역과 관련하여 의미화될 수 있는 교육 요소에 대한 것이다. 수행으로서의 시조 교육의 내용으로는 시조 쓰기와 낭송을 들 수 있다.

시조 창작이라는 용어 대신 시조 쓰기라는 표현을 선택한 것은 시조를 쓰는 것이 문학적 감수성의 발달만이 아니라 국어 표현 능력 전반에 걸쳐 의미를 갖는다는 점을 부각시키기 위함이다. 시조의 낭송 또한 율격적 언어 능력 신장을 위한 것이라는 점 그리고 이는 말하기와 같은 음성 언어 능력을 이루는 하위 요소로 의미화할 수 있다는 점, 즉 과제(task)로서의 성격을 갖는다는 점에서 수행의 내용 요소로 구분할 수 있다.

(1) 초등학교 단계

가. 정형시의 규칙에 맞게 쓰기

시조가 정형시라는 점, 즉 표현의 규칙이 있다는 점은 주로 자유시의 경험 영역에서 벗어나지 않았던 학습자에게 새로운 언어 경험의 요소로 작용할 수 있다. 정형시로서 시조가 갖는 규칙성의 가장 본질적 특성은 3장 형식에 있다. 3장으로 이루어져 있다는 것은 시조가 시조일 수 있게 하는 최소한의 규약이다.[12] 따라서 시조를 처음 접하게 되는 학습자에게 우선적으로 제공되어야 할 지식은 시조가 3장에 의한 발화라는 점이다.

---

12) 평시조의 파격을 보이는 사설시조 역시 글자나 구의 증가는 있지만 3장이라는 형식만은 준수한다는 점을 고려해 보았을 때 시조의 가장 본질적인 요소가 3장에 의한 발화에 있음을 알 수 있다.
   김학성, 『한국 시가의 담론과 미학』, 보고사, 2004.

3장 형식은 시조의 독특한 의미 구조이자 표현 주체의 입장에서 보았을 때는 일종의 표현 틀로서 작용한다. 그런데 초등학교 단계에 있어서 시조의 3장 형식은 짧고 평이하며 주제 전달을 명료하게 하는 표현 틀이라는 점에 초점을 맞추어 교육되어야 한다.

인간의 삶을 짧은 형식에 담고 있다는 점은 표현 능력과 관련하여 교육적으로 의미 있는 내용이 될 수 있다. 시 쓰기 교육에서 산문적 내용을 압축하여 시적 언어로 바꾸는 활동이 널리 활용되는 것은 양적인 제약 없이 길게 서술하는 것보다 표현하고자 하는 바를 짧은 길이에 담는 것은 더 높은 수준의 표현 능력을 요구하는 것이기 때문이다.[13]

그러나 초등학교에서는 긴 내용을 함축성을 높이며 압축하는 방식으로서의 쓰기 교육보다는 표현 내용의 양적 부담에서 벗어나 짧고 간단하게 표현한다는 점에 주안점을 두어야 하며, 완결성에서 느낄 수 있는 즐거움이 강조되어야 한다. 시조의 창작이 특별한 수련을 거치지 않고 다양한 계층의 사람들에 의해 이루어져 왔다는 점은 시조 형식이 갖는 평이함에서 기인하는 바가 크다.

그러나 평이하면서도 3장의 틀이 갖는 미적 특성 특히 시조 종장의 미학을 이해할 수 있도록 하는 방향에서 교육이 이루어져야 한다. 종장의 미학이 충분히 살아나지 않는 경우 시조다운 시조라고 할 수 없을 것이기 때문이다. 이러한 점에서 시조의 종장이 갖는 미학적 특성에 대한 이해 없이 단순히 자수나 음보만을 기계적으로 지키도록 하며 이루어지고 있는 시조 쓰기 교육은 반성의 여

---

13) 함축에 대해서는 고전 시학 특히 한시를 중심으로 많은 논의가 이루어진 바 있다. 수준 높은 표현이 추구해야 할 항목의 하나로 함축성을 들고 있는 것이다.(이병한 편저, 『중국 고전 시학의 이해』, 문학과지성사, 1993.) 그러나 시조에서의 압축의 방향성은 뜻을 드러내지 않고 감추는 함축의 방식과는 어느 정도 거리가 있는 것으로 보인다. 그보다는 오히려 말하고자 하는 요지를 간명하고 명료히 전달하는 데에 기여한다. 현대시조에 비해 고시조는 더욱 그러하다. 복잡한 수식을 가하지 않고 꾸밈없이 표현하는 데에 시조다운 압축성이 있다.

지가 있다.

즉 초등학교 단계에서는 문형의 구조가 단순하면서 3장의 의미 구조 파악이 분명한 작품 중심으로 교육을 설계하되, 종장의 변별적 기능이 잘 살아 있는 작품을 중심으로 한다.

심심은 ㅎ다마는 일 업술손 마히로다
답답은 ㅎ다마는 閑暇홀손 밤이로다
아히야 일즉 자다가 東트거든 닐거라

― 윤선도 ― 〈고산유고〉

위 작품은 초장과 중장에서 문형싱 같은 구조의 반복을 보이다가 종장의 문형에 변화를 줌으로써 3장을 구성하고 있다. 장마와 밤이라는 시간을 초장과 중장에 각각 배당하고 있는데, '~ ㅎ다마는 ~이로다'라는 억양법을 통해 이러한 시간은 부정적이기보다는 여유롭고 편안한 성격으로 규정된다. 이 작품은 자연의 운행에 순응하는 데에서 오는 조화의 풍류[14]를 보여주고 있는데 이를 초장과 중장에 걸쳐 반복함으로써 작품에 유기성과 통일성을 부여하고 있다.

단어의 어의론적(語義論的) 측면이 사물, 행위, 상태 자체를 표현한다면, 단어 사이의 통사론적 관계는 그러한 사물, 행위, 상태들 사이의 관계성을 표현한다. 위의 시조는 통사론적 관계의 반복을 통해 초장과 중장의 텍스트 응집성[15]을 높이는 한편, 종장에서는 이와는 다른 구조를 보임으로써 차별성이 부각된다.

즉 초장과 중장의 반복 외에도 감탄사에 의해 종장은 부각된다. 감탄사는 문장성분상 독립어로서 전후의 문장과 문법적인 관계를 갖지 않는다. 이는 시상의 흐름에 전환이 오는 의미 표지로 작용함

---

14) 성기옥, 「고산 시가에 나타난 자연인식의 기본 틀」, 『고산연구』 1, 고산연구회, 1987, p.216.
15) R. De Beaugrande · W. Dressler, *Introduction to Text Linguistics*, 김태옥 · 이현호 공역, 『담화 · 텍스트 언어학 입문』, 양영각, 1995.

으로써 의미 분절 기능을 하는 데에 효과적으로 작용한다. 학습자들은 이와 같이 명확한 표지를 자신의 쓰기에 활용함으로써 의미의 흐름을 좀 더 명료히 인식할 수 있다. 반드시 감탄사가 아니더라도 이러한 기능을 이해하고 쓰기에 참여하도록 하는 것은 쓰기에 대한 메타적 인식을 활성화할 수 있는 것이다.

이 작품에서 경쾌한 리듬감이 느껴지는 것은 초장과 중장이 의미론적으로나 형태론적으로 반복의 형태를 취하고 있으며 그로부터 변화를 도드라지게 하는 종장이 있기 때문이다. 이러한 특성은 초등학생들에게 3장 형식으로 글을 쓰게 하였을 때 쉽게 활용할 수 있는 구조가 될 수 있다.

> 어버이 사라신제 셤길 일란 다 ᄒᆞ여라
> 디나간 후면 애ᄃᆞᆲ다 엇디ᄒᆞ리
> ᄑᆞ生애 곳텨 못홀 일이 잇ᄲᅮᆫ인가 ᄒᆞ노라
> ― 정철 ― 〈星州本 松江歌辭〉

이 시조의 3장은 현재에 힘써야 할 행위, 미래에 대한 가정 그리고 그로부터 도출되는 인간적 도리로 이루어져 있다. 명령형으로 시작하여 그렇지 않았을 때의 상황으로 대조를 이룬 뒤 이를 총괄하는 원리에 대한 확인의 구조를 취하고 있는 것이다.

초장과 중장에 제시된 '어버이 살아 계실 때'와 '돌아가신 후'는 대조적인 속성을 갖는다. 그러나 이들은 종장에서 제시되는 윤리적 덕목을 도출하는 데에 기여한다는 점에서 공통적이다. 넓은 의미에 있어서 대비는 반복의 일종으로 볼 수 있다.[16] 그러나 문형과 시제 등에 변화를 부여함으로써 윤선도의 위 작품에서 보이는 단순 반복보다는 다채로운 느낌을 준다.

---

16) 이석원, 『음악심리학: 음악적 경험의 과학』, 심설당, 1994, p.185.

초장에서는 지켜야 할 윤리 덕목을 선언적으로 제시하는 듯하지만 중장에서 보이는 '애드라 엇디하리'는 청자의 입장에서 느낄 수 있는 정서적 측면에 대한 호소를 하고 있기 때문이다. 이를 통해 종장에서 말하는 '평생에 고쳐 못 할 일'은 화자의 윤리만도 또는 청자에게만 해당하는 윤리만도 아닌 인간이라면 추구해야 할 보편적 윤리로 격상할 수 있게 된다. 윤선도의 작품에서 보이는 반복이 다소 기계적이고 인위적인 느낌을 주는 데에 비해[17] 정철 시조에서 보이는 반복의 형태는 단조롭지 않으면서 짧은 시형 안에 보다 다채로운 감정의 층의 포괄하는 모습을 보인다.

이 시조는 초장과 중장이 대조에 의한 병렬적 관계를 갖고 이에 변화를 가져와 종장이 이어지는 경우이다. 반복의 유형의 하나로서 대조의 속성이 가미됨으로써 전달하고자 하는 의미를 선명하게 드러내는 데에 기여한다.

시조의 3장은 각각 변별된 의미 기능을 하는 구조로 이루어져 있지만, 이 중에서 초, 중장과 종장의 변별로 단순화하여 연습할 수도 있다.[18] 병렬 접속 역시 엄밀한 의미에서는 초장과 중장의 기능이 같다고 할 수 없다. 그러나 초등학교 단계에서는 이러한 차이를 부각시키기보다는 종장의 차별성에 초점을 맞출 필요가 있다. 초장과 중장의 반복형은 시조 3장의 변별적 미학을 이해하도록 만드는 데에 효율적으로 작용할 수 있다.

3장 형식으로 쓰기를 연습할 때 반복을 배치하는 것은 3장의 의미 전환을 뚜렷하게 하는 가장 용이한 방법이다. 문형의 반복을 시행함으로써 언어 표현의 규칙성을 좀 더 명료히 인식할 수 있으며

---

17) 윤선도의 시가는 언어 형식 그 자체가 전경화(前景化)되어 있다는 언급이 이와 상통한다. 金烈圭,「孤山作品論 : 反復法과 그 聯章關係를 中心으로」,『孤山研究』1, 고산연구회, 1987, p.71.

18) 조윤제는 시조의 형식을 초장과 중장을 합친 전 절과 종장인 후 절로 이분할 수 있다고 보았다. 趙潤濟,『韓國 詩歌의 研究』, 乙酉文化社, 1948, p.179.

규칙에 맞게 표현하는 즐거움을 느낄 수 있기 때문이다. 이러한 형태의 연습을 통해 좀 더 높은 단계에서는 단순반복에서 변주로 발전할 수 있을 것이다.

정보이론에 의하면 반복은 일종의 잉여(redundancy)라고 할 수 있으며 정보량을 낮추는 역할을 한다. 적절한 정도의 불확실성이 문학적 가치와 흥미를 높인다는 점을 고려해 보았을 때 반복에 의한 구성은 작품의 통일성을 부여하는 장점이 있지만 보다 더 높은 수준에서는 지양할 필요가 있다. 중학교 이상에서는 시조의 3장 구조는 다른 측면에서 접근되어야 한다.

종장의 차별성을 부각시키는 또 다른 방법으로 문제 제기식 전개를 들 수 있다. 문제 제기식 전개 유형은 논리성이 전면화된 경우에 해당한다.

> 눈 마즈 휘여진 딕를 뉘라셔 굽다턴고
> 구블 節이면 눈 속의 프를소냐
> 아마도 歲寒孤節은 너 뿐인가 ᄒ노라
>
> ― 원천석 ― 〈병와가곡집〉

눈에 덮여 휘어져 보이는 대는 새 왕조에 협력을 강요하는 외부적인 압력에 의해 고통과 시련을 겪고 있는 모습을 형상화하고 있다. 이러한 모습은 고려 왕조에 대한 절개를 꺾고 변절을 한 것처럼 보일 수 있다. 이에 대한 오해를 불식시키기 위해서 중장에서는 대나무의 또 다른 속성, 즉 눈 속에 푸르른 모습을 간직할 수 있음을 제기한다. 일종의 반론적 성격을 갖는 또 다른 근거를 제시함으로써 일면 억압에 굴복한 것처럼 보일 수 있는 충신의 진심이 확연하게 드러난다.

종장은 이러한 논리 전개를 총괄하여 대상을 '세한고절'이라고 명명하고 있다. 대상에 대한 최종적인 가치 평가와 확인이라고 할 수 있다. 상대방이 드러나 있지는 않지만 세상에 대해 작가 자신의 의지를 표명하고 그럼으로써 신념을 더욱 강화하고 있다.

시조의 3장 구조는 명철한 논리성을 담는 데에 적절하다.[19] 위의 시조는 이러한 조리성(條理性)이 잘 부각된 사례로서, 초등학교 단계에서 시조 쓰기의 성격을 쉽게 이해할 수 있도록 하는 기능을 한다.

시 쓰기에서 가장 선행되어야 할 것은 표현하고자 하는 바 내용을 정리하는 것이다. 온갖 수식어를 동원하여 말을 꾸미고 정작 의미가 통하지 않는 것을 좋은 시라고 할 수는 없을 것이다. 시조는 불필요한 수식어를 절제힘으로써 의미 전개의 간명성을 학습할 수 있는 좋은 틀이 된다. 공연히 멋을 부리고 난해해야 시인 것처럼 생각하는 것을 교정해 줄 수 있다.

또한 이러한 표현 방식은 단순한 재치 또는 문학적 표현으로서만이 아니라 전통적 성격을 가진 틀이라는 점에서 교육적 가치가 있다. 3장이라는 규칙은 짧은 형식으로서의 시조가 갖는 논리성의 성격을 틀 지움으로써 쓰기 학습에 있어서 활용할 수 있다.

　　　추석이 온다고
　　　벼들도 누릇누릇

　　　추석이 가깝다고
　　　대추도 빨긋빨긋

　　　추석이 낼모레라고
　　　하늘의 달도 둥글둥글

　　　　　　　　　　　　　　　　　　　　— 추석 — [20]

---

19) 삼단논법과 관련하여 시조의 3장 구조를 해명한 연구도 시도된 바 있다.
　　韓相璉, 「時調의 論理學的 研究 : 韓國論理學의 可能性 問題」, 『論文集』 3, 동국대학교, 1967.

이 작품은 반복의 성격이 두드러져 있는 예이다. 추석 무렵 자연의 모습을 벼, 대추, 달로 대표하여 3장을 구성하고 있다. 벼와 대추가 공간적으로 인접한 데에 비해 종장에서는 하늘의 달을 통해 시선을 수직적으로 이동시키고 있다. 또한 '하늘의'라는 수식어를 씀으로써 초, 중장과는 달리 종장에 변화를 주는 언어 감각도 보여 주고 있는 작품이다. 이처럼 글자 수의 차이에 대해서도 배려를 하여 리듬감을 살리고 있다.

나. 율격에 맞춰 낭송하기

초등학교 시기에 관심을 갖는 아름다움이란 주제나 표현이 감각적으로 즐거움을 주는 것에 있다는 점에서 매우 제한적이다. 그러나 심미성에 눈을 뜨기 시작하는 시기라는 점에서 중요하게 다루어져야 한다.

시조는 3장이라는 짧은 형식 속에 운율감 있는 언어로 표현됨으로써 산문에서와는 달리 언어체의 아름다움을 갖고 있다. 정형시로서 시조의 속성은 언어 형식과 의미 구성 방식에 있어서의 규칙성을 학습할 수 있게 하는데, 언어 표현의 규칙성에서 비롯된 미적 자질은 언어 학습의 초기 단계에 있어서 매우 유익한 교육적 자질이 될 수 있다.

인간이 언어를 이해할 때 어떤 단위로서 인식을 한다는 점은 언어의 음악적 성격과 관련된다. 특히 음성언어에 있어서 특정한 원리에 의해 소리들을 무리지어 이해하는 경향이 있으며 이러한 기대가 충족되었을 때 안도감이나 만족감을 느끼게 된다. 이는 음악을 이해하는 과정은 음을 모아 하나의 유기체로 조직화하는 인간의 심성[21]을 바탕으로 이루어진다는 사실에 기반하고 있다.

---

20) 권오삼, 『한국동시조』, 2003 가을 16, p.29.
21) 이석원, 『음악심리학: 음악적 경험의 과학』, 심설당, 1997, p.121.

초등학교 단계에서의 교육 내용으로 언어의 음악적 성격을 설정할 수 있는 까닭은 구체적 조작기의 특징과 언어적 자질의 감각적, 외적 구현이라는 리듬의 본질이 부합하기 때문이다. 리듬은 반복에 의한 지각 가능한 규칙성을 그 특성으로 하는데 이는 초등학교 단계의 학습자들이 표현 활동을 하는 데에 있어서 자유와 함께 안정감을 제공한다. 안정감은 확신에서 나오며, 이러한 확신이 주어졌을 때 어린이는 탐험과 실험을 할 수 있게 된다. '그는 감히 자신의 자유를 사용하는데, 그것이 그를 어디로 이끌 것인지를 두려워하지 않기 때문이다.'[22]

안나 크뤼거는 잉가르덴의 『문학예술작품』을 근거로 하여 단어와 문장을 서사의 기초로 파악한다. 그리고 이때 가장 기초가 되는 언어의 리듬감, 속도감, 음조는 아동 문학에서 특히 중요하다고 보았다.

> 어린이들은 언어의 울림이라든가 음악성과 진정하고 직접적으로 관련한다. 그들은 이것을 아주 재미있고 집중적으로 체험한다.[23]

이에 언어문화 유산 가운데 음악적 자질을 잘 담지하고 있는 장르인 시조는 언어의 음악성을 교육하는 데에 있어서 적합한 자료가 될 수 있다. 자유시는 언어의 리듬 현상이 내재율로 나타나며, 정형시에서와 같은 규칙적인 운율 단위가 아닌 소리, 단어, 구, 문장, 문단과 같은 여러 요인의 활용을 통해 나타난다. 따라서 자유시보다 정형시를 통해 리듬감을 훈련하는 것이 언어 교육의 초기 단계에서는 더욱 효율적이다. 초등학교 단계의 인지 능력에 비추어

---

22) Ethel Hatchett · Donald H. Hughes, *Teaching Language Arts in Elementary Schools: A functional-creative approach*, Ronald, 1956, p.5.
23) 김경연, 「독일 아동 및 청소년 문학: 교육적 관점과 미적 관점의 역사적 고찰」, 서울대학교 대학원, 2000, p.81.

보았을 때 인식하기 까다로운 언어 리듬은 적합하지 않기 때문이다.

青山도 절로절로 綠水도 절로절로
山절로 水절로 山水間에 나도 절로
그 中에 절로 ᄌ란 몸이 늙기도 절로 ᄒ리라
— 송시열 — 〈병와가곡집〉

위의 시조에서는 청산과 녹수 그리고 화자의 관련성을 읊고 있
다. '절로절로'라는 언어의 반복적 요소는 리듬감의 형성에 의해
낭송의 재미를 느끼게 하는 역할을 한다. 초장에서는 '절로절로'를
구 사이에 배치함으로써 끊어 읽어야 하는 단위와 일치함으로써
리듬감을 강화한다. 중장에서는 이에 약간의 변화를 주어 1, 2음보
사이에 배치하여 더 짧게 끊어 읽게 됨으로써 경쾌한 느낌이 더해
진다. 또한 종장 2음보가 시작되는 첫 부분에 이를 배치함으로써
전체적으로 흥청흥청 리듬을 타는 느낌을 준다.

이 작품은 자연의 속성에 대한 인식에 의해 인간의 속성의 한
측면을 확인하는 구조를 취하고 있다. 즉 어떤 것에 얽매이지 않고
자유스러운 모습을 간직하고 있는 산과 물을 인간과 병치시킴으로
써 인간의 본성 또는 지향해야 할 바람직한 지향점을 환기하게 된
다. 'ㄹ'음이 갖는 유연함은 구속되지 않는 삶의 태도를 효과적으
로 형상화함으로써 이러한 인식 작용을 촉발하는 데에 기여한다.

시조에서는 글자 수에 엄격한 제한이 없는 대신 음절의 음성학
적 자질이 보다 강조되는 경향이 있다. 음성학적 자질의 반복을 통
해 규칙성을 형성하고 결과적으로 율격적인 언어 효과를 빚어내는
것이다. 소리나 모양을 흉내 내는 음성상징어를 반복하는 경우, 단
어가 갖는 미묘한 어감 분화에 대한 학습자의 민감한 감수성을 요
구하는 데에 비해 위의 작품에서 반복되는 '절로'와 같은 어휘는

뚜렷한 의미를 담고 있다는 점에서 보다 쉽게 다가올 수 있다.

또한 시조는 한 음보를 구성하는 글자 수가 신축적이며 특히 종장 2구는 과음보(過音步)가 됨으로써 언어 표현에 명료함과 생동감을 부여할 수 있다. 리듬은 반복과 강조에 의해 부각된다. 일정한 박자의 흐름 속에서 언어가 전개되며, 그 가운데 다른 단어보다 강조되는 단어가 있을 때 두드러지는 것이다. 이에 비추어 보았을 때 시조는 언어의 질서화를 추구하되, 전환의 미학을 통해 단조로움을 피할 수 있게 하는 잘 다듬어진 언어 형식이라고 할 수 있다.

> 泰山이 눕다 ᄒ되 하ᄂᆞᆯ 아릭 뫼히로다
> 오로고 ᄯᅩ 오르면 못 오를 리 업건마는
> 사름이 졔 아니 오르고 뫼흘 눕다 ᄒ더라
>
> — 양사언 — 〈병와가곡집〉

리듬감 있게 읽기 위해서는 한 음절을 읽는 데 들이는 시간에 차이가 나야 한다. 완급의 대립에 의해 리듬감이 느껴지기 때문이다. 시조는 각 구에서 작용하는 등장성(等長性)의 원리에 따라 이러한 리듬감이 실현된다.

위 시조의 경우 3, 4자의 규칙적인 반복이 이어지다가 종장 2구에서 '졔 아니 오르고'와 같이 글자 수가 늘어남으로써 다른 구에 비해 강조의 효과를 내게 된다. 리듬의 요건은 반복과 전환, 즉 규칙성과 변화에 있다[24]는 점에서 시조 교육은 글자 수의 가감에 따른 감정 표현의 효과와 즐거움을 학습할 수 있게 한다.

초등학교 단계에서 시조의 율격성을 경험해 보는 것은 시조 교육적 의의만이 아니라 넓게 보았을 때 시 교육의 측면에서도 적합

---

24) 곽성원, 「음악 학습에서의 언어 리듬 활용 방안 및 적용에 관한 연구: 아동의 가창 활동을 중심으로」, 서울대학교 대학원, 1999.

한 교육 내용이 된다. 시에서의 리듬은 시를 산문과 구별해 주는 중요한 언어적 속성이기 때문이다. 시의 특징에 대한 이해를 하는 데에 있어서 언어의 리듬 현상은 비유나 함축 등 시의 대표적 자질로 언급되고 있는 여타 요소에 비해 초보적 수준에서 오히려 친숙하게 다루어질 수 있다.

그러한 의미에서 초등학교 저학년에서의 시조 학습을 부정적으로만 보기는 어렵다.[25] 학습자의 성장에 따라 시조 교육의 목표와 내용 요소가 점차 심화되어야 하지만 어린 학습자의 경우에도 시조의 율격적 현상은 시의 본질을 이해하는 데에 즐거운 경험으로서 작용할 수 있기 때문이다.

낭송이란 음성 언어의 의식적인 질서화이며, 산문 언어에서와는 다른 질서화를 추구하며 읽는 것을 뜻한다. 리듬은 음의 장단이나 강약 따위가 반복될 때의 그 음의 규칙적인 흐름을 뜻하는데, 리듬에 어떤 규칙성이 가해져서 유형화되면 율격(metre)이 된다.[26]

율격은 시에 특별한 강조(emphasis)와 세기(strength)를 제공하는 리듬을 조직화하는 방법이라고 할 수 있다. 율격은 전체적으로는 균형 감각을 제공하는데, 이러한 측면에서 율격적 언어의 경험은 정서 교육으로 발전될 수도 있다. 율격은 생각을 정돈시키고 체계화된 사고를 하도록 돕기 때문에 안정감 있는 정서의 함양에 활용될 수 있는 가능성이 있는 것이다. 율격은 혼돈에 질서를 부여하는 기능이 있기 때문에 명상의 도구가 될 수 있으며 언어에 대한 주의 집중력을 향상시킨다. 또한 기술 문명이 팽배한 복잡한 현대사회에서 시조 리듬의 단순함과 비가식적(非假飾的)인 성격은 그 자체로 즐거움을 준다.

---

25) 김정화, 「시조 형식의 교육 실상과 문제점」, 『語文學』 90, 한국어문학회, 2005, p.176.
26) 金大幸, 『韓國詩歌構造硏究』, 三英社, 1984, p.22.

시조의 율격에 대한 교육은 초등학교 단계에 있어서는 말하기의 리듬감을 경험할 수 있는 초보적 언어 교육 항목이라는 점[27]과 결부되어 이루어질 수 있다. 언어의 음악성에 대한 교육적 필요성은 읽기 능력뿐만 아니라 말하기와 같은 음성 언어 활동을 명확하고 효과적으로 그리고 의식적으로 할 수 있는 능력을 키워 준다는 점에 있다. 특히 중요한 부분의 강조, 유창하고 리듬감 있는 표현, 적절한 속도에 대한 학습 요소로 활용될 수 있다.

(2) 중학교 단계

가. 3장으로 의미 전개하기

시조의 3장 형식에 대한 교육이 초등학교에서 주로 표현의 규칙과 관련되어 교육되었다면 중학교 단계에서는 의미 전개 방식의 특성과 관련하여 교육될 수 있다. 즉 3장의 형식이 갖는 미적인 특성을 주로 의미의 전환에서 오는 절묘함과 결부하여 교육하도록 한다. 이러한 교육 방향은 개성과 참신성을 중심으로 작품을 수용하는 경향이 있는 중학교 학습자들의 특성을 고려한 것이다.

평이하면서도 의미의 전환을 내포하고 있어서 단조롭지 않은 것이 시조 3장 형식의 미학적 특징이다. 3장의 교육에서 중점을 두어야 하는 것은 짧은 형식 안에서 이루어지는 의미의 전환과 상승효과이다. 이를 통해 긴장감과 재미를 담을 수 있는 데는 사고의 유연성, 재치 있는 표현, 깊은 생각을 쉬운 언어로 표현하는 능력 등과 관련된다.

이러한 언어에는 간결함과 균형감이라는 아름다움의 요소가 있기 마련이다. 이에 중점을 두고 교육하는 것은 시적인 기민성을 개

---

27) 말의 형태에서 리듬의 형태로 그리고 노래로 발전하는 것이 음악체험의 과정이라고 한다. 곽성원, 앞의 논문, p.20.

발하는 데에도 도움이 된다. 비시적(非詩的)인 지루함과는 달리 시적으로 마무리하는 것의 교육적 의의를 시조 교육에 의해 충분히 부각시킬 수 있다. 시조의 종장은 한시(漢詩)의 전(轉)과 결(結)에 해당하는 기능을 독특한 율격·통사적 구조로써 감당한다.[28] 그리고 이러한 복합성이 시조의 미학을 특징짓는다. 따라서 중학교 단계에서는 종장에서의 의미 전환을 시조 형식의 미적 우수성과 관련시켜 교육하도록 한다.

재너머 成勸農집의 술닉닷말 어제 듯고
누은 쇼 발로 박차 언치 노하 지즐투고
아히야 네 勸農 겨시냐 鄭座首 왓다 ᄒᆞ여라
— 정철 — 〈星州本 松江歌辭〉

이 작품은 풍류적 삶의 모습이 생기 넘치는 표현에 담겨 있다. 이 작품이 주는 호쾌함은 작가의 행위 자체에서도 발생하지만 종장에서 돌연 출연하는 직접 발화 양식에 기인하는 바가 크다. 초장과 중장에서 소를 타고 성권농의 집으로 가는 모습을 그리는 듯하더니 어느새 문 앞에 이르러 아이를 불러 내방을 알리는 목소리를 그대로 드러내고 있는 것이다. 이러한 직접 발화 양식이 종장에서 나타남으로써 작가의 급한 심정이 효과적으로 표현되며, 종장의 차별성이 확연하게 드러난다.

이는 미래의 일을 미래시제로 하지 않고 현재시제로 표현함으로써 심리의 생동을 느낄 수 있게 하는 정철 문학의 한 특징이기도 하다.[29] 문학에 있어서 시간성의 요소는 작품의 미적 특성을 성취하는 데에 중요한 역할을 하는 요소이다. 시조에서는 각 장에서 이

---

28) 김흥규, 「평시조 종장의 律格·統辭的 定型과 그 기능」, 『욕망과 형식의 詩學』, 태학사, 1999, p.71.
29) 최진원, 『증보판 한국고전시가의 형상성』, 성균관대학교 출판부, 1996, pp.182~183.

질적인 시간 배치를 활용함으로써 작품의 의미 전개에 변화와 강조를 부여할 수 있다. 이러한 방식은 초등학교 학생들에게는 다소 어려운 기법일 수 있다. 시간이라는 관념적 대상에 대한 조작을 가함으로써 문학적 성취를 이루고 있기 때문이다.

초등학교 학생들에게는 대상 그 자체의 분절성이 3장의 구성에 대응되는 작품을 통해 3장의 의미 구조를 쉽게 이해할 수 있는 것으로 내용을 구안하는 것이 적절하다면 중학교 단계에서는 이와 차별화하여 시간성의 요소를 활용하여 3장의 의미 전개에 변화를 주는 방식에 대한 이해를 심화할 수 있다.

> 동네서
> 젤 작은 집
> 분이네 오막살이
>
> 동네서
> 젤 큰 나무
> 분이네 살구나무
>
> 밤사이
> 활짝 펴올라
> 대궐보다 덩그렇다
>
> ― 정완영― 〈분이네 살구나무〉

이 작품의 초장과 중장은 동네에서 가장 작은 분이네 집과 동네에서 가장 큰 분이네 살구나무의 대조에 의해 진행된다. 그러나 이 작품에서의 대조는 하나가 다른 하나를 논리적으로 포함하고 있는 의미의 대조는 아니다. 예를 들어 어버이 살아계실 때 효도를 하라는 언명에는 돌아가시면 그렇게 하지 못한다는 의미가 내포되어 있다. 따라서 나머지 한쪽은 쉽게 추론할 수 있다는 점에서 논리적이다. 그러나 위의 작품에서의 대조는 그러한 논리성을 뛰어넘는 것으로, 이로부터 시적인 긴장감이 발생한다.

종장에서는 '밤사이'라는 시간의 경과를 통해 분이네 살구나무에 찾아온 놀랄 만한 변화를 보여주고 있다. 밤사이 피어오른 살구나무 꽃으로 인해 초라하던 분이네 오막살이는 어느새 대궐 못지않은 곳으로 변신하게 되었음을 읊고 있는 것이다. 또한 초장과 중장은 명사로 끝내다가 종장에 와서 '덩그렇다'는 서술어를 통해 시상을 정리하고 종장의 차별성을 부각시킬 수 있게 된다.

이 작품은 군더더기 없는 매우 간단한 묘사로만 일관하였지만 그 뜻은 단순하지 않다. 여기에는 초장과 중장에서 이루어지고 있는, 극대(極大)와 극소(極小)의 대조를 동반한 반복이 큰 기여를 하고 있다. 대조를 동반한 반복의 기능은 기존에 알고 있던 것에 대비하여 새로 알게 되는 것이 주는 즐거움이라고 할 수 있다. 초장과의 대비 속에서 중장의 의미를 새롭게 인식함으로써 미적인 만족감과 인식의 확장을 꾀할 수 있게 한다.

위의 시조는 종장이 갖는 시상 전환적 성격을 잘 보여주고 있을 뿐만 아니라 언어의 압축적 사용에 대해서도 시사하는 바가 크다. 중학교 단계에서는 시조의 언어 형식에 대한 교육 요소로 압축성과 그로 인한 간결미가 부가되어야 한다. 길이가 짧다고 해서 반드시 압축적인 것은 아니다. 짧은 내용을 짧게 표현하는 것이 아니라 길 수 있는 내용을 짧은 형식으로 압축할 수 있다는 것이 교육적으로 의미 있는 것이다. 축약된 발화는 단지 외적으로 짧은 발화일 뿐만 아니라 언어적으로 간결한 발화, 말을 아껴 사용하는 발화이다. 축약은 그렇게 이해한다면 생략, 암시, 절약, 간결을 의미하는 것이며 상황에 따라서는 집약 혹은 환원을 의미한다.[30]

---

30) Dieter Lamping, *Das lyrische Gedicht: Definitionen zu Theorie und Gedichte der*

이처럼 작품의 후반부에 강력한 인상을 배치시킴으로써 작품을 마무리하는 기법은 단편 소설 등에서의 극적인 효과와도 일맥상통한다. 앞부분에 강렬함이 위치하는 경우 더 큰 기대를 후반부에서 충족시키지 못해 초반의 인상이 약화되는 결과를 초래할 수 있는 데에 비해, 강조점이 뒤에 오는 양식은 이러한 긴장을 효율적으로 관리할 수 있다.

나. 유창하게 표현하기

시의 이해에 있어서 쾌락설과 효용설은 동양과 서양을 막론하고 오래 전부터 논의되어 온 바이다. 시는 한편으로 유용하며 한편으로는 즐거워야 한다든가, 시의 목적은 가르치거나 쾌락을 주거나 혹은 이 둘을 겸하는 일이라는 언급은 그러한 관점을 대변한다. 이처럼 언어의 유희적 측면은 시의 본질의 중요한 한 축을 이루고 있다.

언어의 유희성은 다양한 측면에서 고찰할 수 있는데, 그중에서 유창하게 표현하는 행위 자체가 갖는 즐거움을 들 수 있다. 사설시조에서 보이는 확장된 발화는 대개 이러한 유창성을 즐기기 위한 목적에서 비롯된 것이다. 사설시조의 언어유희에 있어서 언술 내용보다는 언술 행위 자체에 초점이 있기 때문이다.[31]

> 내 집을 찾지라면 아니 뭇고 잘 찻나니
> 村名은 李花村이요 堂號는 梅月堂이라 右便은 松亭이요 左便은 竹林이라 柴門에 靑삽사리 珠簾 單場 안에 鸚鵡 孔雀이 깃드려 잇다
> 그 곳에 靑鶴 白鶴 넘노는 것이 내 집일세
>
> 〈평주본 시조집〉

Gattung, 장영태 옮김, 『서정시: 이론과 역사』, 문학과지성사, 1994, pp.122~123.
31) 이용지, 「辭說時調의 言語 遊戱 樣相 研究」, 서강대학교 대학원, 2002.

위의 시조는 문면상으로 보았을 때에는 화자가 자신이 거처하고 있는 집의 위치를 설명하고 있는 내용으로 되어 있다. 그리고 이에 대한 확장된 발화가 중장을 중심으로 이루어져 있다. 그러나 이러한 발화는 실제적인 정보로서의 성격보다는 자연 속에서 조화를 이루는 삶의 즐거움과 만족감을 표현하는 기능을 한다. 이를 위해 동원될 수 있는 여러 요소들을 나열함으로써 그러한 행위 자체의 즐거움을 누리고 있는 것이다. 즉 위치에 대한 실용적 정보 제시의 속성보다는 유희적 성격이 강하며, 언술 행위 자체에서 오는 재미와 즐거움이 중요한 요소로 작용하고 있는 것이다.

창작과 소통의 상황에 비추어 보았을 때에도, 시조는 놀이로서의 성격을 강하게 띤다. 시조가 주로 유흥의 자리에서 향유되었다는 점이 이와 관련된다. 예술이 자기목적적임에 반해, 유희는 실제 활동과 같이 다른 것에 목적을 갖는다. 즉 유희는 예술과 실천의 중간적 현상인 셈이다.[32] 시조는 그 자체의 자족성을 위한 창작이라기보다는 향유에 있어서 유희적 상황과 깊은 관련을 갖는다. 시조의 이러한 특성을 지식으로 학생들에게 제공할 필요는 없다. 그러나 이러한 자질이 시조가 교육적으로 활용될 수 있는 근거가 된다는 점은 중요하다.

시조에 있어서 언어 표현의 유창성은 확장된 발화에서뿐만 아니라 수식어의 풍부함에서도 발견된다.

저 건너 거머무투룸혼 바회 釘다혀 씨두구려 닉여
털 돗치고 쌀 박아셔 흥셩드뭇거러 가게 빙글니라 감은 암소
둣다가 우리님 날 離別ᄒ고 가실직 것고로 퇴와 보닉리라
〈병와가곡집〉

32) 金文煥 編, 『美學의 理解』, 文藝出版社, 2000, p.153.

이 작품에서의 '거머무투룸흔'이나 '흥성드믓'과 같은 단어는 미묘 풍부한 우리 언어의 감각적 성격을 유감없이 보여주고 있다. 이와 같은 의태어는 현대에 흔히 접할 수 있는 표현은 아니다. 그러나 그 언어 자체가 주는 느낌에 의해 어떠한 의미인지를 직감적으로 인지할 수 있다.[33) 그만큼 실감나는 표현이라는 의미인데 이는 메를로퐁티가 말하는 '몸짓하는 언어'와 상통한다.

즉 '거머무투룸흔'에서 검고 투박하게 생긴 바위의 모습을 떠올릴 수 있는데 이는 'ㅓ'나 'ㅜ'와 같은 음성모음 계열과 'ㅌ'과 같은 격음이 어우러짐으로써 발생한다. 이로써 크고 어두운 색깔의, 표면이 고르지 못하고 우툴두툴한 모습의 바위를 연상하게 만든다.

이러한 수식어는 일상적으로 사용하는 의성의태어에 대한 감각을 바탕으로 하여 추론하는 과정을 필요로 한다는 점에서 초등학교에서 학습하는 의성의태어에 비해 2차적인 성격을 갖는다. 실생활에서 활발히 사용하는 어휘는 아니지만 그러할 수 있는 가능성을 갖는 것으로서 학습자의 언어 저장고를 풍부히 하는 역할을 한다. 또한 실용적인 의미보다는 언어에 대한 감식력을 풍부히 한다는 점에서 인식적 측면이 더 강하다.

의성의태어의 본래 기능은 소리나 모양을 실감나게 묘사함으로써 그 느낌을 생생하게 전달하는 데에 있다. 그러나 어떠한 상태에 대한 의성의태어가 상투적으로 고정되다 보면 자동화되고 식상한 표현을 양산하게 된다. 비슷하면서도 대상들 사이에 놓이는 미묘한 차이를 섬세하게 포착할 수 있을 때 비로소 의성의태어의 본질에 충실한 것이다. 이에 비추어 보았을 때 시조에서 만나게 되는 매우 적실한 의성의태어들은 그것이 낯섦에도 불구하고 학습자의 언어

---

33) 언어의 자의성에 대한 예외로 거론되는 것이 바로 소리나 모양을 흉내 내는 음성상징어의 존재라는 점이 이와 관련된다.

감각을 보다 풍부하게 만들 수 있는 언어 자료의 역할을 한다. 또한 의성의태어가 발달해 있다는 점이 다른 언어에 비해 한국어가 갖는 강점이라는 점에 비추어 보았을 때 이러한 표현의 학습은 한국어의 특성과 그 가치를 이해하는 데에도 기여한다.

위의 시조는 이별에 대한 화자의 심리 상태에 대한 이해뿐만 아니라 이러한 생동감 있는 표현이 초점 요소가 될 수 있다. 즉 이 작품을 접한 뒤 학습자의 머릿속에 남는 것은 '거머무투룸훈'과 같은 어휘가 주는 특별한 인상만일 수도 있다. 낯선 것이지만 이러한 어휘 경험은 매우 즐거운 것이 될 수 있으며 학습자는 이것을 전경화하여 일상생활의 맥락에서도 인용하는 재미를 즐기기도 한다.[34]

국어에서 자음의 발달은 풍부한 음색과 음상을 보여주며 특히 의성어, 의태어는 작품에서 독특한 한국적인 운율을 구현하는 데에 기여한다. 한국어에는 전치사, 관계대명사에 해당하는 말이 적음에 비해 부사어, 형용어와 같은 수식어가 매우 풍부한데 이러한 특성은 논리적, 추상적 정신보다는 개별적, 구체적 정신의 발현으로서 국어가 철학적, 과학적 언어보다는 문학적 언어에 적합하다는 실증적 근거가 될 수 있다.[35] 위의 작품은 그러한 한국어의 특색을 잘 살림으로써 작가가 표현하고자 하는 바를 묘미 있게 전달하고 있다.

의성어와 의태어는 지성적 이해가 필요한 언어가 아니라 감각에 직접 호소하는 언어이다. 또한 의성 의태어는 자음이나 모음을 교체하여 형태를 조금 바꾼다든지, 기존의 형태에 새로운 의미를 부여하는 방법으로 새말을 만드는 일이 폭넓게 허용되는 어휘 부류이다. 어떤 상황에 꼭 들어맞는 새로운 의성어, 의태어는 마치 신

---

34) 방송 등의 매체를 통해 이루어지는 유행어들이 유사한 과정을 보여준다.
35) 이와 더불어 어미와 조사의 활용에 따라 미묘한 의미 차이를 표현하는 등 문학적 언어로서의 자질을 갖는다.
　　金瑢龜, 『國民文學에 대한 考察』, 서울대학교 대학원, 1980, p.26.

선한 은유처럼 쾌감을 주며 때로는 말놀이의 즐거움까지 얻게 해 준다.36)

시조에서 이러한 표현을 경험함으로써 학습자는 감정의 섬세한 차이에 주의를 집중할 수 있게 되며 그것이 작품의 어조나 정서, 의미를 강화함을 깨닫게 된다. 특히 사설시조의 경우 언어 행위의 확장성과 함께, 구체적이고 실감나는 수식어를 활용함으로써 유창한 표현의 좋은 사례를 많이 보여주고 있다.

(3) 고등학교 단계

시조의 3장 형식은 대상에서 의미 발견하기의 문화적 양식화37) 라는 점에서 교육될 수 있다. 3장이라는 틀 속에서 의미를 전개해 나간다는 점은 시조의 시조다움을 결정하는 가장 핵심적인 사항이다. 고등학교 단계에서 시조의 형식에 대한 교육은 종장의 의미 분절성을 중심으로 교육되었던 초등학교에서의 지식을 심화시켜 그것에 담긴 사유 구조의 특성에 대한 이해로 나아가야 한다.

3장으로 표현해야 한다는 제약은 일종의 완성의 원리38)로 작용하는데 여기에는 문화종속적인 요소가 상당 부분 포함되어 있다. 이는 달리 말하면 학습된 양식구조에 의한 기대감 또는 하나의 문화권에 속한 사람들이 갖게 되는 인식의 틀이라고 할 수 있다. 초장, 중장에서 끝나는 데에서 불완전함을 느끼고 그것으로부터 뭔가 의미를 이끌어 내는 종장이 출현함으로써 완전함을 느낀다면 그것은 시조 학습을 통해 의미 진행 규칙을 내면화하였기 때문이다. 2

---

36) 채완, 『한국어의 의성어와 의태어』, 서울대학교 출판부, 2003, pp.170∼173.

37) 金大幸, 「손가락과 달 : 時調 形式을 통해 본 文學敎育의 指標論」, 『雲堂丘仁煥敎授 停年退任 紀念論文集』, 서울大學校 國語敎育科, 1995.

38) 이석원, 『음악심리학 : 음악적 경험의 과학』, 尋雪堂, 1994, p.133.

단 구성이나 4단 구성으로 의미를 진행하는 것보다 3장 형식에서 가장 자연스러움을 느끼게 되는 것은 경험이나 학습의 소산이다.[39]

이를 문화와 관련된 구조화된 지식의 체계로 이해하는 것은 고등학교 단계의 교육 목표로 적합하다. 고등학교 단계에서는 사회적 흥미가 증가하는 시기이기 때문이다. 이 말이 고등학교 단계에 사회적 지식이 완성된 수준으로 된다는 의미로 받아들여져서는 안 될 것이다. 다만 사회적 성격의 설명에 대해 기꺼이 감수하고 주의를 기울일 수 있게 된다는 의미이다. 본고에서 말하는 흥미 요소는 어떤 자극과 현상에 민감하며 의미 있는 교육 결과를 기대할 수 있는 최소한의 수준을 포함한다.

초등학교 단계에서는 종장의 의미 분절성을 초점화하여 학습했다면 고등학교 단계에서는 초, 중, 종장이 변별적인 역할을 수행하며 한 편의 의미를 완성해 나가는 방식을 전체적으로 학습할 수 있다. 그리고 그러한 흐름 속에서 시조 특유의 의미 전개 방식의 특성을 인식할 수 있게 된다.

> 興亡이 有數ᄒ니 滿月臺도 秋草ㅣ로다
> 五百年 都業이 牧笛에 부쳐시니
> 夕陽에 지나ᄂᆞᆫ 客이 눈물 계워 ᄒ노라
>
> — 원천석 — 〈병와가곡집〉

이 작품은 망해 버린 고려 왕조에 대한 회고가이다. 멸망한 왕조에 대한 비감에 젖게 되는 것은 화려했던 옛 왕조의 자취가 덧없이 사라져 버린 데에 있다. 초장에서는 이를 고려 왕조의 옛 궁터인 만월대라는 공간을 통해 대상화하고 있다. 즉 시들어 가는 가을 풀

---

39) 양장 시조가 실험으로 그치고 별다른 호응을 얻지 못했던 점은 이러한 측면에서 이해할 수 있다.

로 덮여 있는 고려의 옛 궁전의 모습으로부터 시상을 일으키고 있는 것이다.

초장이 공간성을 통해 시상을 일으켰다면 중장에서는 '五百年 都業'이라는 시간성을 개입시킴으로써 초장에서 제시하고 있는 만월대의 황폐화된 모습과 관련짓고 있다. 오백 년 동안의 왕업이 한갓 목동들의 피리 소리에서나 그 자취를 찾을 수 있다고 함으로써, 오백 년이라는 장구한 세월과 덧없는 피리 소리의 극단적인 대비 속에 쓸쓸함과 덧없음이 더해진다.

이 작품은 또한 초장이 시각적인 요소를 중심으로 시상을 전개했다면 중장은 청각에 호소하고 있다는 점에서도 변화를 보이고 있다. 그리고 이 두 요소에 의해 패망한 옛 왕조의 실상을 더욱 확연하게 마주하게 만든다.

이에 비해 종장에서는 석양에 지나는 객을 등장시킴으로써 대상으로부터 연유하는 시적 자아의 감정을 드러내고 있다. 패망한 왕조에 대한 슬픔으로 눈물짓는 객은 화자 자신일 수도 있지만 몰락한 옛 왕터로부터 인간사의 무상함을 느끼게 되는 보편적 인간의 모습이기도 하다. 이 작품에서는 다만 석양에 지나는 객이라고 객관화함으로써 공감의 폭을 열어두고 있다.

> 梨花雨 훗쑤릴 제 울며 줍고 離別ᄒᆞᆫ 님
> 秋風 落葉에 져도 날 生覺ᄂᆞᆫ가
> 千里에 외로온 쑴은 오락가락 ᄒᆞ다
>
> ― 계랑 ― 〈병와가곡집〉

이 시조는 초장과 중장에 시간적 흐름을 개입시켜 전개한 예이다. 초장은 이화우라는 단어를 통해 봄이라는 시간과 그때에 있었던 임과의 이별을 제시하고 있다. 이에 비해 중장에서의 추풍낙엽은 가을이라는 시간적 경과에도 불구하고 이별이 지속되고 있는 현재의 상황이다. 이를 통해 초장에서의 봄이라는 시간의 성격이 현재라는 시간과의 관련 속에서 규정된다. 즉 시적 화자의 외로움의 원인은 떠난 임의 마음을 확인할 길 없는 상황으로부터 가중되는 것이다.

한편, 종장에서는 '千里'라는 공간성에 의해 시적 화자의 정서가 질서화됨으로써 초장과 중장에서의 흐름에 변화가 온다. 초장과 중장이 시간이라는 공통분모를 통해 시적 화자의 상황을 제시하고 있다면 종장에서는 이로부터 유발되는 외로움이라는 정서로 마무리하고 있는 것이다.

이처럼 위의 시조는 이화우, 추풍낙엽, 천리라는 단어를 중심으로 시상을 집약하여 전개하는 방식을 취하고 있다. 이러한 의미 전개 구조는 3장을 효율적으로 질서화하면서 각 장의 차별성과 연결성을 살릴 수 있는 방식이기도 하다.

위의 작품들에서 볼 수 있는 것처럼 시간의 흐름을 집약적으로 나타낼 수 있는 어휘를 선택함으로써 대상 – 관계 – 의미의 구조를 구체화할 수 있다. 즉 3장이라는 짧은 형식에 다층적인 직조(織造)의 결을 포함함으로써 작품은 유기성과 변화의 미를 견지할 수 있게 된다.

> 가로수 걷다보니 부스럭 부스럭
> 발 밑에 깔려있는 마른 낙엽들이
> 우리의 깨진 사랑처럼 산산조각 났구려[40]

이 작품은 낙엽으로부터 깨진 사랑을 환기하는 구조로 이루어져

---

40) 중학교 3학년 학생의 작품이다.
　　강리나, 「시 쓰기 능력 발달 양상 연구」, 한국교원대학교 대학원, 2001, p.67.

있다. 위에서 살펴본 고시조들에 비해 이 작품이 단조로운 느낌을 주는 까닭은 중장의 미적 자질을 살리고 있지 못하고 있기 때문이다. 중장은 종장의 주어부 정도의 성격을 가질 뿐이며, 대상과 의미의 관계를 매개함으로써 작품에 생기를 불어넣는 중장 고유의 역할에는 미치지 못하고 있다. 즉 낙엽은 깨어진 사랑과 같다는 도식을 제시하는 것일 뿐 사고의 확대나 미적인 즐거움을 느낄 수 없다. 이는 시조의 3장 구조가 갖는 미의식에 대한 이해가 부족한 채 외형적 규칙을 중심으로 시조 쓰기에 임한 까닭이라고 파악된다.

고등학교 단계에서는 시조 종장의 시학적 자질에서 더 나아가 중장의 성격에 대한 세심한 이해로까지 나아감으로써 시조의 미학적 특성에 대한 이해가 심화될 수 있도록 한다. 대상으로부터 곧바로 주체로 연결되는 것이 아니라 그것이 한번 매개를 거침으로써 직핍(直逼)한 느낌과는 달리 여유로움이 창출된다는 것[41] 그리고 그러한 시조의 속성은 문화적 인식의 틀로 작용해 왔다는 점을 이해하도록 한다.

대상으로부터 출발하여 어떤 의미를 도출해 내는 시조의 종장은 일종의 발견의 속성을 갖는다. 이는 작품을 읽는 감동의 요소로 작용하는 한편 시조에 담긴 문화적 인식소의 역할을 한다. 다시 말해, 시조의 3장 구조는 세상에 대한 앎의 한 방식을 보여주는 것이다.

시조 3장의 흐름이 대상으로부터 자신을 돌아보게 하는 성격을 갖는다는 점, 대상을 매개로 함으로써 직설적인 어법으로부터 거리를 유지하는 힘을 갖는다는 점, 대상과 자아를 함께 아우르는 방향으로 사고를 전개해 나간다는 점은 고등학교 단계에서의 시조 쓰

---

41) 초장과 중장의 반복형은 반복에 의해서 이러한 거리가 확보된다. 중장에서의 반복은 변주의 속성을 갖는 것으로서, 차이 있는 대상들을 경유함으로써 사고를 확장하고 새로운 관계를 모색하게 한다. 이를 통해 사고를 운영하는 데에 적절한 거리가 부여되며 그렇게 확보된 공간 속에서 여유로움이 발생한다.

기에서 주목해야 할 사항이다. 대상, 관계, 의미의 표현 구조가 우리 문화의 특징을 집약적으로 보여준다는 점에서 이러한 흐름으로 직접 시조를 써보는 것은 민족 문화를 이해하는 통로가 될 수 있다.

3. 경험해야 할 주제

어떤 대상에 대하여 아는 것에는 다양한 방식이 있을 수 있다. 그 대표적인 것이 지식과 경험으로 대별되는 두 인식 방향이다. 교육 내용으로서 지식 항목과 별도로 경험 항목을 설정하는 것은 어떤 대상을 지식으로 아는 것과 경험으로 아는 것 사이에는 인식론적으로 중대한 차이가 있다는 전제가 깔려 있다. 경험은 아는 것의 직접성을 매개해 주는 역할을 하며, 구체성을 통해 보편성에 대한 인식으로 나아갈 수 있도록 연결해 준다.[42] 문학 작품에 대한 경험으로 남을 수 있는 것은 작품에 대한 인상과 같은 표층적인 것에서부터 특정 작품에 대한 선호와 같은 판단에 이르기까지 그 폭과 깊이가 다양할 수 있다.

해석학의 주된 관심이 텍스트의 뒤에 숨어 있는 작자의 의도를 발견하는 것이 아니라 텍스트 앞에 있는 세계를 펼쳐 내는 것이라면, 진정한 자기이해란 '텍스트의 주제'에 의해서 가르쳐질 수 있는 그 무엇이다.[43] 경험은 곧 실험이라고 한 듀이의 언급도 이와 상통하는데, 여기에서 실험은 탐구와 동일한 의미를 갖는 말이다.

---

42) 남성은 진정한 의미에서의 페미니스트가 될 수 없다는 말은 대상에 대한 인식과 태도의 결정에 관여하는 경험의 중요성을 대변해 주는 예이다. 경험은 대상을 인식하고 그에 대한 관점을 갖게 하는 창구 역할을 한다. 세계에 대한 인식 가능성은 달리 말하면 현재까지 주체가 형성해 온 경험의 총체라고 할 수 있다.

43) Paul Ricoeur, *Hermeneutics and Human Sciences: Essays on Language, Action and Interpretation*, 윤철호 옮김, 『해석학과 인문사회과학: 언어, 행동 그리고 해석에 관한 논고』, 서광사, 2003, p.170.

현상학적 관점의 기본적인 가정은 인간의 행동은 과거와 현재의 경험에 의해 영향을 받을 뿐만 아니라, 경험에 대한 개인적 지각에 의해서 영향을 받는다는 것이다. 따라서 학교 교육에서는 경험에 대한 학습자들의 지각이 활성화될 수 있는 기회를 제공하는 것에도 배려를 해야 한다. 즉 경험이 자칫 가질 수 있는 무질서함 그리고 제대로 이해되지 못함을 지양하고 체계화된 경험의 목록으로 제공될 수 있도록 하여야 한다.

　　교육 내용으로서 경험은 문학 작품을 통해 삶에 대한 이해를 확장함과 함께 한국 문화에 대한 이해를 위해 필요하다. 경험으로서의 시조 교육은 개별 시조 작품 자체와의 직접적인 만남을 뜻한다. 이러한 만남은 일종의 앎을 형성한다. 시조에 대하여 안다고 하는 말에는 시조에 대한 메타적 지식 등을 포함하기도 하지만 어떠한 시조 작가의 어떠한 작품을 접해 본 적이 있다는 의미이기도 하다. 이러한 종류의 앎은 특히 문화적 정체성을 형성하는 데에 중요한 밑거름이 된다. 정몽주의 단심가(丹心歌)와 같은 작품의 경우, 오백여 년에 거치는 시간 동안 많은 사람들에 의해 향유되어 오늘에 이르고 있다는 사실은 이 작품을 안다는 것 자체가 한국인의 정체성을 판별하는 데에 주요한 역할을 할 수 있음을 의미한다.[44]

　　경험으로서의 시조 교육 내용으로는 구체적인 시조 작품에서 다루어지고 있는 주제 요소를 들 수 있다. 그런데 학습자의 발달 단계에 따라 한 작품은 다양한 주제로 분류되어 교육될 수 있다. 예를 들어 정몽주의 단심가는 충(忠)이라는 주제로 파악할 수도 있지만 절개라는 개인 윤리의 측면에서 파악될 수도 있다. 그리고 이 두 가지 방식에서의 접근은 작품을 이해하는 데에 있어서 매우 다

---

44) 민족 정체성의 요건 가운데 기억의 공유를 들 수 있다. 기억은 학습에 의해 형성되며, 문학 작품의 교육을 통해 공통된 기억을 형성할 수 있다.

른 방향으로 나아가게 한다.

이 장에서는 시조 교육을 통해 학습자가 경험할 수 있는 다양한 주제군의 교육적 가치와 함께 이러한 경험이 발달에 따라 변화하며 이전 단계에서의 이해에 어떤 것을 덧붙임으로써 심화된 인식으로 나아가게 되는 과정에 대하여 설계하도록 할 것이다. 이는 한 텍스트가 갖고 있는 다층적인 의미의 결을 읽어 나갈 수 있게 된다는 점에서 주제 범위의 확장뿐만 아니라 깊이의 심화와 연결된다.

문학 교육의 중요한 의의 가운데 하나는 학습자로 하여금 삶에 있어서 중요한 주제들에 대하여 진지하게 사고할 수 있는 기회를 제공하는 데에 있다. 타인에 의해 제공된 가치나 욕망을 그대로 따르는 것이 아니라, 그것이 삶에 있어서 진정으로 중요한 주제라면 그에 대해 학습자 스스로 탐구하는 과정이 자신의 삶을 주체적으로 영위하는 데에 있어서 필수적이다. 이에 대한 사유는 유비적인 대상을 통해 간접적으로 이루어질 수 있다. 시조 작품 속에 담긴 삶의 다양한 모습에 대한 경험은 삶의 방식에 대한 학습자의 사유를 촉발할 수 있는 계기가 될 수 있다.

(1) 초등학교 단계

가. 인간관계의 윤리성 경험

초등학교 시기는 문학에 대한 경험을 통해 작품과 세계에 대한 이해를 발달시켜 나가는 초기 단계로서의 성격을 갖는다. 그러므로 인간 삶의 본질적인 구성 요소라고 할 수 있는, 비록 어린이가 그 의미를 깊이 알지 못하지만 아주 모르는 것은 아닌 주제 항목은 초등학교에서도 다룰 수 있다. 볼가스트(Wolgast)는 본질적으로 책이 다루고 있는 영역과 사상내용이 어린이의 정신적 소양에 상응하면 모르는 단어와 같은 세부 사항에 대해서는 큰 주의가 필요하지 않다고 주장한다. 이 점에서 '어린이 책은 어린이를 뒤쫓아 가는 것이 아니라 이해되는 부분과 나란히 아직 이해되지 않는 것들이 따끔따끔하게 첨가되어 있어야 한다.'는 것이다.[45)]

盤中 早紅감 고와도 보이느다
柚子ㅣ 안이라도 품엄 즉도 ᄒ다마는
품어가 반기 리 업을싀 글노 설워 ᄒ느이다
　　　　　　　　　　　　　　　　— 박인로 — 〈병와가곡집〉

이 작품은 조홍감으로부터 떠오른 육적의 회귤 고사와 결부하여 돌아가신 어머니에 대한 그리움을 표현하고 있다 이 작품을 효(孝)라는 주제로 접근하기에 앞서 작가의 심정에 대한 이해가 필요하다. 이러한 이해는 부모를 잃은 경험을 학습자들이 겪었기 때문에 할 수 있는 것이 아니라, 그러한 가정과 상상을 작품을 통해 할 수 있기 때문이다.

부모와 자식의 관계는 한 개인의 세계를 형성하는 데에 있어서 가장 근본이 되는 인간관계라는 점에서 초등학교 학생들도 관심을 가질 수 있는 주제 항목이 될 수 있다. 여기에 부모의 부재라는 미래의 상황을 결부시킴으로써 학습자는 삶에 대해 '미리 경험'해 볼 수 있게 된다. 부모에게 효도를 해야 한다는 윤리적 판단은 이러한 간접 경험의 결과로서 내려져야 한다.

인간관계의 윤리성을 주제로 하고 있는 일군의 시조 작품들은 미의 수용에 있어서 초등학생이 속하는 전 인습 단계의 발달 수준에 대응하여 의미화될 수 있다.[46)] 아름다운 제재를 다루고 있으면

---

45) 김경연, 앞의 논문, p.66.
46) 아동기 동안 가장 일반적인 이 수준은 자아에 대한 어떤 행위의 외부적·구체적 결과와 관련된다. 도덕적 결정은 주로 자아중심적이고 쾌락주의적이다.
　　Rolf E. Muuss, 앞의 책, p.267.

그 작품은 아름답다고 여기거나 도덕적 선(善)을 내용으로 하고 있는 작품을 선호하는 것이 이 단계 학습자들이 보이는 특성이다. 선한 것에서 아름다움을 느끼는 것은 윤리적인 가치 평가의 결과로서보다는 다분히 쾌락주의적인 의미에서이다. 즉 이 시기의 학습자들은 좋은 문학 작품이란 대상이 갖고 있는 '아름다운' 속성을 보여주며 우리의 관심을 거기에로 이끈다고 여긴다. 문학을 통해 무엇인가를 배울 수 있다는 생각 그리고 문학 작품에서 얻는 감동이란 이러한 관념에서 비롯된다.

문학 작품을 통한 미적 즐거움의 경험은 언어 형식에서 오는 것뿐만 아니라 주제나 내용의 측면에서도 논의할 수 있으며, 작품에 실현된 아름다움의 성격을 이해하는 것은 다양한 층위에서 접근이 가능하다. 바꿔 말하면 미(美) 역시 위계화할 수 있는 교육 요소인 것이다. 그런데 초등학교 단계에서 수용할 수 있는 아름다움이란 매우 제한적이다.

문학과 도덕성 또는 문학과 가치관의 관계에 대해서는 많은 논의가 있어 왔다. 충이나 효라는 주제를 담고 있는 시조의 교육적 가치는 그러한 가치관을 내면화하는 것 자체가 초등학생들에게 갖는 의미도 있지만 자신만의 독자적 느낌이 아니라 다른 사람도 느끼리라는, 생각의 보편적 요소에 대한 인식이 갖는 교육적 가치의 측면에서도 생각해 볼 수 있다. 작품이 담고 있는 내용으로서의 도덕적 가치에 대한 판단은 고등학교 이상의 단계에서 본격적으로 다루어질 수 있지만, 초등학교 단계에서는 바람직한 가치로 인식되는 윤리적 덕목의 경험을 통해 사회화의 초보적인 과정을 겪을 수 있다는 점이 강조되어야 한다.

연시조 가운데 훈민가류의 작품은 초등학교 단계에서 선명한 도덕적 가치와 함께 교육될 수 있는 작품군이다. 그러나 충이나 효의 주제를 이데올로기적으로만 접근하는 것은 바람직하지 않다. 이들 작품이 갖는 정서적 특질이 충분히 경험될 수 있도록 교육해야 한다.

초등학교에서 문학 작품은 세계를 알아가는 데에 안내 역할을 한다. 자아와 세계를 분리하고 세계에 작용하는 규칙을 습득하는 것은 이 단계의 시조교육에서 중점적으로 추구해야 할 과제이다. 그리고 인간관계에 작용하는 윤리성은 가장 기초적인 내용이 된다.

나. 확인의 즐거움에 의한 상상력의 확장

초등학교 단계 학습자의 특징 가운데 하나로 소재적 관심을 들 수 있다.[47] 작품 속에서 무엇이 다루어지고 있는가, 즉 제재가 무엇인가를 중요하게 여기며 대상을 구성하고 있는 구체적 자질에 대한 관심이 증가하는 것은 구체적 조작기로서의 특성과 관련된다. 이는 작품 속에서 다루어지고 있는 제재와 그것의 실제 세계 속에서의 대응물 사이의 비교를 필요로 하는 것이기 때문이다. 제재(subject)는 초등학교 단계에 있어서 작품에 대한 반응의 초점 역할을 하며, 제재를 중심으로 작품을 이해하며 작품에 대한 반응을 조직한다.[48]

문학의 인식적 기능에는 작품 감상이 학습자로 하여금 세계에 대해 인지하게 하고, 사리를 분별하며, 그것에 대해 판단을 내리고 진리에 대한 감각을 발전시키는 것 등이 있다. 구체적 조작기로서의 초등학교 단계에서는 이러한 인식적 기능이 문학의 구체적 자질과 결부되어 작용한다.

이러한 인식 작용은 연시조에서는 더욱 확장된 양상으로 나타난

---

47) 김경연, 앞의 논문, p.51.

48) 문학에 수용되는 사실은 이미 작가의 해석을 거친 사실이지만 초등학교 단계에서는 이에 대한 투철한 인식은 본격화되지 않았다. 그러한 이해가 교육 목표로 다루어질 수 있는 것은 적어도 형식적 조작의 수준에 도달하게 되는 중학교 이상의 발달 단계에서이다.

다. 윤선도의 오우가(五友歌)는 물, 돌, 소나무, 대나무, 달과 같은 구체적인 자연물과 인간이 갖추어야 할 덕성들을 대응시켜 나가면서 내용을 구성하고 있다는 점에서 좋은 예가 된다. 이 작품은 또한 명확하고 규칙적인 표현 틀을 활용하고 있다는 점에서 초등학생들에게 질서화된 표현의 좋은 예로 제공될 수 있다.

내 버디 몃치나 ᄒ니 水石과 松竹이라
東山의 ᄃᆞᆯ 오르니 긔 더욱 반갑고야
두어라 이 다숫 밧긔 ᄯᅩ 더ᄒᆞ야 무엇ᄒᆞ리

구룸 빗치 조타 ᄒᆞ나 검기를 ᄌᆞ로ᄒᆞᆫ다
ᄇᆞ람 소ᄅᆡ 몱다 ᄒᆞ나 그칠 적이 하노매라
조코도 그츨 뉘 업기는 믈 ᄲᅮᆫ인가 ᄒᆞ노라

고즌 므스 일로 퓌며셔 수이 디고
플은 어이ᄒᆞ야 프르는 ᄃᆞᆺ 누르ᄂᆞ니
아마도 변치 아닐 손 바회 ᄲᅮᆫ인가 ᄒᆞ노라

더우면 곳 퓌고 치우면 닙 디거ᄂᆞᆯ
솔아 너는 엇디 눈 서리를 모르는다
九泉의 불휘 고ᄃᆞᆫ 줄을 글로 ᄒᆞ야 아노라

나모도 아닌 거시 플도 아닌 거시
곳기는 뉘 시기며 속은 어이 뷔연ᄂᆞᆫ다
뎌러코 四時예 프르니 그를 됴하 ᄒᆞ노라

쟈근 거시 노피 떠셔 萬物을 다 비취니
밤듕의 光明이 너만ᄒᆞ 니 ᄯᅩ 잇ᄂᆞ냐
보고도 말 아니ᄒᆞ니 내 벋인가 ᄒᆞ노라

― 윤선도 ― 〈고산유고〉

오우가에서 1연을 제외한 다섯 연은 동일한 어법의 변주(variation)

로 이루어져 있다. 여기에는 전체를 몇 개의 부분으로 나눌 수 있는 능력, 하나를 유사한 속성을 가진 여러 개로 만들어 낼 수 있는 능력, 공통성과 차이성을 동시에 고려하여 대상을 구분할 수 있는 능력, 전체적인 통일감을 유지할 수 있는 능력, 반복과 새로운 요소의 도입 능력 등을 필요로 한다.

다섯 친구라는 발상의 틀은 초등학생들도 쉽게 이해할 수 있는 것으로서, 세계에 대한 대응적 인식을 활성화하는 역할을 한다. 이러한 틀은 세계를 이루고 있는 물상(物象)에 대한 관찰과 확인적 인식의 진행을 촉발하고 유지시키는 데에 유용하다. 자연물에서 도덕적인 가치를 발견하여 그것을 본받으려고 하는 태도를 연시조라는 형식이 추동하고 있는 것이다. 단시조가 순간적이고 즉각적인 정서를 표출하는 데에 비해 연시조는 세계에 대한 인식을 탐구하는 진지한 장르라는 점[49]이 교육적으로 고려될 필요가 있다.

이 작품을 초등학교에서 교육 자료로 제시하기 위해서는 표현을 현대화하고 이해하기 쉬운 용어로 바꾸는 일이 필요하다. 이 단계에서 보다 중요한 것은 의미를 전개해 나가는 사고의 틀이 보이는 인식적 특성이기 때문이다. 내용을 추동하는 것은 이 작품의 기저에 놓여 있는 대응성이다. 이러한 형태의 반복은 의미를 생성하는 틀의 역할을 하는 동시에 리듬감을 만들어 내는 효과도 있다는 점에서 위 작품의 틀만을 가져올 수도 있다.[50]

이러한 틀은 오우(五友)뿐만 아니라 주변의 사상들을 질서화하여 표현하는 훈련을 위해서도 활용될 수 있다. 대상을 이루는 부분들을 종합적으로 고려하되, 각 부분의 특징을 포착하여 간명한 틀 속에 표현하는 능력은 확장적인 쓰기를 위한 준비 단계로서 교육적

---

49) 임주탁, 「연시조의 발생과 특성에 관한 연구」, 서울대학교 대학원, 1990, pp.94~96.

50) 연시조의 경우 작품 전체를 제시하는 것을 반드시 후기 단계로 미룰 필요는 없다. 내용에 따라서는 전체를 제시하는 것이 더 인지적 부담을 줄일 수도 있다.

의의가 있다.

이 작품은 또한 반복의 속성을 통해 시의 연 개념을 이해하는데에 초보적인 교육 자료가 될 수 있다. 연은 몇 행을 한 단위로 묶어서 구성한 시의 구성단위이다. 시 창작에 있어서 한 연을 구성하는 방식과 각 연들 사이의 관계 설정은 시에서 전달하려는 바의 효과성과 결부되어 중요하게 교육되어야 할 사항이다. 이는 부분과 부분 그리고 표현하고자 하는 바를 전체적인 관점에서 조감하고 계획할 수 있는 능력을 요구한다.

사시가, 오륜가, 육가 계열의 연시조들은 4연, 5연, 6연을 기본으로 하여 그것을 확장하거나 부분적으로 변형하는 방식을 통해 비교적 이른 시기에서부터 조선 후기에 이르기까지 다양한 작가들에 의해 활용되어 온 시조 창작의 틀이다. 작가의 의도와 미의식에 따라 연 구성의 방식은 병렬적 성격을 갖기도 하고, 계기적 질서에 의해 의미의 심화가 이루어지기도 한다. 이 중에서 다양한 소재들을 집합시켜 나가면서 대상에 대한 확인의 즐거움을 누릴 수 있는 병렬적 성격의 작품이 초등학교 단계에서의 경험 교육의 내용으로 적합하다.

(2) 중학교 단계

가. 체험시와 인간상의 경험

감정이입은 자신의 경험 세계를 넓히고 작품에 대한 이해를 심화하는 데에 중요한 역할을 한다. 작품에 감정이입을 한다는 것은 타인의 위치에 자신을 놓을 수 있는 인지 능력과 함께 타인의 내면 세계를 기꺼이 탐구하고자 하는 마음의 태세를 전제한다. 즉 인지적 요소만이 아니라 정의적 요소가 결부되어 있는 것으로서의 감정이입 능력은 타인에게 공감할 수 있는 인간성의 형성이라는 측면에서 교육적 가치가 있다. 이는 작품 이해의 과정으로 중요할 뿐만 아니라, 작품을 매개로 한 세계 이해의 방법이며 궁극적으로는 자신에 대한 이해로 귀결된다.

중학교 단계에서는 형식적 조작이 가능해진다. 형식적 조작은 사고를 더욱 자유롭고 융통성 있게 하면서도 역설적으로 청소년을 자아중심적인 세계관 속에 갇히게 한다.[51] 이는 자신을 바라보는 타인의 시각을 인식하는 능력의 발달에 기인하는 것으로서, 자기 인식의 정도가 증가함에 따라 자아에 대한 객관적 관찰자로서의 성격이 더욱 필요해짐을 뜻한다. 엘킨드(Elkind)는 중요성, 고유성, 사회적·정서적 경험의 격렬성을 과장하는 경향인 청소년기의 자아중심성(adolescent egocentrism)이 중학교 1학년에 해당하는 13세 무렵에 절정을 이룬다고 하였다.[52]

따라서 경험의 고유성, 격렬성으로 요약되는 자아 중심성과 한편으로는 자신의 조망을 타인의 시각으로 바라볼 수 있는 능력이 발달되었음은 중학교 시기에 도달해야 할 발달 과업의 성격을 규정하는 데에 근거가 된다. 즉 초등학생에 비해 중학교 단계의 학습자는 타인의 주관성을 좀 더 개인적으로 포착할 수 있는 능력이 발달하기는 하였지만 완전한 정도로는 아니며, 성숙한 단계로 옮아가기 위해 교육적 배려가 필요하다.

일종의 내면 투사작용에 의해 대상 속에 자신이 들어가 있는 듯이 느끼는 것을 뜻하는 감정이입적 이해는 이에 중요한 역할을 한

---

51) 형식적 조작과 자아중심성에 대한 연구에서 그레이와 허드슨(1984)은 구체적 사고에서 형식적 사고로 진행되는 과도기에 자의식이 강하게 나타난다고 보고했다. 김인경과 윤진(1988)도 한국 학생들을 대상으로 자아중심성이 과도기에 일관성 있게 높게 나타난다고 하였다. 이춘재 외, 『청년심리학』, 中央適性出版社, 1993, pp.93~95.

52) 청소년기의 자아중심성은 두 요소로 구성된다. 가상의 청중(imaginary audience)과 개인적 신화(personal fable)가 바로 그것이다.
John Dacey·Travers, John, *Human Development*, Wmc. C. Brown communications, Inc., 1994, pp.336~337.

다. 감정이입은 다른 사람의 입장에서 생각하거나 다른 사람의 감정·욕구·사고·행위들을 이해하는 능력으로서 이를 통해 작품에 반영된 갈등이나 심리 상태 또는 창작 동기 등을 이해할 수 있다.[53] 중학교 단계에서의 시조 문학 감상은 타인과 자신의 내면세계에 대한 이해를 확장시키는 데에 중점을 둔다.

이를 위해 시조의 체험시적 성격이 교육적으로 의미 있게 활용될 수 있다. 체험시는 체험에 바탕을 두고 쓴 시로서, 시를 쓴 사람이 그 안에서 스스로 말하고 있으며 그의 말들이 확실한 삶의 연관성을 가지고 있는 시를 말한다.[54] 따라서 화자에 대한 이해가 작가에 대한 이해로 쉽게 연결될 수 있으며 작가 요소에 대한 더 나아간 탐구를 통해 작품의 이해를 용이하게 한다.

청소년기의 자아 중심성은 자아에 대한 강한 안정성을 획득하려는 요구에서 비롯된다. 이 강한 자아 중심성은 때로 반항으로 나타나기도 하고 미성숙한 자아에 너무 집착하는 자기주장의 표현 방식이 될 수도 있다.[55] 이에 실제 작가의 삶과 생생한 육성을 담고 있는 시조 작품을 경험해 보는 것은 청소년기의 자아중심성을 극복하는 데에 기여할 수 있다.

이를 위해 시조 작품의 창작 배경에 대한 탐구는 작가의 내면과 심리를 이해하기 위한 방법이 된다. 또한 삶의 반영으로서의 문학이라는 점에 대한 강조가 필요하다. 초등학교에서 느끼는 미의 성격이 주로 언어체의 즐거움이나 도덕적 선에서 비롯되는 것이라면

---

53) 립스(Lipps)의 감정이입 이론에 의하면 사람은 자신을 타인에게 투영시켜 타인을 이해한다고 한다. 그러나 이러한 방향만을 취한다면 자아중심성은 더욱 강화될 수 있다. 따라서 자신으로부터 타인을 향한 감정이입만이 아니라 타인으로부터 자신을 향한 감정이입에 대한 강조가 필요하다.

54) 최재남, 「체험시의 전통과 시조의 서정미학」, 『韓國詩歌硏究』 16, 韓國詩歌學會, 2004, p.71.

55) 현주 외, 『중고등학교 논리적 사고 및 정의적 발달 특성 조사 연구: 1982년과 1994년과의 비교』, 한국교육개발원, 1994, p.33.

중학교에서의 미적 체험은 시적 진실의 탐구라는 점에 초점을 맞추어야 한다.

　조선 건국과 고려의 멸망이라는 정치적 '사건'을 계기로 하여 산출되었던 다수의 시조 작품들은 국가적 전환기에 처해 자신의 입장 선택과 그에 따른 강렬한 정서 상태로부터 비롯된 작품이다. 특히 그 작품이 실제 작가의 삶을 보여주는 실제성을 가지고 있으며 작가가 역사적으로 중요한 인물이었다는 점은 작품 수용의 초점 요소로 작용할 수 있다.

> 이런들 엇더ᄒᆞ며 저런들 엇더ᄒᆞ리
> 萬壽山 드렁츩이 얼거진들 긔 엇더ᄒᆞ리
> 우리도 이 ᄀᆞ치 얼거저 百年ᄭᆞ지 누리이라
> 　　　　　　　　　　　　　　　　— 태종 — 〈병와가곡집〉
>
> 이 몸이 죽어 죽어 一百番 고쳐 죽어
> 白骨이 塵土 되여 넉시라도 잇고 업고
> 님 向한 一片丹心이야 가쉴 줄이 이시랴
> 　　　　　　　　　　　　　　　　— 정몽주 — 〈병와가곡집〉

　이 작품들은 조선 건국기에 서로 다른 길을 간 두 인물의 구체적인 삶과 긴밀히 대응되고 있다. 이 작품을 통해 학습자들은 '삶과 결부된 절실함의 느낌'을 경험할 수 있다. 문학을 통한 간접 경험은 학습자로 하여금 세계를 마주대함으로써 현실 인식을 성장시킨다는 점에서 중요하다. 체험시로서의 시조 문학이 갖는 고유한 가치는 환상적 텍스트에서는 얻기 힘든 삶의 밀도를 통해 세계에 접근할 수 있는 통로를 마련해 준다는 점에 있다.

　중학교 학습자들의 작품 수용에는 작품의 형식과 내용 중 내용 자체의 흥미성이 주요한 역할을 한다. 영웅적 인물의 삶에 대한 흥미는 그 좋은 예가 된다.[56] 부스에 의하면 이는 '실제적 흥미

(practical interests)'에 해당한다.[57] 실제적 흥미란 예술의 도덕적 기능과 관련을 맺는 것으로, 작품 속의 주인공을 비롯한 등장인물에 대한 지지나 반대의 욕구에서 느끼는 흥미를 말한다.

정몽주의 단심가(丹心歌)는 일반적으로 국가 또는 군주에 대한 충성으로 교육되어 왔다. 그러나 이것은 극단적인 자기 존중의 예로 볼 수도 있다. 죽음의 상황을 반복 심화하는 것은 이러한 자기 존중의 철저성을 보여준다. 자기 존중은 다른 사람에 견주어서가 아니라 어떤 표준에 도달함으로써 자기를 존중하게 되는 것이다.[58] 자기 존중을 갖게 되면 타인에게 의존적이 되지 않는다. 정몽주가 단심의 불변을 노래할 수 있었던 것은 그럼으로써 군주로부터 어떠한 것을 기대하였기 때문은 아니다. 철저한 자기 존중의 모습을 보여주고 있는 것이다.[59]

자기 존중은 인간에 대한 존엄성을 기반으로 하는 것이기 때문에 개인적 이익 추구의 경향성을 넘어서 개인의 인격적 완성이나 공동체의 이상실현에 도덕적 민감성을 갖는다. 문학교육이 학습자의 도덕성의 함양에도 큰 기여를 한다는 점에서 정몽주의 단심가는 현대사회에 만연해 있는 도덕적 둔감성을 치료하는 자극 자료가 될 수 있다. 작가가 처한 극단적인 상황은 학습자의 현재 상황

---

56) 인물은 역사 학습에서 호기심을 유발하는 좋은 계기가 되고 특히 학습자의 나이가 어릴수록 사회 현상이나 역사적 사실의 종합적 서술보다는 영웅적 인물, 지명도가 높은 인물에 대해 흥미를 느낀다.
최세훈, 「역사적 사고력 향상을 위한 인물을 통한 감정이입적 역사학습 프로그램 개발」, 이화여자대학교 대학원, 2004, p.14.

57) Wayne C. Booth, *The Rhetoric of Fiction*, 최상규 역, 『소설의 수사학』, 새문사, 1985.

58) 자기 존중에 비해 자부심은 정서적인 것으로서 자기 자신에 대해 호의적인 평가, 의견 그리고 그러한 태도를 갖는 것을 의미한다.
신득렬, 「인격 훈련의 개념」, 『教育哲學』 16, 한국교육철학회, 1998, p.135.

59) 단심가에서 노래하고 있는 '님 향한 일편단심'은 정철이나 윤선도 등 이후의 연군적 시조에서 읽을 수 있는 정서와는 다른 질량을 가지고 있다. 여타의 작품들이 임금과의 관계를 개인적, 감정적 정조로 물들이고 있는 반면 이 작품은 유교적 의리 사상에 입각한 철저한 자기 일관성을 보여준다. 다른 연군 시조에 비해 이 작품을 애정 시조로 읽기 힘든 까닭이 여기에 있다.

에서 쉽게 마주칠 수 있는 것은 아니다. 그러나 이에 대한 교육적 경험은 '숭고한 것'에 대한 접촉을 통해 학습자가 영위하는 일상생활에서의 도덕적 행위에 있어서도 어떤 영향을 미칠 수 있는 잠재력을 갖는다.

이러한 점에서 과거의 국어 교육이 가치관 중심이었다는 지적은 일면 타당하면서도 그렇지 않은 부분이 있다. 가치관 교육이라는 것은 가치관의 주입이어서는 안 된다. 예를 들어 국가에 대하여 충성을 한다는 행위에는 어떤 정서적이고 인격적인 움직임이 필요하다. 그에 대한 언급 없이 결과로서의 충성에만 주목하는 것은 올바른 의미에서의 가치관 교육이라고 할 수 없기 때문이다.

고전문학을 현재적 의미로 재해석하는 과정은 작품 이해에 있어서 필연적으로 일어나는 일이다. 중요한 것은 그러한 재해석이 의미의 다양한 결을 읽어내지 못하거나 작품이 제기하고 있는 보다 근본적인 내용에 주목하지 못하는 편향성에 있다. 이러한 기울어진 시각은 단심가가 국가에 대한 충성을 노래한 점을 들어 미화하거나 혹은 그러한 점 때문에 가치 절하하는 양상 모두에 해당한다.

> 青石嶺 지나거냐 草河溝ㅣ 어듸메오
> 胡風도 춤도출샤 구즌 비는 무슴 일고
> 뉘라서 내 行色 그려내여 님 겨신듸 드릴고
> — 효종 — 〈병와가곡집〉

비분가(悲憤歌)로 불리는 이 작품은 병자호란으로 청나라에 굴복한 조선이 당했던 치욕을 보여주고 있다. 일국의 왕자가 실제로 겪은 체험이기에 그 비참함이 더해진다. 궂은비까지 내리는 상황은 처절함을 극단화하여 보여주고 있다. 청석령과 초하구, 호풍과 궂은비가 대구를 이루며 초장과 중장은 짧은 호흡으로 이어진다. 낮

설고 스산한 곳 그것도 볼모로 끌려가면서 토해 내는 비통한 심정이 절실하게 표현되어 있다.

이 작품으로부터 학습자가 느끼게 되는 것은 고귀한 위치에 놓여 있던 인물의 가혹한 불행으로부터 발원하는 비장감 또는 연민의 감정이다. 고귀한 것의 몰락 그리고 그것이 인물의 심각한 악덕 때문이 아니라 그로서는 어쩔 수 없는 원인에 의한 것이라는 점에서 연민을 느끼게 된다.[60]

즉 행복으로부터 불행으로 바뀌는 운명의 대조를 통해 학습자는 시적 화자의 고통이나 갈등을 더욱 선명하게 경험할 수 있다. 또한 구체적인 삶의 한 국면에서의 타자의 고통이나 불행에 대해 같이 느껴봄으로써 학습자는 인간 존재로서의 타인에 대해 보다 더 동정적이 되며 그러한 경험을 통해 도덕적으로 순화되며 좀 더 수용적인 인간이 될 수 있다.

비장(悲壯)이란 적극적 가치가 있는 것이 침해되고 멸망하는 과정 내지 그 결과에서 격렬한 고뇌가 생겨나지만, 이 부정적 계기에 의하여 오히려 한층 더 가치 감정이 강화되고 앙양됨으로써 일종의 특수한 미가 성립되는 것이다.[61] 이처럼 부정적 계기에 의한 미의 성립이라는 점에서 비장감은 전 인습 단계의 학습자에게는 이해되기 힘든 것이다. 쾌와 불쾌의 혼합 감정으로서의 비장감은 아름다움에 대한 쾌락주의적 관점을 벗어나게 되는 중학교 단계 이상의 학습자에게 의미 있게 수용될 수 있다.

　　朔風은 나무 긋틱 불고 明月은 눈 속에 춘듸
　　萬里 邊城에 一長劍 집고 셔셔

---

60) Aristotle, 千丙熙 譯, 『詩學』, 文藝出版社, 1995, p.14.
61) 이 점에서 비장은 미적 범주라기보다는 오히려 윤리적 범주라고 하는 견해도 있다.
　　金文煥 編, 앞의 책, p.198.

긴 포룸 큰 흔 소릐에 거칠 거시 업세라

— 김종서 — 〈병와가곡집〉

조선조 단종 때의 충신인 김종서의 호기가(豪氣歌)이다. 변방을
지키는 장수의 늠름하고 우렁찬 목소리가 담겨 있다. 작품의 주제
에서의 충(忠)이라는 이데올로기로만 접근할 것이 아니라 이 작품
의 체험시적 성격에서 비롯된 미적 특질을 경험할 수 있어야 한다.

이 작품에서 전해지는 장부의 호기는 현대인들에게 부족한 정서
이기도 하다는 점에서 교육적으로 그 의미가 더욱 크다. 현대의 교
육은 학습자를 왜소화하는 측면이 있다. 다양한 상상력의 경험이
인간의 성장에 있어서 중요하며 문학의 효용성 가운데에는 인격
형성이라는 교육적 기능이 있음을 고려할 때 이러한 자질은 더욱
큰 의미를 갖는다.

학습자의 정서 교육에 시조 작품의 경험이 기여할 수 있음을 보
여주는바, 이 작품의 경험에서 파생되는 감동은 작가 김종서의 실
제성에 의해 더욱 강화되기도 한다. 즉 허구로 꾸며 낸 이야기가
아니라 함길도절제사(咸吉道節制使)로 나아가 육진(六鎭)을 개척한
작가의 실제 삶과 결부되어 창작된 작품이라는 점이 감동의 진폭
을 더욱 크게 하는 것이다.[62] 격음의 사용, 만리변성 등과 같은 어
휘가 촉발하는 상상력의 폭, 호기라는 정서의 경험은 교육적으로
중요한 의의를 갖는다.

이 작품을 임금 또는 국가에 대한 충성심이라는 측면에서만 접
근한다면 올바른 것이 못 된다. 충이라는 관념이 매개되어 있기는
하지만 똑같은 상황에 처해 있다 하더라도 그 정서가 형상화되는

---

62) 이 작품은 과거의 역사에서 취한 소재로 장부의 호기를 드러낸 여타의 작품과 변별되며, 변
새(邊塞)의 구체적 환경에 바탕을 둔 의경을 개척함으로써 관념적 어휘에 바탕을 둔 의경이
중심을 이루던 경향에 변화를 가져왔다.
　成範重, 「金宗瑞의 〈豪氣歌〉와 邊塞詩」, 『한국고전시가작품론』, 集文堂, 2000, p.491.

것은 다양한 방향성을 보일 수 있기 때문이다. 도덕을 정형화된 윤리 덕목으로 살필 것이 아니라 적어도 문학적으로 형상화된 경우라면 창작심리학의 관점에서 접근해야 한다.

김종서의 위 작품은 장부의 씩씩한 호기를 담고 있는 작품으로서, 시조의 다양한 자질을 경험하는 데에 있어 중요한 작품이다. 일반적으로 고전시가에서 문인의 작품이 많고 연군의 정서를 여성적 어조로 형상화하고 있는 작품 경향이 지배적이라는 점과 좋은 대비가 된다.

> 어뎌 닉 일이여 그릴 줄을 모로던가
> 이시라 ᄒ더면 가랴마는 졔 구틱야
> 보닉고 그리는 情은 나도 몰나 ᄒ노라
>
> — 황진이 — 〈병와가곡집〉

황진이의 위 작품은 임과의 이별 그리고 그에 따른 복합적인 심정을 그리고 있다. 이 작품의 문면을 따르면 시적 화자가 임을 '보낸' 것으로 되어 있다. 시적 화자가 싫어져서 또는 불가피한 어떤 상황에 의해 임이 떠나간 것이 아니다. 시적 화자의 의지에 따라 곁에 둘 수도 있는 상황이라는 점이 다른 애정시조들과 비교했을 때 독특한 점이다.

그럼에도 불구하고 임을 보낸 까닭은 무엇일까 그리고 그런 뒤에 그리워하는 화자의 심리적 상태는 어떤 것일까를 탐구해 볼 수 있는 자료이다. 임을 보내는 상황에서는 의연했을지도 모르나, 막상 이별을 당하여 그리움의 정에 괴로워하는 인간적인 모습 등이 잘 드러나 있다. 이별은 인간이 살아가면서 마주치게 되는 보편적인 상황일 수 있다는 점에서 작품을 통해 이에 대한 경험을 해 보는 것은 교육적 가치가 있다.

이별을 노래하는 시조 작품들에서 보이는 원망이나 요구 또는 의지가 보통 떠난 임을 향해 있는 데에 비해 이 시조는 자신에게 향하고 있음이 독특하다. 이를 통해 이별이라는 갈등적 상황을 맞이함에 있어서 자신의 내면을 들여다보고 있는 한 인간의 모습이 또렷이 부각된다. 독자로 하여금 더욱 큰 공감을 불러일으키는 것은 바로 이러한 솔직함에 있다.

고전문학을 배우는 까닭 가운데 하나는 낯선 타자로부터 친숙함을 읽어내고 삶의 보편성을 이해하는 일의 가치 때문이다. 역사는 특별히 새롭거나 이상한 것을 알려주는 것이 아니며 역사의 주된 효용성은 인간 본성에 내재해 있는 일관되고도 보편적인 원리들을 이해하게 하는 것이다. 과거가 현재와 유사하다면 과거는 현재를 이해하기 위한 하나의 지침이 될 수 있을 것이다. 과거는 종료되었기 때문에 혼란스럽고 변화무쌍한 현재와는 달리 일관적이고 논리적이며 체계적이다. 또한 지나가 버린 사건이나 과정의 상대적인 단순성은 과거를 좀 더 이해되기 쉬운 것으로 보이게 한다.[63] 이러한 점에서 시조 문학을 통해 경험하게 되는 다양한 인간상은 학습자의 삶에 대한 이해를 넓히고 심화하는 데에 효과적으로 작용한다.

나. 발상의 독특성 경험

작가 개인의 내면세계에 주목하기 시작하는 중학교 단계의 학습자에게 있어서 표현성(expressiveness)은 작품 수용의 초점 요소로 작용한다. 그리고 이와 관련하여 '개성'이나 '독창성'과 같은 가치가 높이 평가된다. 어떤 작품이 개성적이라는 것은 그것의 실제성과 밀접한 관련이 있다. 표현의 참신성과 개성은 다른 누구와도 비교할 수 없는 한 개인의 진실하고 실제적인 감정에서 비롯된다고 보

---

63) David Lowenthal, *The Past is a Foreign Country*, Cambridge University Press, 김종원 · 한명숙 옮김, 『과거는 낯선 나라다』, 개마고원, 2006, pp.172~173.

기 때문이다.

초등학교 단계에서의 실제성이 소재적 사실성과 관련된 것이었다면 중학교에서의 실제성은 작가의 내면적 사실성과 관련된다. 중학교 단계에서는 작가의 사상과 감정이 잘 표현된 작품에 매력을 느끼며, 작품은 작가의 인간적 면모를 보여주는 것이라고 여긴다. 따라서 작품 감상은 한 인간에 대한 탐구로서의 성격을 갖는다. 작품의 표현은 특정한 정신적 면모를 보여주는 것이며 표현성은 정신을 통하여 내면으로부터 진정한 현실을 창조하려는 의지로 이해되는 것이다.

따라서 작품을 통해 충이나 효와 같은 유교 이념의 주제를 경험하거나 관습적 표현을 학습하는 것은 이 시기 학습자의 흥미와 발달 수준에 부합하지 않는다. 국가 이데올로기의 주입이라는 점에서 이들 작품에 거부 반응을 보이거나, 시조 장르 자체를 진부한 문학 양식으로 여기게 만들 수도 있기 때문이다.

대신, 작가의 내면성을 읽을 수 있는 작품에 점차 매력을 느끼게 되는 것은 중학교 학생이 속하는 발달 단계의 특징이다. 개성적인 작품에서 매력을 느낄 수 있는 것은 표현을 통해 작가 자신을 발견하는 작업에 동의를 하고 있기 때문이다. 따라서 기존의 관습과는 달리 자기만의 독특한 시각을 제출한 작품이 이 단계에서는 중요해진다.

> 미적 기쁨은 주로 사물의 진실성과 본질성에 대한 기쁨이라는 점에서 소재에 대한 기쁨과 구별된다. 이 차이는 크지 않게 보일지도 모르지만 여기서 예술의 세계와 야만의 세계가 나누어진다. 소재적 흥미는 사건에서 사건으로 바삐 나아가며, 진기함과 별스러움의 정도에 따라 평가된다. 그러나 미적 재미는 보다 까다로운 것이다. 사건들은 묘사의 진리성과 예리함을 통해 미적 재미를 안겨준다. 이상하고 놀라운 사건이 아니라, 여기서 묘사되고 있는 조형적 구상성이

기쁨을 주는 것이다. 인물의 성격과 행동에서 초인적인 것, 전혀 존재한 적이 없었던 것이 아니라 성격의 충실성, '삶', 묘사된 인간들의 원숙성이 기쁨을 준다. 궁극적으로 이것에 관여하는 것은 진리에 대한 감각이다.[64]

시조는 현대시에 비해 관습시로서의 성격이 강하기는 하지만 관습성으로만은 설명할 수 없는 작가의 독창적 사고와 표현을 학습할 수 있는 자료이기도 하다. 시조를 대할 때 이들 중 어떠한 측면을 먼저 수용하느냐는 중요한 사항이다. 시조가 가지고 있는 다면적인 속성은 교육의 단계를 통해 적절한 순서로 학습자에게 제시되어야 하며 그럼으로써 시조에 대한 흥미를 유지하면서 시조에 대한 포괄적인 상을 완성해 나갈 수 있기 때문이다.

현대의 학습자에게 발상의 참신성을 일깨울 수 있는 작품의 예로 우탁의 탄로가(嘆老歌)를 들 수 있다.

혼 손에 가시를 들고 쏘 혼 손에 막뒤 들고
늙는 길 가시로 막고 오는 白髮 막뒤로 치랴트니
白髮이 제 몬져 알고 즈럼길로 오더라
― 우탁 ― 〈병와가곡집〉

젊음을 오랫동안 유지하고자 하는 것은 인간의 보편적 욕망이라고 할 수 있다. 그런데 욕망을 충족시키려는 방법에 있어서 이 작품은 웃음을 자아낸다. 이러한 웃음은 작가의 무지함에 대한 비웃음으로서의 성격이 아니라 인간적인 공감이 바탕을 이루고 있다. 탄로가에서는 인간적인 욕망과 그것을 추구하려는 노력이 좌절되는 과정을 해학적으로 그리고 있다.

웃음이 유발되는 조건에 대해서는 다양한 논의가 있어 왔다.[65]

---

64) 김경연, 앞의 논문, p.62.

이 가운데에서 규범에서 어긋나거나 잘못된 방향으로 혹은 서투르게 이행되는 현상이 웃음을 야기한다는 관점이 위의 시조를 이해하는 데에 도움이 된다.

우탁의 시조에서 가시나 막대를 들고 늙음을 막으려고 하는 행위는 그 자체로 진지하게 제시된다. 그러나 그러한 노력은 지극히 허술한 것이며 그럼으로써 늙음을 막을 수 없다는 것은 자명한 이치이다. 늙음이라는 것은 그러한 인간적인 저항을 뛰어넘는 자연 현상이기 때문이다. 그러한 자연 현상을 거스르려는 것은 인간의 과도한 욕망이라는 것을 작가도 알고 있으면서도 백발이 미리 알고 화자의 방어를 피해서 지름길로 왔다고 표현함으로써 늙음에 대한 슬픔에 빠져들지 않게 된다. 이 작품은 불로초를 구하려 했던 진시황의 집착과는 달리 자연의 이치를 수용함으로써 여유로운 느낌을 준다.

이 시조에는 젊음을 유지하고자 하는 내면 심리가 또렷이 드러나 있으며 표현 기법의 측면에서도 탁월한 성과를 거두었다. 고려 말에 지어진 시조로서 오랫동안 인구에 회자되어 온 것은 이처럼 얽매임 없는 참신한 발상이 현재의 관점에서 보았을 때에도 우수하며, 공감할 수 있다는 점 때문이다.

중학교 단계의 학습자에게 매력 있게 다가올 수 있는 작품의 하나로 송순의 다음 시조를 들 수 있다.

> 十年을 經營ᄒ여 草廬 三間 지여내니
> 나ᄒᆞᆫ간 ᄃᆞᆯᄒᆞᆫ간에 淸風ᄒᆞᆫ간 맛져두고
> 江山은 들일ᄃᆡ 업스니 둘러두고 보리라
>
> 〈진본 청구영언〉

---

65) 로크는 뜻밖의 관념이 결합함으로써 웃음이 생겨난다고 하였으며, 칸트는 기대한 것이 뜻밖의 방식으로 해결되었을 때 웃음이 발생한다고 하는 대조이론을 폈다. 또한, 모순 이론을 주장한 헤겔은 모순된 속성의 결합, 양립할 수 없는 것들의 결합에서 웃음이 발생한다고 보았다.

면앙정잡가(俛仰亭雜歌) 가운데 한 수인 위 시조의 가장 큰 매력은 대상을 바라보는 시각의 참신함에 있다. 십 년을 경영하여 마련한 것이 고작 초가삼간인데 이것마저도 작가의 독점의 대상이 되지 않고 자연과 공존하려는 모습을 형상화함으로써 일상적인 상식에 신선한 자극을 가한다. 종장에서는 반전을 통해 이러한 사고의 틀을 넘어선다. 자연을 사랑하는 마음이 달과 청풍을 방 안으로 들이는 비일상적 행위로 나타났다면, 그러한 행위 자체에 대한 또 한 번의 사고 전환을 통해 독특한 미적 세계가 구현되는 것이다. 강산을 '들일듸 업'다는 말은 그만큼 자신의 집이 작고 초라하다는 의미인 것처럼 표현되고 있지만 사실은 어떤 한정된 공간으로 강산을 점유하려는 행위에 대한 부정을 담고 있다는 점에서 표현의 묘가 느껴진다. 이를 통해 인간의 유한성에 대비된 자연의 무한성이 강조된다.

이 시조는 공간성을 중심으로 시상이 전개되는데 여기에 작용하고 있는 발상의 자유로움이 신선하게 다가온다. 즉 공간을 구획하는 행위에서 출발하였지만 결과적으로는 우주적으로 확대되는 공간성을 펼쳐 보이고 있는데, 이러한 과정은 공간에 대한 틀에 박힌 사고로부터 자유롭게 시상을 펼치는 데에서 가능해진다. 자연을 집 안으로 들이는 것은 자연과 좀 더 가깝게 지내고자 하는 의도에서 비롯하는 것인데 그것이 무산됨으로써 오히려 더욱 자연친화적 경지에 이르게 된다. 발상에 작용하고 있는 자유로움이 독자의 인식 체계를 유쾌하게 흔드는 데에서 이 작품을 읽는 즐거움이 발생한다.

송순 이전에도 일련의 자연가(自然歌)가 없었던 것은 아니나, 진정한 의미의 자연탄미(自然歎美)를 주제로 삼은 것은 송순시가였다.[66] 자연을 이념의 매개체로 바라보는 관습적 어법과는 달리 송순

---

66) 金東俊, 「宋純論」, 『續·古時調作家論』, 白山出版社, 1990, p.64.

의 시조는 있는 그대로의 대상으로서의 자연에 대한 친화적 감정을 노래하고 있기 때문이다. 그리고 자연에 대한 애정을 노래하고 있는 여타의 작품들에 비해 진부함이 적고 세련된 느낌을 주는 것은 공간성의 독창적 활용에 있다.

중학교 단계에서는 관습시로서의 성격보다는 발상과 표현에 있어서 독자적 경지를 개척한 시조 작품들의 경험이 교육 내용으로 적절하다. 현대시에서 경험할 수 있는 것과는 또 다른 참신한 비유나 발상은 표현 교육의 요소로 재구조화하여 제공될 수 있는 가치를 가진다.

(3) 고등학교 단계

가. 관습적 자연 인식의 경험

고등학교 단계에서는 다양하고 개별적인 인간 삶으로부터 그 폭을 넓혀, 자연에 대한 인식을 경험 교육 내용으로 설정할 수 있다. 시조에는 자연을 대상으로 하는 작품들이 큰 비중을 차지하는데, 자연에 대한 이 특별한 관심은 인간 삶의 지향성과의 긴밀한 관련성을 토대로 하는 것이다. 이른바 강호가도(江湖歌道)라고 범주화할 수 있는 이들 자연 시조에 있어서 순수한 자연 경물을 읊고 있는 경우는 매우 드물며 인생시로서의 성격을 강하게 갖는다.[67]

삶의 방식의 언어적 형상화라는 점에서 시조는 문화로서의 성격을 갖는다. 고등학교에서 시조 교육의 의의는 시조라는 타자 이해와 함께 그 타자를 통해 현대를 더 잘 이해하는 데에 있다. 여기에

---

67) 강호가도의 문학사상적 핵심은 자연친화, 성리학적 도, 국문시가로 요약된다. 이들 세 요소 가운데는 많은 하위 개념들, 즉 처사 지향성이라든가 독선으로서의 서정, 순정적 문학관, 도덕적 지향, 자연과의 교감에서 오는 묘오의 경지 등이 구체적으로 파악되어야겠지만 이들을 포괄하는 대표적 개념은 자연친화, 성리학적 도, 국문시가이다.
金鍾烈, 「강호가도의 개념」, 『도남학보』 14, 도남학회, 1993, p.99.

서의 현대란 현대시, 현대사회, 현대 문화 속에 처한 자아 등을 총
칭하는 개념이다.[68] 자연에 대하여 현대와는 다른 인식 태도를 유
형화하여 보여줌으로써 학습자의 문화적 감각을 발전시키고, 삶에
대한 성찰로 이끌 수 있다는 점이 바로 과거의 것으로서의 시조가
갖는 가치 가운데 하나이다.

　자연을 통한 삶의 인식을 보여주는 대표적인 작품의 예로 이황
의 도산십이곡(陶山十二曲)을 들 수 있다.

　　青山는 엇뎨ᄒᆞ야 萬古애 프르르며
　　流水는 엇뎨ᄒᆞ야 晝夜애 긋디 아니는고
　　우리도 그치디 마라 萬古常青 호리라
　　　　　　　　　　　　　　　　— 이황 —　〈陶山六曲板本〉

　이 작품에는 자연으로부터 삶의 방식을 배운다는 관습적 시각이
구현되어 있다. 시간을 초월해 변하지 않는 푸른 산과 그치지 않고
흐르는 물을 통해 '영속성'이라는 지향을 작가 자신에게로 돌려 중
단 없는 배움의 필연성을 도출하는 과정을 보이고 있는 것이다. 이
처럼 자연 시조에 있어서 물(物)은 물(物) 자체의 존재가 아니라 인
간 행위의 가치를 판단하는 준거의 역할을 한다. 이는 인(人)과 물
(物)은 같은 이치에 의거한다는 유교적 인식에서 비롯된 것으로서,
시대별로 약간의 차이를 보이면서 면면히 이어져 오고 있다.

　　말 업슨 青山이오 態 업슨 流水ㅣ로다
　　갑 업슨 淸風과 임ᄌᆞ 업슨 明月이로다
　　이 듕에 일 업슨 닉 몸이 分別 업시 늙그리라
　　　　　　　　　　　　　　　　— 성혼 —　〈병와가곡집〉

────────────

68) 여기에서의 자아는 개별적 주체가 아니라 동시대성을 공유하고 있는 집단적 주체로서의 성격
　　을 갖는다.

이 작품도 자연의 속성으로부터 인간 삶의 지향을 귀납하는 자세를 보인다는 점에서 앞의 작품과 공통적이다. 그런데 위의 작품은 '없음', 즉 무(無)의 속성으로 대상을 질서화하고 있음이 주목된다.

초장은 자연을 관찰하여 대상의 대표적인 자질로 규정하고 있다. 즉 산은 말 없는 존재이며 정해진 형태 없이 자유자재인 속성을 물은 가지고 있다는 측면에 주목해서 바라보고 있는 것이다. 이에 비해 바람과 달에 대한 속성을 읊고 있는 중장의 내용은 다분히 사회적 관념이 개입된 결과라고 할 수 있는데 여기에도 '무(無)'의 관념은 작용한다. 청풍은 사고팔 수 없는 것이며, 명월은 정해진 주인이 없다는 점을 초점화하여 바라보고 있기 때문이다. 이를 통해 초장에서 이루어진 외적인 관찰을 한 단계 더 심화시켜 인식하게 된다.

초장과 중장이 대상에 대한 관찰과 인식에 의한 것이라면 종장에서는 화자 자신의 지향성이 담겨 있다. 분별 '없이' 늙겠다는 것은 자신이 가지고 있는 속성이라기보다는 그러한 삶을 살고자 하는 바람이다. 이러한 지향성은 초장과 중장에서 이루어진 대상에 대한 인식으로부터 말미암은 것이다. 즉 대상에 대한 인식을 통해 자신을 돌아보게 되는 구조인 것이다. 초장과 중장이 대상에 대한 서술형의 문장 구조를 취하고 있는 데 비해 종장은 의지형으로 귀결됨으로써 이러한 의지는 강조된다. 이처럼 없음의 속성에 가치를 두고 삶에 있어서도 그러한 지향성을 추구하는 모습이 위의 작품에 나타나 있음을 확인할 수 있다.

현대의 학습자에게 이들 자연 시조가 주는 의미는 표현 기교면에 있어서의 탁월함이나 신기함보다는 자연과 인간의 삶을 관련시켜 바라보는 인식 태도와 관련된다. 인간의 경험이 갖는 한계를 넘어서 자연에 삶의 방식을 투영해 보는 인식은 자연 시조에 구현된 관습적 시각이라고 할 수 있다. 즉 자연을 노래하되 그 자체의 감각적이고 구체적인 특질보다는 자연으로부터 추상화한 이념을 통해 인간 삶을 유추하는 양식성을 보이는 것이다. 여기에는 주체로서의 자아와 외물로서의 자연이 합일된 상태를 인간이 추구해야 할 바람직한 존재 방식으로 여기는 인식 태도가 깔려 있다.[69] 물아일체(物我一體)로 표현되는 이러한 경지 속에서 자아는 우주론적으로 확대된다. 위의 작품들에서 공통적으로 읽어 낼 수 있는 흥취는 주체와 대상이 합일하는 데에서 비롯된다. 즉 자연과 인간이 만나 자연의 이치와 인간의 이치가 하나 될 수 있음을 깨닫는 데에서 얻어지는 기쁨인 것이다.

이러한 인식은 자연을 도구적 관점에서 바라보며, 개체적 자아관에 젖어 있는 현대인에게 매우 낯선 것이다. 그런데 낯선 것이기에 그것은 현대의 학습자에게 향수를 불러일으키며 아름다운 것으로 여겨지기도 한다. 현재에 대해 과거가 갖는 인식적 거리는 역설적으로 그것에 미적인 속성을 부여하는 것이다.

> 가까운 과거는 너무 가깝기 때문에 위로를 주기 어려워 보이기도 한다. 그것은 우리 부모나 우리의 어린 시절과 너무 깊이 연결되어 있기 때문이기도 하다. 부모가 우리의 삶에 미치는 영향은 매우 크기 때문에 그들의 과거는 훈계조로 느껴질지도 모른다. 이에 비해 조부모는 상대적으로 무능하고 그들의 시대는 덜 강압적이다.[70]

고등학교 이상의 단계에서의 시조 교육은 결국 개별적인 시조 작품 그 자체에 대한 이해에 있다기보다는 그러한 경험을 통해 학습자가 생활하고 있는 현대에 대한 문화적 감각을 심화시켜 주는 것으로서 의미를 갖는다. 이러한 점을 바탕으로 하여 고등학교 단

---

69) 李敏弘, 『朝鮮朝 詩歌의 理念과 美意識』, 成均館大學校 出版部, 2000, p.101.
70) David, Lowenthal, 앞의 책, p.148.

계에서는 시조에 나타난 관습적 인식과 시조에 나타난 한국 문학의 문화적 특성에 익숙해질 수 있도록 설계한다.

문화로서 작품에 주목하는 것은 하나의 스타일로 자리 잡은 관습적 표현에 대한 이해와 맞물려 있다. 즉 작품의 표현을 하나의 개성으로 또는 주관적이고 비역사적인 맥락을 가진 기법으로 여기는 것에서 더 나아가 한 시대와 공간에서 취해지는 태도의 속성이며 문화적 맥락을 갖는 것으로 파악하는 것이다. 고등학교 단계에서는 작품이 갖는 이러한 사회적이고 공공적(公共的)인 성격을 이해할 수 있으며, 관습적 표현에 대한 의미 있는 수용이 이루어질 수 있게 된다.

이에 대한 교육은 현대에도 계승되어 표현에 영향을 미치는지 여부를 판단하며, 외국의 시각과 비교를 통해 문화적 감각을 성장시킬 필요가 있다. 주위에서 발견할 수 있는 표현들과의 비교, 외국의 이질적인 사례들과의 비교 등이 의미 있다. 또한 현재의 문학, 정치, 실용적 글에서 이러한 전통을 작가들이 어떻게 사용해 왔는지를 분석해 봄으로써 인용할 수 있는 문화적 자원으로서 시조의 관습적 표현을 인식하도록 한다.

정체성이라는 개념은 크게 두 가지 측면에서 의미를 가진다. 하나는 집단으로서의 정체성의 의미이고 다른 하나는 개인으로서의 정체성의 의미이다. 한 인간으로서의 정체성을 갖는 것과 함께 집단 정체성을 갖는 것 역시 교육적으로 중요한 의미를 갖는다. 이는 사회적 존재로서의 인간의 속성에 비추어 보았을 때 더욱 그러하다. 개인으로서의 정체성과 그 개인이 속한 집단에 대한 정체성을 조화시킬 수 있을 때 바람직한 인간으로서 삶을 영위할 수 있게 된다.

준거 집단을 무엇으로 상정하느냐에 따라 집단 정체성은 다양한 측면에서 논의될 수 있겠지만, 그중에서 민족적 주체성을 간과할 수 없다.[71] 에릭슨(Erikson)은 심리사회적 관점에서 사춘기·청년기는 자아정체감과 역할 상실의 길항을 기반으로 충성과 복종의 경향이 나타난다고 하였다. 따라서 이 시기에는 집단과 개인의 갈등, 민족의식 같은 주제가 매력적으로 느껴질 수 있다.[72]

시조에 나타난 관습적 자연 인식은 한국적 표현 관습을 이해하고 그것에 숙달된 학습자 양성을 목적으로 하는 국어교육에서 다루어야 할 문식성(literacy)의 한 항목이 된다.[73] 관습성은 그것을 사회적 맥락 속에서 인식하는 것을 뜻한다. 즉 하나의 작품을 다른 작품들 그리고 문학에 대한 관념과 관련되어 있는 것으로 이해하는 것이다. 특정한 표현 관습이 형성되는 데에는 그것의 기반을 이루는 인식 방식을 바람직하다고 여기는 사회 구성원의 가치 평가가 전제되어 있다. 즉 작품의 관습성은 작품들이 공유하고 있는 경향을 언급함으로써 개별 작품들을 연관시키고 그것이 의미를 갖게 되는 사회 문화적 관계망을 형성해 준다.

자연으로부터 인간 삶의 원리와 방향을 도출해 내는 시조에 나타난 관습적 표현의 특성과 그것의 가치를 경험해 보는 것은 사회 문화적 조망 수용을 요구한다는 점에서 고등학교 단계에 적절한 교육 내용이 된다. 이러한 교육 요소가 가치를 갖는 것은 그것이 일방적이거나 반복적 생산을 위한 수용으로서가 아니라 창조적 수용으로 이어질 가능성을 그 안에 내재하고 있기 때문이다.[74] 이는

---

71) 이는 역사적으로 국어과 교육과정에서 빠짐없이 등장하고 있지만, 그 구체적인 실상은 매우 소략하게 다루어진 민족 문화, 문화적 전통의 계승과 발전 등의 항목에 해당하는 교육 요소이다.

72) 김창원, 「초·중등 문학교육의 연계 연구」, 『한국초등국어교육』 13, 한국초등국어교육학회, 1997, p.310.

73) 문화적 문식성이 국어교육과 맞물리는 국면을 문화의 존재 양태의 측면에서 살펴보면 문화의 통시적 양태와 공시적 양태로 나누어 볼 수 있다. 이 중에서 문화의 통시적 양태는 문화의 규범성, 문화의 공동체적 정체성을 교육적으로 중시하는 것이다.
박인기, 「문화적 문식성의 국어교육적 재개념화」, 『국어교육학연구』, 15, 국어교육학회, 2002, p.36.

다양한 삶의 방식이 갖는 가치를 인식하고 인간에 대한 심화된 이해를 함으로써 가능해진다.

나. 사회적 소통성의 경험

현대시가 독백적인 데에 비하여 시조의 언술은 대화적 성격이 강하다. 이러한 점은 이른 시기의 작품인 이방원과 정몽주의 화답시에서부터 발견되는 것으로서, 시조에서 상정하고 있는 의사소통 모형의 특성으로 규정할 수 있다. 즉 상대방에게 자신의 의사를 명료히 전달한다는 목적의식이 분명한 장르이기 때문에 난해함이나 모호함의 요소는 애호되지 않는 것이다. 시조의 표현적 특징을 이해하고 가치 평가를 하기 위해서는 이러한 소통적 특성에 대한 고려가 필요하다.

어와 棟樑材룰 뎌리ᄒᆞ여 ᄇ려이다
헐쓰더 기운 집의 議論도 한제이고
못지위 고ᄌᆞ자 들고 헤쓰다가 말려니
　　　　　　　　　　　　　　　— 정철 — 〈星州本 松江歌辭〉

이 작품은 당파 싸움의 소용돌이 속에서 나라를 짊어지고 갈 만한 큰 인재들이 아깝게 희생되고 있는 상황에 대한 것이다. 동량재는 나라의 일을 맡아 다스릴 만한 훌륭한 인재를 의미하며 '헐쓰더 기운 집'은 위기에 처한 나라의 상황을, 그리고 '못지위'란 국익에는 관심 없고 자신의 이익만을 추구하는 데에 여념이 없는 신하들을 우의적으로 형상화하고 있다.

---

74) 사회 안에 담겨 있는 문화체계 곧 가치체계, 지식체계, 규범체계 등은 완결된 폐쇄적인 성격의 것이 아니고 늘 불완전한 개방적인 성격의 것이다. 그러므로 이러한 불완전한 개방적인 성격의 문화체계의 습득은 언제나 창의성을 위한 여지를 남겨둘 뿐만 아니라 창의성이 자라날 수 있게 만들어 준다.
이규호, 『인간의 사회화와 사회의 인간화』, 배영사, 1995, p.67.

이 작품에서 보이는 우의적 표현은 직설성을 피하면서 의사를 전달하는 데에 기여한다. 이것은 시조의 창작 배경의 특성과도 관련된다. 즉 정치적 소용돌이를 배경으로 하는 작품이 많은 시조의 특성상 완곡성은 필요하기 때문이다. 우의적 표현이 갖는 이중적 의미의 층을 활용하여 의사를 전달하는 시조의 표현적 특징은 이러한 소통적 성격에 기인하는 바가 크다.

> 마르쇼셔 마르쇼셔 移都쯧 마르쇼셔
> 一百적 勸ᄒ여도 마르쇼셔 마르쇼셔
> 享千年 不拔鞏基롤 더져 어히 ᄒ시릿가
>
> 힘뼈 ᄒᄂ 싸홈 나라 爲ᄒ 싸홈인가
> 웃 밥의 뭇텨 이셔 홀 일 업서 싸호놋다
> 아마도 근티디 아니ᄒ니 다시 어히ᄒ리
>
> 싸흠애 시비만 ᄒ고 公道 是非 아니ᄂ다
> 어이ᄒ 時事 이 ᄌ티 되여ᄂ고
> 水火도곤 깁고 더운 환이 날노 기러 가노미라
>
> — 이덕일 — 〈漆室遺稿〉

이덕일의 우국가(憂國歌)는 국가가 처한 어려운 상태에도 불구하고 당쟁에 몰두하고 있는 세태에 대한 문제 제기와 비판의 자세를 보여준다. 즉 개인 내적인 발화로서가 아니라 사회적인 문제에 대해 관심을 가지고 이를 공론화하여 다루려는 태도가 반영되어 있는 것이다. 주로 정치 현실에 대한 근심이나 비판 의식을 드러냄으로써 사회적 담론으로서의 시조의 역할을 보여주는 예이다.

이러한 작품들을 경험해 보는 것은 학습자로 하여금 자신이 처한 현재의 사회 정치적 상황에 대한 관심을 촉발하는 데에 기여한다. 고등학교 단계의 학습자들은 특히 사회적 흥미를 보이는 시기이며 어떤 현상을 해석하는 데에 있어서 그것을 사회 문화적 면모와 연결시켜 인식하는 경향을 보인다. 이러한 관계 맺기 양상은 시조가 보이는 사회 지향적 성격에 의해 더 폭넓게 촉발될 수 있다.

사회적 문식력의 형성이란 학습자가 처한 사회에 대한 관심과 문제 해결의 노력이 교육적으로 의의 있다는 생각을 전제로 한다.[75] 위의 시조 작품들이 갖는 경험적 면에서의 가치는 현재의 사회에 대한 나름대로의 비판적 소견을 피력해 볼 수 있게 한다는 점에 있다. 이는 시조에서 다루고 있는 정치 현실과 학습자의 그것이 일치하기 때문이라고 할 수는 없을 것이다. 그러나 인간이 살고 있는 사회에서 정치 현실은 과거나 현재나 상당히 유사한 점을 보이기도 한다. 현재의 사회 정치적 현실에 대한 관심을 촉발하고 이에 대하여 근심해 보는 것은 교육적으로 가치 있는 경험이다. 이에, 사회적 담론으로서 한 역할을 담당해 온 부류의 시조 작품들이 의미 있게 교육될 수 있다.

일상에서의 말투를 사용하고 있는 작품들, 즉 명령형과 의문형과 같이 타자 지향성이 강한 서법을 활용하여 청자에게 말을 건네고 있는 형식을 취하고 있는 작품들이 좋은 예가 된다.

首陽山 ᄇ라보며 夷齊을 恨ᄒ노라
주려 죽을진들 採薇도 ᄒᄂ 것가
아모리 프식엣 거신들 긔 뉘 짜희 낫더니
　　　　　　　　　　　　　— 성삼문 — 〈병와가곡집〉

쥬려 죽으려ᄒ고 首陽山에 들엇거니
현마 고스리를 먹으려 키야시랴
物性이 구분줄 이드라 펴 보려 키미라
　　　　　　　　　　　　　— 주의식 — 〈병와가곡집〉

---

75) 조희정, 「사회적 문해력으로서의 글쓰기 교육 연구: 조선 세종조 과거 시험을 중심으로」, 서울대학교 대학원, 2002.

성삼문과 주의식의 시조는 현대시에서의 패러디와는 소통의 성격
이 다르다. 패러디는 풍자나 희화화를 위하여 원작을 모방하면서 변
형하는 것인데, 주의식의 작품은 성삼문의 시조를 패러디한 것이 아
니라 상대방의 견해에 대해 이의를 제기하고 토론을 하려는 자세에
가깝다. 시조는 의사소통성이 강한 존재 기반을 갖고 있다. 이는 직
접적인 일대일 의사소통을 포함하여 공중에 익히 전해져 오는 담론에
대해 자신의 의견을 개진하는 방식으로도 창작이 이루어지게 한다.

4. 함양해야 할 태도

태도란 심리적 대상에 대해 긍정적으로나 부정적으로 반응하려는
경험을 통해 형성된 정서화(情緒化)된 경향을 뜻한다.[76] 교육이 바
람직한 인간의 형성을 목표로 한다고 했을 때 교육 내용으로서의
태도는 교육이 궁극적으로 수렴되어야 할 총화라고 할 수 있다.
태도가 다른 개념과 구별되는 중요한 특성은 평가적이거나 감정
적인 상태라는 점이다. 즉 태도는 가치와 관련된 것이며, 태도의
형성은 가치를 자기 자신과 동일시하는 것과 관련된다.[77]
태도는 전수받을 수는 없다. 다만 태도와 관련된 경험의 결과로
서 개발되는 것이다. 따라서 태도가 중요해지는 상황의 매개를 통
해 학습자들이 가치와 태도를 형성하고 발전시킬 수 있도록 도와
주어야 한다. 정교화 과정 모형(elaboration likehood model)에 의하

---

76) 황정규, 『학교학습과 교육평가』, 교육과학사, 1984, p.657.

77) 주체는 대상에 대한 다양한 가치들을 선택적으로 인지하고 평가함으로써 자신의 태도를 표현
한다. 주체는 상징적이며 표현적 또는 도구적 가치가 있는 신념들을 마치 물건을 소유하듯이
선택한다. 주체의 태도는 대상의 속성에 대한 신념, 즉 가치 평가와 그 신념에 대한 기대, 즉
발생 확률을 통해서 측정할 수 있다.
J. Richard Eiser, *The Expression of Attitude*, Springer-Verlag, 1987.

면 사고의 정교화를 거치면 인지적, 감정적 일관성과 태도의 확실성 등이 획득된다고 한다.

태도는 인지적 측면인 신념과 감정적 측면인 정서, 동기로 나뉘는데 신념과 감정의 연합강도는 행동과 정적 상관관계를 보인다.[78] 인지적 차원은 대상에 대한 객관적 정보들에 대해 주관적 평가를 가함으로써 대상에 대한 신념을 형성한다. 감정적 차원은 대상이 일으키는 정서나 동기적 상태에 대한 평가로 이루어진다. 강한 태도일수록 정서적 개입과 동기적 특성이 현저하다. 태도의 감정적 측면은 호오성(好惡性), 자신의 태도가 옳다고 자신하는 정도인 확실성, 관심과 투자의 정도인 중요성, 인지적 욕구 등으로 구성된다.

대상에 대한 이익과 가치에 대한 인식, 즉 신념이 감정적 차원인 태도의 중요성을 형성하며 이로 인해 선택적 노출과 정교화가 일어나고 태도가 극단성, 접근용이성, 가치일관성, 지식의 조직화를 보인다.[79] 즉 태도 형성의 출발점은 이익이라는 점이다. 이에 비추어 보았을 때 시조에 대한 긍정적인 태도 형성을 위해서는 시조의 우수성과 가치에 대한 인식이 선행되어야 한다. 시조 교육의 태도 요소는 지식이나 경험 요소와 긴밀한 관련을 가지며, 시조에 대한 기본적인 지식과 폭넓은 경험은 시조에 대한 긍정적인 태도를 증진하는 데에 큰 영향을 준다는 의미이다.

태도로서의 시조 교육의 내용에는 시조 작품의 내용에 대한 태도뿐만 아니라 시조 장르에 대한 태도도 포함된다. 태도는 개인의 인성이나 인지 특성과도 관련되지만, 대상에 대하여 얼마만큼 알고 있는가와도 밀접한 관련을 갖는다. 시조에 대하여 알고 있지 않기 때문에 부정적인 인식을 갖는 경우, 시조에 대하여 알고 있지만 부

---

78) John R. Anderson, *The Architecture of Cognition*, Harvard Univ. Press, 1983.

79) D. S. Boninger, The Causes and Consequences of Attitude Importance, in *Attitude Strength*, Lawrence Erlbaum, 1995.

정적인 경우로 나눌 수 있다. 현재 교육에서 시급히 해결해야 할 바는 무지에 의한 부정적인 태도의 해결이다. 알고 있지만 부정적인 경우에는 그에 대한 보다 심도 있는 접근에 의해 그러한 관점이 편향되지 않을 수 있도록 해 주는 것이 필요하다.

시조 교육을 통해 성취해야 할 중요한 태도 교육 내용으로 언어 문화에 대한 태도와 과거를 의미 있는 것으로 수용하려는 태도의 형성을 들 수 있다. 언어문화로서의 시조에 대한 태도는 시조에 나타난 언어문화적 특질을 자신의 정체성과 관련하여 인식하며 이에 대해 문화적 자긍심을 갖는 것을 의미한다. 시조 쓰기 활동은 표현 능력의 신장과 관련되어서뿐만 아니라 문화적 정체성의 측면에서도 가치가 있다. 과거를 지속적으로 의미화하려는 태도는 시조 교육 내용 전반에 걸쳐 전제로서 작용한다.

(1) 초등학교 단계

초등학교 단계에서 추구해야 할 시조 교육의 태도 항목은 시조의 표현 문법에 대한 흥미와 전통 문화에 대한 친근감 형성이다. 언어 교육에 있어서 문화는 더 높은 수준의 기능, 상상력, 미적 감각 그리고 지적 능력을 발달시킨다.[80] 시조 교육을 통해 형성할 수 있는 문화적 문식성(cultural literacy)의 종류에는 표현 틀에 대한 예측적 감각의 습득을 들 수 있다. 예측할 수 있다는 것은 문화적 틀을 습득하고 있음을 뜻한다.

시조에서 빈번히 활용되는 의미의 병치는 이러한 점에서 교육적 가치를 갖는다. 병치 형식에 의한 조화와 율동미는 기대감의 형성과 충족을 통해 미적 감수성을 발달시킬 뿐만 아니라 세상에 대한

---

80) Wilga M. Rivers, *Teaching Foreign Language Skills*, Univ. of Chicago Press, 1968, p.263.

인식 능력을 성장시키는 데에도 기여하기 때문이다.

　시조에서 등장하는 짝을 이루는 소재들에 대한 기대감과 이의 충족이 일종의 리듬감을 형성한다. 삼각산과 한강수, 눈과 낙락장송, 흑과 백, 꽃과 새, 구름과 해, 국화와 서리 등이 그것이다. 예를 들어 국화와 함께 나올 수 있는 것은 다양할 수 있는데, 시조에서는 이들 짝이 패턴화되어 있다. 함께 경험된 대상들은 상상 속에서 연합되기 쉽고, 따라서 그중 어느 하나를 사고하면 다른 것도 이전과 동일한 연속 순서 또는 공존 순서에 따라 사고되는 경향이 있다. 이를 접촉에 의한 정신 연합의 법칙이라고 부르는데, 일종의 정신적 습관에 해당한다.[81]

　하나의 문화 양식으로 자리 잡은 것으로서, 이를 문화에 대해 분별적 인식으로 교육하기보다는 언어의 리듬감 형성이라는 방향에서 구체적 대상물의 조합 방식으로 학습될 필요가 있다. 언어에 생기와 미를 부여하는 자질로서, 초등학교 학습자들이 인식할 수 있는 표현 요소이다. 이는 시조에 대한 친근감과 흥미를 형성하는 데에 유용한 역할을 한다.

　복잡하고 개성적인 전개 방식에 앞서 이러한 예측 가능한 형식의 작품들은 초등학교 학습자들이 표현을 하는 데에 있어서 안정감을 제공한다. 이러한 안정감 속에서 학습자들은 더 자유롭고 쉽게 표현에 임할 수 있다. 표현 도식의 경험이 풍부할수록 개별적인 자극 요소를 일반화하여 수용할 수 있는 능력이 향상되기 때문이다. 또한 이러한 틀은 이후의 보다 정교한 전개 방식을 좀 더 빨리 습득할 수 있게 하는 기본 언어 능력으로 작용하며 궁극적으로는 그것과 겨룸으로써 더 나은 언어 표현에 이를 수 있게 한다.

---

81) William James, *Principles of Psychology*, 정양은 옮김, 『심리학의 원리 2』, 아카넷, 2005, p.1016.

정형시는 어린 학습자들로 하여금 시의 세계에 매우 쉽고 성공적으로 입문할 수 있게 도와준다. 반복적인 행과 리듬의 유형을 가진 시조는 고도로 예측적인(highly predictive) 성격의 장르에 속하는데, 이러한 장르는 문화적 문식성 교육에서 매우 중요한 역할을 한다. 시에 있어서 리듬의 유형은 일반적으로 새로운 단어들에 대한 어떤 단서를 제공하며 언어의 흐름을 예측할 수 있게 한다. 예측 기술은 독해 과정에 결정적인 것이다. 시조에서의 표현 틀을 학습함으로써 어린이들이 개인적 언어의 특징적인 어떤 것을 말하는 새로운 방법을 시도할 수 있게 된다.

고도로 예측적이 성격의 텍스트를 사용하는 것은 가정의 언어에서는 자연적이지 않은 구어 능력을 발달시키는 확실한 방법이다. 예측적인 자료들을 읽음으로써 얻어지는 이러한 언어 능력은 학생들이 좀 더 빠른 속도로 세련된 문학을 읽고 쓸 수 있게 해 준다. 예측적인 언어 유형을 가진 이야기들을 학생들이 읽게 되면 그 유형은 언어 목록의 일부로 자리 잡는다. 학생들이 듣고 읽은 것은 쓰기의 기초로 사용될 수 있으며, 유형은 생각을 쓰기 위한 틀을 제공해 준다. 읽기를 스스로 선택하는 방향으로 나아가는 어린이들은 반드시 먼저 예측적인 진행의 속성을 가진 언어를 다루는 것을 경험해야 한다.[82]

시조에 입문하는 이 시기 학습자들에게 시조는 흥미 있는 대상으로 인식되며 장래의 언어 발달을 위한 자양분의 역할을 한다. 예측성은 놀이적 속성으로 전환되어 시조에 대한 흥미를 형성하며, 시조 쓰기를 통해 길러진 흥미는 자유시 쓰기에 있어서도 친근감과 자신감을 가질 수 있게 한다.

---

82) M. B. Sampson · T. V. Rasinski · M. Sampson, *Total Literacy: reading, writing, and learning*, Wadsworth, 2003, p.272.

(2) 중학교 단계

가. 다양한 관점에 대한 수용적 태도

문학 교육의 가치는 인생의 영원하고도 근본적인 주제들에 대하여 자기 나름의 답을 구하게 되는 과정을 경험할 수 있게 한다는 점에 있다. 위대한 저서가 영구적인 교과목의 지위를 갖게 되는 것은 그 책들이 제시한 해답 때문이라기보다 그것들이 제시한 문제 때문[83]이라는 말이 의미하듯 문학 작품은 내용 자체의 모방적 수용으로서보다는 수용 주체의 삶과의 대비 속에서 한 단계 더 심화된 이해를 위한 경험의 자료로서 가치를 갖는다. 그러한 의미에서 시조에서 다루어지고 있는 다양한 주제 항목은 인생의 중요한 국면들에 대해 성찰해 볼 수 있게 한다.

중학교 단계에서의 태도 교육의 내용으로 하나의 주제에 대하여 다양하게 취해지는 태도를 관찰하고 식별하는 것을 들 수 있다. 이를 통해 타인에 대한 이해의 폭을 넓히며 궁극적으로는 대상에 대하여 좀 더 개방적인 태도를 형성할 수 있도록 한다.

> 흔 盞 먹새근여 또 흔盞 먹새근여 곳것거 算노코 無盡無盡 먹새근여
> 이몸 죽은 後면 지게 우히 거적 덥허 주리혀 미여 가나 流蘇寶帳의
> 萬人이 우러 녜나 어욱새 속새 덥가나모 白楊속애 가기곳 가면 누론
> 히 흰들 フ는 비 굴근 눈 쇼쇼리 ㅂ람 불제 뉘 흔盞 먹쟈 홀고
> 흥플며 무덤 우히 진납이 프람불제야 뉘우츤들 엇디리
> ― 정철 ― 〈星州本 松江歌辭〉

> 곳 쉰이 져믈가마는 간듸마다 술을 보고
> 닛집 드러내여 웃는 줄 므스일고
> 견견의 아던 거시라 몬내 니저 흥노라
> ― 정철 ― 〈星州本 松江歌辭〉

---

83) 신득렬, 『현대 교육철학』, 학지사, 2003, p.210.

술은 시조에서 자주 등장하는 소재 가운데 하나이다. 술은 작품 속의 풍류적 상황을 조성하는 소재로서의 역할을 할 뿐만 아니라 삶의 무상함 또는 인생에 대한 태도를 드러내는 데에 매개가 된다는 점에서도 주목할 만하다. 위의 작품들은 조흥적 수단으로서의 술이 아닌 술 마시는 행위 자체를 전면적으로 다루고 있다는 점에서 공통적이다.

첫 번째 작품은 술 마시는 것에 대한 합리화를 인생무상에서 찾고 있다. 즉 술 마시는 일을 긍정하는 근거는 죽은 후의 덧없음에 대한 인식이며, 이를 잊기 위해 술을 마시게 된다는 태도를 보여준다. 미래의 상황에 대한 가정과 상상에 의해 현재의 삶은 그 의미가 축소되고 애상적 성격을 띠게 된다. 중장에서 빠른 어조로 나열되는 상황들에서 자주 쓰이는 'ㅎ'음과 'ㅍ'음은 인간이 슬픔을 내뱉을 때 본능적으로 나오는 탄식음이다. 이러한 음이 '후면, 해, 흰, 할고, 하물며, 우해, 덥허, 주리혀, 수페, 파람' 등의 단어 속에 나타남으로써 슬픈 분위기를 자아내는 시적 효과를 자아낸다.[84] 작품 전체에 깔린 분위기도 어두운 색조를 보인다.

같은 작가의 작품이지만 두 번째 작품은 어쩔 수 없이 술을 마시게 되는 사정에 대해 매우 해학적이고 가벼운 문체로 접근하고 있다. 여기에서 술 마시는 일을 어쩔 수 없다고 여기는 데에는 지금까지 그래왔다는 사실이 중요하게 작용한다. 첫 번째 작품에서는 미래의 상황에 대한 가정이 중요하게 작용했다면 이 작품에서는 '전전'으로부터 현재에 이르기까지 자신이 취해 온 생활 방식이 결정적으로 작용한다. 이는 현실을 긍정적으로 수용하는 태도를 반영하는 것이기도 하다. 따라서 이 작품에서는 첫 번째 작품에서 보이는 허무적인 분위기는 찾기 힘들다.

---

84) 李王壽, 「송강 장진주사의 구조미학」, 『송강문학연구』, 국학자료원, 1993, p.313.

이처럼 동일인에 의한 작품이라 하더라도 개인이 처한 상황에 따라 매우 다른 성격의 태도를 보여주고 있다[85]는 점은 타인에 대한 이해를 하는 데에 유익한 교육 내용 요소가 될 수 있다. 이는 작품에서 취해지는 태도가 그것이 전달하고 있는 가치와 그 속에서 발생하고 있는 갈등의 심리학적, 사회학적 조건에 대한 인식과 결부되어야 함을 뜻한다. 이러한 인식 과정을 통해 학습자는 삶에 대한 자신의 태도와 입장을 형성할 수 있는 힘을 기를 수 있다.

시조에는 삶의 방식에 대한 선언적 표명의 성격을 갖는 작품들이 많다. 이는 교육 내용으로서의 태도의 형성에 유익한 자질이다. 태도는 본질적으로 가치와 긴밀히 관련되어 있기 때문이다. 시조 작품을 통해 중학교 단계에서 이루어질 수 있는 태도 교육은 주로 작품의 내용적 측면과 관련된다.

이를 위해서는 작품에서 표방하고 있는 가치와 학습자가 이미 소유하고 있는 가치가 어떻게 관련될 수 있는가를 이해할 수 있어야 한다. 즉 현재의 가치와 유사하다면 어떠한 점에서 그러하며 그렇지 않다면 무엇 때문인지 탐색해 본다. 그러한 과정은 서로 다른 가치들을 보다 더 크고 중요한 가치 원리로 통합시키기 위해 필요하다. 궁극적으로 도달해야 할 지점은 가치 복합에 의해 학습자의 성향과 태도 및 행동을 변화, 발전시키는 것이다. 시조는 이러한 탐색을 활발하게 할 수 있는 매개 역할을 한다.

삶의 과정에서 문제 상황에 처하게 되면 인간은 그것을 해결하려는 노력을 다양한 각도에서 행한다. 이러한 노력의 양상이 작품에 하나의 태도로 나타나게 되는데 학습자는 이를 통해 간접적인

---

85) 정철 시조에 나타난 상반된 정서, 즉 호방함과 감성적 정조가 군주와의 관계에 따라 변화되고 있음을 언급한 논의가 있다.
전재강, 「정철 시조에 나타난 현실 지향과 풍류의 성격」, 『시조학논총』 21, 한국시조학회, 2004, p.207.

탐구를 할 수 있다. 듀이는 도덕적 판단이란 도덕적 상황에서 이루어지는 일종의 가치 판단이며, 선택이란 자아를 가장 잘 드러내는 특징적인 행동이라고 하였다. 도덕이란 각 개인이 현실의 상황 속에서 본래의 자기를 만들어 나가는 것이다.

동일한 작가, 동일한 대상에 대해 산출된 작품들 사이에 다양한 편차가 있을 수 있다는 사실을 깨닫고, 각각의 작품에서 추구하는 시적 진실에 대하여 이해하려고 하는 것이 중학교 단계에서의 태도 교육의 내용이 된다. 이를 통해 삶의 다양한 태도가 가능함을 깨닫고 개방적 태도 형성을 할 수 있다.

니. 상징적 가치 세계의 습득

상징은 하나의 이미지를 다른 하나의 관념과 어떤 유사성의 기초 위에서 결합하여 감각적 이미지로 암시하거나 환기하는 것이다. 문학에서 상징은 유추적인 현상의 세계, 즉 가시의 세계인 물질세계가 연상의 힘에 의해 불가시의 세계와 일치되도록 노력하는 표현의 양식이다. 즉 불가시의 세계를 가시적인 세계, 곧 감각적인 이미지로 암시하여 본질적으로 의미가 드러나지 않는 어떤 신비스럽고 추상적인 관념을 알기 쉽게 형상화하여 드러내는 방법이다. 형식적 조작기의 시작이라고 할 수 있는 중학교 단계에서는 구체적인 것과 추상적인 것의 결합으로서의 상징을 이해하고 활용할 수 있게 된다.

기호가 존재의 형이하학적 세계의 일부를 이루는 것이라면, 상징은 의미화로서의 인간 세계를 구성한다.[86] 시조는 다른 문학 장르에 비해 상징을 통한 이중 구조의 성격을 잘 보여주고 있다. 따라서 언어 문화적 특징을 학습하는 데에 매우 효과적인 자료가 될 수

---

86) Ernst Cassirer, *An Essay on Man: an introduction to a philosophy of human culture*, 최명관 옮김, 『인간이란 무엇인가: 문화철학서설』, 서광사, 1988.

있다.

상징적 어휘의 습득은 예를 들어, 절개를 표현하기 위해 매화를 사용하는 것처럼 대상이 지닌 속성에서 사회적 가치를 찾아 의미화할 수 있는 능력을 의미한다. 이러한 관습 속에는 공동체 구성원들의 본성이 깔려 있으며, 이에 대한 이해는 공통된 속성을 공유하며 같은 세계에 살고 있다는 사실을 강화한다.

> 이 몸이 죽어 가셔 무어시 될고 ᄒ니
> 蓬萊山 第一峰에 落落長松 되야 이셔
> 白雪이 滿乾坤홀 제 獨也靑靑ᄒ리라
>
> ― 성삼문 ― 〈병와가곡집〉

이 작품은 바람직한 것의 속성으로서 푸름, 높음, 외로움에 의연함을 들고 있다. 이러한 대상 인식 방법에는 문화적 가치 평가가 전제되어 있다. 즉 다른 문화권에서는 이와 상반된 또는 다른 속성이 가치 있는 것으로 간주될 수 있다는 의미이다.[87] 특히 비타협에 의한 외로움을 숭상하는 것은 선비 문화의 속성을 잘 보여준다.

> 風霜 섯거 틴 날의 잇깃 픤 黃菊花룰
> 銀盤의 것거 다마 玉堂으로 보내실샤
> 桃李야 곳이론 양 마라 님의 쯔들 알괘라
>
> ― 송순 ― 〈병와가곡집〉

명종(明宗)이 대궐의 국화를 꺾어 홍문관에 보낸 것에 대하여 송순이 이 노래를 지어 올리자 크게 기뻐하고 상을 내렸다는 일화[88]

---

87) 극단성보다는 유연함을 더 높게 평가할 수도 있다. 현대의 관점에서 시조의 가치 체계는 비판적으로 수용될 여지가 있다. 이에 대해서는 고등학교 단계에서 본격적으로 다루어져야 한다.

88) 『지봉유설』 권14.

가 전해지는 이 시조는 국화를 담아 보낸 행위에서 '님의 쯔들' 읽어 내는 구조를 취하고 있다. 이 시조에서 황국화는 시련과 역경을 극복하고 피어난 꽃으로, 역경에서도 절개와 지조를 지키는 군자를 상징하는 전통적인 소재이다. 이에 반하여 '桃李'는 봄에 잠깐 피었다 지는데, 이런 생태 때문에 절개나 지조가 없는 인간을 상징하게 된다. 국화는 역경에서도 절개와 도리를 지켜 충성된 신하가 되라는 뜻으로 임금이 보낸 꽃이며 명종이 송순의 시를 읽고 기뻐했다는 것은 이 '쯧'이 전달되었음을 확인했기 때문이다.

이에 대한 문화적 소양이 없는 경우 도리를 가치 절하하는 것에 대해 쉽게 이해할 수 없다. 이 작품을 이해하기 위해서는 외적인 아름다움보다는 정신성을 투영한 가치 평가가 작용하고 있음을 이해해야 한다.

시조에서의 언술은 매우 단순화된 상징적 공식에 의해 의사를 표명하는 경우가 많다. 개인적 비유보다는 집단적 상징에 의존하기 때문에 모호하지 않지만 완전히 직설적 어법과도 거리를 둘 수 있게 된다. 즉 이러한 문화적 상징을 이해하고 이를 활용할 수 있는 문화적 소양이 시조의 향유에 전제 조건이 된다.

학교 교육을 통하여 학습한 결과는 일차적인 것과 이차적인 것으로 구분된다. 일차적인 결과는 학교 교육의 직접적인 결과로서 단기간 기억에 남는 것이며, 이차적인 결과는 비교적 장기간에 걸쳐 획득되는 것이다. 여기에는 자기 자신과 세계에 대한 평가, 가치관, 정의적 특성이 포함된다.[89] 시조를 통한 문화적 상징은 공동체의 가치 인식 방식을 전수하는 기능을 한다.

상징은 문화정체성의 형성에 기여한다. 리쾨르에 의하면 상징은 이해시키기보다는 동화시킨다. 어떤 사물을 다른 것에 동화시킴으로

---

89) P. W. Jackson, *Life in Classroom*, 車京守 譯, 『兒童의 敎室生活』, 倍英社, 1978.

써 그러한 동화에 의해 의미부여된 것에 우리 자신을 동화시킨다.[90]

白雪이 ᄌᆞᄌᆞ진 골에 구룸이 머흐레라
반가온 梅花ᄂᆞ 어닉 곳이 퓌엿ᄂᆞᆫ고
夕陽의 호올노 셔셔 갈 곳 몰나 ᄒᆞ노라

— 이색 — 〈병와가곡집〉

예를 들어 시조에서 매화의 상징적 의미를 교육하는 것은 눈 속에 피어나는 매화의 속성을 충신의 충직한 자질과 동화시키는 의미 작용에 학습자를 동화시킨다. 매화가 갖고 있는 다양한 속성 가운데 위와 같은 가치체계로 바라보는 것에 학습자를 참여시키는 것이며 그러한 인식 체계에 동화시키는 것이다. 이를 통해 대상을 인식하는 방식은 자동화되어 발현될 수 있다.

상징이 갖는 동화 작용은 시조 교육을 통해 학습자의 문화정체성을 형성하는 데에 있어서 중요한 역할을 한다. 시조의 상징적 표현을 학습하는 것은 문화적으로 바라보는 눈을 갖게 된다는 의미이기 때문이다.

위의 작품은 전체가 하나의 상징으로 이루어져 있다. 이러한 의미의 대응 관계를 이해하는 것은 명시적으로 표현하지 않은 바를 작품에서 읽어내는 능력, 즉 문화적 상징 능력과 관련된다. 즉 어떠한 정보 제시도 하고 있지 않지만 이 작품은 시조로서 성립하며 소통될 수 있었던 것이다.

실존적인 인간이 경험세계에서 포착이 불가능한 그 무엇인가를 관념의 층위로 확장시킨 것이 바로 상징이다. 그렇기 때문에 상징은 보다 근원적인 세계로 지향하게 만드는 하나의 정신적 기제이

---

90) Paul Ricoeur, *Interpretation Theory: Discourse and the Surplus of Meaning*, 김윤성・조현범 옮김, 『해석이론』, 서광사, 1998.

다. 상징은 일종의 비유이기는 하지만 여타의 이미지나 비유처럼 인간의 감각이나 감정적인 측면을 표층적으로 드러내기보다는 보다 근원적인 정신성을 드러내고 있다.[91]

상징과 상징의 대상에 대한 이해는 중학교 단계에서 가능하다. 이 단계에서 초점이 되는 것은 상징과 상징이 지시하는 세계의 한 부분이 갖는 관계이다. 상징을 공동체의 가치관과 결부시켜 이해하며 이에 대하여 평가적인 태도를 갖는 것은 고등학교 단계에서 본격적으로 다루어질 내용이다. 형식적 조작의 초기 단계에 해당하는 중학교에서 이루어지는 상징의 교육은 비가시적인 속성을 구체적인 대상과 결부시켜 이해할 수 있는 능력에 중점을 두고 이루어져야 한다. 그리고 이러한 연합 관계에 투영된 가치 체계에 친숙해지고 자신의 일부분으로 받아들이는 태도를 갖도록 한다.

(3) 고등학교 단계

가. 삶의 방식에 대한 평가적 태도

형식적 조작기라고 할 수 있는 중학교 단계 이후 학습자는 인지구조에 있어서 성숙에 이르게 되며, 이후에는 인지구조 자체의 개선이 더 일어나지 않는다. 이후에 일어나는 사고 능력의 변화는 논리적 조작과 구조에 대한 질적인 것이 아니라 양적인 변화인 것이다. 이러한 양적인 변화를 가속할 수 있는 요인 가운데 하나로 문학을 통한 다양한 경험의 제공을 들 수 있다.

즉 경험의 축적은 인지 구조 자체의 변화를 가져오지는 않지만 그것을 좀 더 풍부하게 살찌울 수는 있다. 형식적 조작기에 속하는 중학교 단계와 고등학교 단계를 구분할 수 있는 근거는 인지 구조

---

91) 김석준, 「한국 현대시에 나타난 전통지향성 연구」, 서울대학교 대학원, 2005, p.17.

자체의 차별성이라기보다는 구체성에 의해 확보된 이해 수준의 차이이다.

중학교 단계에서는 개별적인 작품에 한정된 수용 태도를 보였다면 고등학교 단계에서는 개별 작품들이 모여 형성된 문화적 경향성 속에서 작품을 이해할 수 있게 된다. 하나의 작품이 생산되는 데에는 작가의 개성만이 아니라 해당 사회의 문화적 특성이 작용한다는 점을 이해하는 것은 시조 장르를 수용하는 태도에 영향을 미친다. 즉 현대와 비교되는 과거의 삶의 방식이라는 점이 상대적으로 부각되며 이에 대한 평가적 태도로 작품에 접근하게 한다. 이러한 점을 고려하여 고등학교 단계에서는 삶의 방식과 관련하여 가치 평가가 촉발될 수 있는 지점을 제공하는 작품을 통해 평가적 수용 태도를 형성하도록 한다.

시조에는 '사회적 애정'이라고 할 수 있는 내용을 노래하고 있는 작품들이 많다.[92] 나라나 군주에 대한 사랑 그리고 그로부터 파생되는 절의의 문제나 의리와 같은 정서는 사회적 성격을 갖는 애정의 형태들이라고 할 수 있다. 사회적 애정은 개인적이고 사적인 성격을 넘어서 있는 것이라는 점에서 특징적이다.

> 늙엇다 물너가쟈 ᄆᆞᆷ과 議論ᄒᆞ니
> 이님 바리ᅌᅩ고 어듸러로 가쟌말고
> ᄆᆞᆷ아 너란 잇거라 몸만 몬져 가리라
>
> 〈병와가곡집〉

송순의 치사가(致仕歌)로 불리는 이 작품은 출사(出仕)와 관련하여 자신의 선택을 표명한 것이다. 사대부에게 있어서 출처(出處)와

---

92) 자비, 양심, 야심 등을 사회적 애정이라고 칭하였다.
   William James, 앞의 책, p.1078.

진퇴(進退)는 매우 중요한 사안이다. 사대부의 궁극적인 이상은 산림에 묻혀서 자기 몸만 깨끗하게 하는 것이 아니고, 벼슬에 나아가서 모든 사람들을 자기와 같이 깨끗하게 만드는 데에 있기 때문이다. 벼슬을 통해서 이념구현을 할 수 없을 때, 때를 만나지 못하였을 때 부득이 독선(獨善)하는 것이다. 따라서 사대부에게 있어서 벼슬은 세속적인 지위나 봉록(俸祿)의 수단으로서가 아니라 성리학적 이상을 실현할 수 있는 것으로서 의미를 갖는다.

위의 작품에서 관직에서 물러나는 상황에서 쉽게 떨쳐버리지 못하고 '무음'을 남겨 두겠다는 언명은 이러한 맥락에서 이해되어야 한다. 즉 독선(獨善)과 겸선(兼善)을 함께 성취하려는 호남사림의 세계인식을 보여주는 것으로서, 단순히 벼슬에 대한 미련이나 애착으로 해석해서는 안 된다.[93] 이는 개인적 선택이라기보다는 당대의 사대부들이 삶의 지향으로 공유하고 있었던 문화로서의 성격을 갖는다. 이러한 삶의 방식은 개인적 영달을 추구하는 현대적인 관점에서의 출세와 비교하는 과정을 통해 가치 있는 삶의 태도를 형성하는 데에 도움이 된다.

자연과의 관련에 대한 내용과 함께 시조 작품에서 주로 다루어지고 있는 주제 가운데 하나로 연군의 정서를 들 수 있다. 시조 장르에 대한 비판적 시각 가운데에는 내용적인 측면에서 음풍농월(吟風弄月)과 임금에 대한 아유적(阿諛的) 성격을 지적하는 경우가 많다.[94] 그러나 시조에서 연군의 정을 그리고 있는 것은 현대적 맥락에서 단순히 군주에 대한 충성이나 아부로 파악할 수는 없다.

---

93) 김학성, 「宋純 詩歌의 詩學的 特性」, 『古詩歌研究』 4, 韓國古詩歌文學會, 1997, p.74.
94) 시조가 사대부의 장르였다는 점에서 이러한 고정 관념은 더욱 강화된다. 그러나 시조가 사대부의 장르로 출발하였지만 다양한 계층의 사람들이 자신의 생활 감정을 읊었던 양식이었음을 고려하지 못한 견해이다.

江湖애 노쟈ᄒ니 聖主를 ᄇ리례고
聖主를 셤기쟈ᄒ니 所樂애 어긔예라
호온자 岐路애 셔셔 갈디 몰라 ᄒ노라

         — 권호문 — 〈松岩續集〉

  은거의 즐거움과 군주에 대한 충성 중에서 선택을 해야 하는 인
간적 갈등은 조선시대 유학자들이 겪었던 일반적인 정서이다. 그러
한 선택은 개인의 자발적인 의지만으로 이루어질 수 있었던 것은
아니었지만 때로는 주체의 강한 의지가 반영되기도 하였다. 관직에
천거되어도 여러 가지 이유를 대어 이를 사양하고 고향으로 돌아
가 학문과 후진 양성에 힘쓴 경우가 있기 때문이다.

  권호문은 진사시에 합격했으나 평생 관계에 나아가지 않았다. 위
의 작품은 그러한 삶을 영위하는 과정에서 산출된 것이다. 주목할
바는 은거를 적극적으로 선택한 그 역시 사대부로서의 사회적 임
무로부터 자유롭지 못했다는 점이다. '호온자 岐路애 셔셔 갈디 몰
라' 한다는 종장에는 이러한 갈등이 집약적으로 나타나 있다.

  이처럼 정치를 통해 이상적 사회를 실현하는 일은 사대부 계층
의 의식 세계를 지배하는 뿌리 깊은 관념이었다. 이러한 삶의 태도
는 개인을 사회 속에서 사고하며 사회에 대해 강한 책임을 갖는 모
습을 보여준다. 다른 사람들이 가진 정서적 경험을 이해하는 데 관
심을 갖는다면, 그들이 세계를 해석하는 방법에 관심을 가지고 그
들이 갖는 헌신과 관심의 유형에 유의해야 한다.[95] 이러한 과정을
통해 자기 초월에 도달할 수 있다. 인간만이 자신의 삶을 객관화하
여 바라볼 수 있으며 자기중심적인 관심에서 탈피할 수 있다는 점
에서 현대의 관점으로서는 매우 낯선 삶의 방식을 경험하고 이에

---

95) G. Oliver, Knowing the Feelings of Others: A Requirement for Moral Education,
    Educational Theory, 1975, p.25.

대해 공정하게 가치를 부여하려는 태도는 교육적으로 중요하다.

단종의 폐위와 관련하여 산출된 다수의 작품들 가운데 한 작품을 예로 들면 다음과 같다.

간밤의 우던 여흘 슬피 우러 지내여다
이제야 싱각ᄒᆞ니 님이 우러 보내도다
져 물이 거스리 흐로고져 나도 우러 녜리라

— 원호 — 「병와가곡집」

생육신의 한 사람인 원호의 작품이다. 세조가 등극하자 벼슬을 버리고 고향인 원주에 숨어 있다가, 세조에 의해 단종이 영월로 유배되어서 석실에 기거하며 지낼 때 어린 임금을 생각하며 읊은 시조이다. 작가는 단종이 살해되자 삼년상을 마치고 세조가 불러도 응하지 않고 칩거하였다. 단종의 능이 집의 동쪽에 있다 하여 앉을 때나 누울 때나 항상 동쪽을 향했다고 한다.

이처럼 3장이라는 짧은 형식으로 표현되어 있지만 그 속에 담긴 역사와 정치 그리고 인생의 무게를 생각해 보았을 때 학습자들에게 매우 인상적인 교시를 전달해 줄 수 있는 작품이다. 역사적 삶과의 긴밀한 관련 속에서 생산된 장르가 바로 시조인데, 이러한 작품들은 현대의 학습자로 하여금 삶의 방식에 대하여 생각해 볼 수 있는 계기를 압축적으로 마련해 주고 있다.

이에 대한 교육은 충이라는 이데올로기에 대한 교육으로 이루어지기에 앞서 인간적 의지와 신념에 대한 메시지로 제시되어야 한다. 국가적인 이데올로기로 접근하지 않는다 해도 한 인간의 헌신적 삶의 모습은 충분히 감동적일 수 있다. 선비의 절개와 충성을 노래한 작품들이 조선 초기에 다수 산출되고 있는데 이를 통해 현재의 학습자들이 접하기 힘든 정서를 경험해 볼 수 있는 계기를 제공한다.

시조에서는 연군지정을 남녀 간의 사랑으로 읽힐 수 있는 맥락으로 표현하는 경우가 많다. 즉 배경 지식이 선행하지 않는 경우 한 편의 시조를 애정을 노래한 것으로도 이해할 수 있는 여지를 갖는 것이다. 그런데 남녀 간의 사랑을 주제로 한 것은 순수 서정시이고 임금에 대한 연모의 정을 노래한 것은 이데올로기적이고 관념적인 것이라고 단정할 수 있는 근거는 없다. 더군다나 당대 삶의 조건을 고려해 보았을 때 이러한 판단은 더욱 현대 중심적인 사고임을 드러낸다. 현대와는 다른 존재 기반과 믿음에 기반하고 있음을 고려해 보았을 때 그것은 그 나름대로의 진실일 수 있는 것이다.

고등학교 단계에서의 태도 교육은 현대의 삶의 방식과 비교하여 시조에 나타난 특징적인 삶의 방식에 대해 공정한 평가를 내리도록 하는 데에 있다. 이는 현대 또는 과거에 대한 선입견에 의해 바라보는 것이 아니라 각 시대가 제공하는 삶의 조건에 비추어 사고할 수 있는 태도를 갖추는 것을 의미한다.

나. 전통의 의미화

시조는 과거의 것이면서 한편으로는 현대에도 활발히 창작되어 오고 있는 진행형의 문학 장르이다. 고려 말에 발생하여 조선조를 거쳐 개화기와 현대에 이르기까지 시조의 창작과 향유에 관련된 담론의 궤적은 시조를 단순히 과거의 것으로만 치부할 수 없게 한다. 고시조, 개화기시조, 현대시조로 하위 구분하는 것은 이러한 차별성에 대한 인식에 의한다.

특히 현대시조는 현대와 과거의 관련에 대한 인식을 환기하며 인간이 과거를 이해하고 의미화하는 방식을 보여준다. 이러한 점이 여타의 고전시가 장르와 변별되는 시조 문학의 특성이라고 할 수 있다. 즉 다른 고전시가 장르의 교육에 있어서 주안점은 그것을 과거의 것으로 상정한 뒤 과거성이 현재에 어떠한 의미를 갖는가 또는 그것을 어떻게 수용할 것인가에 놓여 있다면, 시조는 과거의 것인 동시에 과거성의 영향하에 이루어진 현재의 것이라는 점에서 시조가 갖는 과거성은 역동적이며 복합적인 성격을 띤다.

전통의 본질은 과거와 현재의 지속적인 의사소통에 있다. 고등학교 이상의 단계에서는 과거로부터의 전통을 현재에 의미화하는 태도를 보여주는 것으로서 현대 시조의 창작, 그리고 그와 관련된 담론이 중요한 교육 내용이 된다. 이를 통해 과거를 의미 있는 것으로 수용하려는 태도를 형성할 수 있다.

이는 궁극적으로 학습자의 문화 정체성의 형성에 기여하게 된다. 개인의 정체성을 구성하는 요소 가운데 하나인 시간 축을 중심으로 한 보존성 개념은 시조에 대한 역사적 접근을 통해 확립될 수 있다. 시조에 대한 역사적인 조명은 학습자들이 갖고 있는 지식에 견고한 반석을 만들어 주고, 언어문화에 보다 강한 일체감을 제공하며, 현대 속에서의 자신의 위치를 보다 잘 파악할 수 있게 해 주기 때문이다.

현대시조가 고시조의 전통을 의미화하고 있는 양상은 현대사회에 있어서 시조를 창작하는 것이 어떠한 의미가 있는지, 지금도 활발하게 현대시조가 창작되고 있는 현상을 어떻게 이해해야 하는지에 대한 물음과 관련된다.

식민시대에 민족의식을 고취하기 위해 국민문학파에 의해 주도되어 온 시조 부흥 운동은 시조의 역사성에 특별한 의미 부여를 함으로써 과거를 의미화하는 한 방식을 보였다. 즉 역사와 전통에서 긍정적인 요소를 찾으려고 함으로써 식민지 체제에서 조작적으로 형성된 민족적 열등성을 극복하고자 한 것이다.

이처럼 과거로의 지향은 민족의 근원을 밝히고, 현재와 관련하여 과거를 바라본다. 현재는 과거에 입각하여 존재하고 과거는 현재의 근원이 된다는 입장에서 과거를 수용하는 관점이다.[96] 이러한 관점은 현재를 결정한다는 점에서 과거를 현재보다 더 중요하게 바라보게 하는데, 창작 방향은 주로 재현적 모방의 성격을 띤다. 즉 소재나 분위기 그리고 화자의 태도에서 고시조의 그것을 계승하려는 노력을 보인다.

> 빼어난 가는 잎새 굳은 듯 보드랍고
> 자줏빛 굵은 대공 하얀 꽃이 벌고
> 이슬은 구슬이 되어 마디마디 달렸다
>
> 본디 그 마음은 깨끗함을 즐겨하여
> 정(淨)한 모래틈에 뿌리를 서려 두고
> 미진(微塵)도 가까이 않고 우로(雨露) 받아 사느니라

가람의 시조는 사군자(四君子) 가운데 하나인 난초의 외유내강(外柔內剛)을 노래하고 있다. 이처럼 자연 특히 인간의 덕을 구현하고 있는 자연물로서의 사군자를 대상으로 한 작품이 많다는 것은 소재적인 측면에서 고시조의 전통을 계승한 것으로 파악할 수 있다. 표현 태도의 측면에 있어서도 오히려 고시조보다도 더 전아한 표현을 취하고 있음을 본다. 이러한 전통 계승 방식은 시조의 특정한 한 측면을 부각시켜 그것을 의미화한 것이다.

이와는 달리 현재와 과거를 동등한 가치 대상으로 인식하고 이들의 경쟁 관계로 과거를 의미화하는 입장이 있다. 이러한 관점에서는 과거로의 단순한 복고를 지양하고 전통에 대한 혁신을 꾀하고자 한다. 이러한 혁신적인 모방은 의식적으로 전통성을 변화와 결합시킨다. 과거에 대한 대부분의 혁신은 공공연하게 변증법적인

---

96) David Lowenthal, 앞의 책.

경쟁적 모방으로서의 성격을 갖는다. 다시 말해 과거의 것을 능가하기 위해 그와 맞서는 것이다.

현대 시조의 경우 시행의 배치나 어조에 있어서의 파격을 줌으로써 시조라는 느낌이 들지 않는 작품이 창작되기도 한다. 그러나 이러한 실험이 극단적으로 되면 과거와의 관련성은 희미해지고 만다. 그것이 왜 시조여야 하는가에 대한 물음으로부터 자유로울 수 없게 되는 것이다.

고시조와 비교해 보았을 때 현대 시조의 창작은 작가의 개성과 서정을 담을 수 있는 것으로 기대되는 경향이 있다. 특히 시조의 현대성은 주로 주제적인 측면과 관련하여 부각된다. 이는 현대 시조에 대한 작품평이나 심사평 등에서 발견되는 사항이다. 즉 주제적인 측면에서의 현대성과 형식의 고수를 현대시조의 갈 길로 간주하고 있음을 알 수 있다.

> 대상을 심사하는 과정에서 현실 인식에 바탕을 두면서도 시조의 형상화에 무리가 없고 오늘의 시조단에 뭔가 활력을 불어넣을 수 있어야 한다는 점이 언급됐다.[97]

위의 인용문에서는 바람직한 시조상에 대한 세 가지 관점을 제시하고 있다. 현실에 기반을 둔 의식을 보여줄 것, 시조의 형상화 규칙을 준수할 것, 그리고 현대 시조의 활성화에 기여함이 그것이다. 첫째 조건은 참신성에 대한 요구와도 연결된다. 둘째 조건은 시조의 형식적인 특성을 계승해야 할 요소로 받아들이고 있음을 보여준다. 셋째 조건에서는 현대시조를 활성화되어야 할 문화 운동으로서 파악하고 있는 태도가 엿보인다.

요약하자면 전통적인 형식 속에 현대적 감각과 시각을 담는 것

---

97) 홍성란, 앞의 책, p.118.

으로서 현대 시조의 나아갈 길을 제시하고 있는 것이다. 즉 시조의 형식과 내용을 분리하여 이 중에서 형식적 특징이 현대에도 가치 있는 것으로 인식하고 있다. 여기에서 시조의 형식적 특징은 3장 4음보 그리고 글자 수의 제약이라는 주로 외적인 자질로 이해된다. 작품이 내재적으로 구비하고 있는 대구의 성질이나 2음보 단위로 끊어 읽을 수 있는 통사적 배려 등에 대한 요소는 중시되지 않는 측면이 있다. 여기에는 음악성보다는 의미성을 중시하는 방향으로 나아가는 것이 시조의 현대화에 걸맞은 것이라는 관점이 내재되어 있는 것으로 파악된다.

현대시조 가운데 한 예를 들어 살펴본다.

굴뚝이 제 속을 까맣게 태우면서
누군가의 따스한 저녁을 마련할 때
길 건너
어둠을 받는
밀보릿빛 우산 하나.

— 문희숙 — 「외등」[98]

일반적인 통사적 관점에서 보면 '누군가의/따스한 저녁을//마련할 때'로 읽힌다. 그런데 '누군가의 따스한/저녁을 마련할 때'로 읽게 되면 '따스한' 다음에 오는 휴지(休止)에 의해 '따스한'이 도드라지며 강조되는 느낌을 준다. 2음보 단위로 읽게 되는 경향을 효과적으로 활용하여 일반적인 통사 형태에 변형을 가하는, 그럼으로써 작가의 개성을 실현하고 있는 것으로 볼 수 있다. 고시조가 통사적으로나 연행적으로나 2음보 대구의 자질을 지키고 있는 것과 비교된다.

---

98) '1996 중앙시조 지상백일장' 연말장원 작품이다.

위에서 살펴본 음보 사이의 관계는 행과 행 사이에서도 자주 발견된다. 그러나 시조의 정형성이라고 할 수 있는 3장 6구에서 6구의 중요성을 강조할 필요가 있다. 즉 두 음보가 하나의 구로 읽힘으로써 3장 6구 12음보가 되는 것이다. 고등학교 단계에서 교육될 내용으로서의 전통의 의미화는 시조가 갖는 자질이 어떠한 의미와 기능을 갖는 것인지에 대한 보다 깊은 이해를 필요로 한다.

그것은 현대시조를 창작할 때 부딪치게 되는 실제적인 고려 사항과 관련되는 한편, 과거의 자질을 현대의 조건 속에서 부각시켜 생각해 보는 것과 관계가 있다. 즉 어떠한 조건에서 비로소 시조다울 수 있는지, 현대시와 구별되는 시조의 미학적 특성은 어디에서 비롯되는지, 현대시조를 창작함에 있어서 시조의 정형성은 어떻게 이해되어야 하는지, 잘 지어진 현대시와 현대시조 사이에는 어떠한 차이가 있는지에 대한 심화된 이해로 이끄는 것이다.

현대시조가 노래로 향유되지 않는다 해도 음악성의 자질은 가치 있는 것이다. 이에 대한 판단을 학습자가 시조를 창작하고 감상하는 과정을 통해 내릴 수 있도록 할 필요가 있다. 과거의 것을 의미 있게 수용한다는 것은 그것의 무조건적인 복제나 추종을 의미하는 것은 아니다. 과거의 것으로서의 시조가 갖는 자질이 현대에 있어서 어떠한 가치를 가질 수 있는가를 이해하는 것이 선행되어야 한다. 그에 대한 이해로부터 시조에 대한 애정이나 긍지도 형성될 수 있으며 시조의 정형성을 구속으로 여기는 것이 아니라 즐길 수 있게 된다.

시조가 과거성과 현재성의 관련 양상을 보여준다는 것은 단순히 시조의 향유 기간이 물리적으로 길었다는 의미 때문은 아니다. 현대시조는 고시조의 과거성을 메타적으로 인식하여 현대의 생활 감각을 바탕으로 한 작품군이라는 점에 주안점이 놓여 있다. 시조 교육에 있어서 고등학교 단계 이상의 학습자들은 현대시조의 창작과 관련하여 전통에 대한 평가적 관점을 가짐으로써 자기 이해의 성장을 이루어야 한다. 이 단계에서 전통은 습득해야 할 지식만이 아니라 적극적으로 평가를 함으로써 그것의 구성에 참여할 수 있는 어떠한 것으로 인식되어야 한다. 그리고 그에 대한 평가는 곧 학습자 자신에 대한 이해를 심화한다.

전문 시조 시인의 창작만이 아니라 학교 현장에서의 학습자가 수행하는 시조 쓰기도 시조의 전통을 나름대로 의미화한 결과라고 할 수 있다. 초등학교 단계에서 시조의 형식적 규칙성을 준수하는 데에 치중하여 시조 쓰기가 이루어졌다면 고등학교에서의 시조 쓰기는 시조의 전통을 어떻게 계승하여 표현할 것인가에 대한 의식적 고려가 이루어질 수 있도록 한다.

학습자는 이러한 활동을 통해 공동체의 규범과 범주에 의문을 제기할 수 있으며 문학사를 완료된 것으로 보기보다는 변화하는 것이라고 여길 수 있게 된다. 그리고 그 과정에 참여하는 자로서 자신의 역할을 인식할 수 있다. 시조의 전통을 어떻게 수용해야 하는가에 대하여 학습자 나름의 견해를 가질 수 있도록 한다.

초등학교 단계에서의 시조 쓰기가 주로 활동 지향적 흥미에 기반을 둔 것이라면 고등학교 단계에서의 시조 쓰기는 사회 지향적 흥미가 부가되어야 한다. 즉 시조 쓰기를 통해 자기를 표현하는 한편 익명의 대중과의 교류감,[99] 전통을 구성하는 행위로서의 성격이 인식되어야 한다. 이는 메타언어 능력의 성격을 갖는 것으로서, 자신의 언어 행위의 의미를 사회 문화적 배경 속에서 조감하고 평가할 수 있는 총체적 능력을 뜻한다.

---

99) 익명의 대중과의 교류감이라는 것은 동시대인뿐만 아니라 과거인을 대상으로 하는 역사적인 감각을 뜻한다.

창작 활동은 창작 주체가 창작 능력을 발휘하여 문학문화를 생산하고 향유하는 일을 뜻한다.[100] 현대에 시조를 쓰고 향유하는 것은 이러한 문화 창조로서의 성격을 갖는다. 즉 시조 쓰기를 통해 문학적 문화의 발전에 기여하려는 태도의 형성으로 나아가야 한다.

---

100) 우한용, 「창작교육의 이념과 지향」, 『창작교육, 어떻게 할 것인가』, 푸른사상, 2001, p.43.

1. 교재 구성

　교육목표를 달성하기 위해 학습자에게 제공되어야 하는 학습 경험의 유형을 결정하는 것이 교재 그리고 교수 학습 방법론의 핵심이다. 그리고 교재는 교수 학습을 위한 중심적인 재료라고 할 수 있다. 광의의 개념으로 교재를 정의하면 '교육 목표를 달성하기 위하여 사용되는 모든 자료'[1]가 되겠지만, 국어교육에서는 제재가 교재의 가장 큰 비중을 차지한다고 할 수 있다. 따라서 이 절에서 전개할 시조 교재론에 대한 논의는 제재의 선정과 표기를 중심으로 이루어질 것이다.

　제재(text)는 교육이 이루어지는 과정에 있어서 하나의 '화제' 역할을 한다. 화제 역할을 한다는 것은 제재 그 자체가 교육적 가치를 그대로 표상하고 있다는 의미가 아니라, 그것을 '통과하는' 과정에서 일어나는 변화를 통해 교육 목표에 도달할 수 있게 된다는 의미이다. 따라서 완벽하고 이상적인 언어 자료를 제공하고 이에

---

1) 서울대학교 국어교육연구소 편, 『국어교육학 사전』, 대교출판, 1999, p.90.

대한 모방학습에 주력하는 대신, 교육 목표 자체에 대한 고려와 교육의 전이성을 중시한다.[2] 시조 교육에 있어서 제재로 선정된 시조 작품들은 과거의 것이 줄 수 있는 다양한 혜택들을 발달 단계에 따라 서로 다른 모습으로 학습자들이 경험할 수 있는 방향으로 구안되어야 한다. 이러한 점에서 시조 교육의 제재는 규범성보다는 전형성의 관점에서 선정되어야 한다.

시조 교육에 있어서 활용할 수 있는 제재의 종류로는 구체적인 시조 작품뿐만 아니라 이와 관련된 이야기 자료, 비평문과 같은 메타 텍스트 등이 있다. 또한 시조 작품들 가운데에서도 고시조와 현대시조, 평시조와 사설시조, 개별 작품과 작품군 등의 조합과 이들의 비중을 고려해야 한다.

표기는 과거의 문학을 현재의 학습자에게 교육한다는 점에서 중요한 고려 사항이 된다. 이는 고시조의 어휘와 문법이 현대의 학습자에게 친숙하지 못하기 때문이다. 특히 어휘의 경우, 현대식으로 바꿔 표기하거나 쉽게 풀어 쓰다보면 원 텍스트의 특성을 제대로 살리기 힘들다는 점을 고려해야 한다.

외국어 교육에서 논의된 바를 참고하면, 단순화된 텍스트는 원본 텍스트의 문맥 실마리를 변경하고 문화적, 언어학적으로 삭제되고 손상되어 원본 텍스트보다 더 어려워질 수 있고 학습자의 출력(output)과 언어 습득에 부정적인 영향을 미치고 읽기 책략의 발전을 저해하며 일관성이 없고 부자연스러운 문장을 만들어낼 가능성이 있어서 텍스트의 응집성을 손상시킬 수 있다고 한다.[3]

또한 어휘 설명을 추가하는 경우 우연적 어휘 학습과 기억 효과

---

2) 이는 닫힌 교재관에 대한 비판으로서의 열린 교재관과 상통한다. 단, 열린 교재관의 관점은 학습자의 발달 단계에 따라 그 정도를 조정할 필요는 있다.

3) Janet K. Swaffar, Reading Authentic Texts in a Foreign Language: A Cognitive Model, *The Modern Language Journal 69*, 1985, pp.15-34.

에 긍정적인 영향을 미쳤으며 주석 집단은 어휘 상세화 집단보다 유의미하게 우연적 어휘 학습을 더 향상시켰다는 연구도 보고된 바 있다.[4] 한편, 독해와 어휘력이 풍부한 상위 학습자들이 하위 학습자들보다 우연적 어휘 학습량이 많다고 한다. 우연적 어휘 학습(incidental vocabulary learning)은 의도적 어휘 학습((intentional vocabulary learning)의 상대 개념으로서, 내용 이해에 초점을 맞추어 글을 읽는 과정에서 의도하지 않은 어휘 학습이 자연스럽게 일어나는 것으로 다독(多讀) 과정의 부산물이다.

이러한 점을 고려하여 시조를 교재화함에 있어서 초등학교에서는 평이한 어휘 수준으로 표현된 작품들을 중심으로 수록하며, 표기법에 있어서만 현재의 문법을 따르는 것이 바람직하다. 중등 이상의 학교급에서는 원문을 제시하되 어휘에 대한 설명은 주석 방식을 취하는 것이 바람직하다.

(1) 초등학교 단계

가. 기본형 중심

초등학교 단계에서는 문형의 구조가 단순하면서 3장의 의미 구조 파악이 분명한 작품 중심으로 시조 교육을 설계하되, 종장의 변별적 기능이 잘 살아 있는 작품을 선정한다. 또한 종장의 율격 면에서도 '소음보(小音步) - 과음보(過音步) - 평음보(平音步) - 소음보(小音步)'의 구조[5]를 보이는 기본형에 속하는 작품을 제시하는 것이 바람직하다. 그럼으로써, 시조 종장의 규칙은 글자수 자체를 맹목적으로 따름이 중요한 것이 아니라 율격적 흐름을 이루고 있

---

4) 조은희, 「어휘 설명을 추가하는 입력 수정이 우연적 어휘 학습에 미치는 영향」, 서울대학교 대학원, 2005.

5) 김흥규, 「평시조 종장의 율격·통사적 정형과 그 기능」, 『욕망과 형식의 시학』, 태학사, 1999.

다는 점이 인식될 수 있도록 한다. 특히 시조를 처음 접하게 되는 초등학교 단계의 학습자의 경우에는 이러한 율격적 흐름을 낭송을 통해 자연스럽게 체득할 수 있도록 전형적인 작품을 선별하는 것이 중요하다.

또한 언어 표현의 아름다움에 대한 감각을 익히기 위해 미적 규칙성을 잘 보여주는 작품, 정철과 윤선도의 시조처럼 우리말의 아름다움을 구현한 작품들이 좋은 예가 될 수 있다. 예를 들어, 대구의 자질을 잘 살리고 있는 작품들은 짝 맞추기에 의해 시조에 대한 흥미를 형성하며 이른 시기에서부터 시조의 기본 문법을 습득하는 데에 효과적이다.

윤선도의 '오우가'는 연시조의 내용 전개의 틀을 명확히 보여주며 선명한 도덕적 가치 기준을 보여주고 있다는 점에서 초등학교 학생들에게 적합한 시조 교육 자료가 될 수 있겠다. 이 작품에서 볼 수 있는 변형은 반복의 일종이다. 반복은 가장 기본적이고 보편적인 진행 방식이라는 점에서 초등학교 단계에 적합한 구성 방식이다. 특히 연시조와 같은 비교적 긴 형태의 시조 작품에 통일감을 부여하고 응집성을 높이는 효과를 부여한다.

나. 윤리적 덕목

여타 자질에 비해 작품이 담고 있는 주제의 성격이 문학 작품의 위계화에 중요한 고려 사항이 된다. 메시지의 성격에 크게 영향을 받는다는 것이 바로 다른 예술 분야와 변별되는 문학 수용의 특성이기 때문이다. 또한 시조 작품의 주제적 요소가 차지하는 중요성은 고전문학으로서의 시조를 현재의 학습자가 어떠한 내용성을 가지고 의미화 하는지와 직접적으로 관련된다는 점에서 주제 요소의 위계화에 있어서 중요하다.

여기에는 학습자의 발달 수준에 대한 고려뿐만 아니라 시조 교육에 대한 사회적 요구를 함께 고려할 필요가 있다. 문학 교육의 효용성 가운데에는 작품을 통해 정서를 순화하고, 해당 사회의 가치관을 내면화하는 것을 들 수 있기 때문이다. 초등학교 단계에서의 시조 교육은 특히 문학 작품을 통한 인성 교육에 대한 사회적 요구를 고려할 필요가 있다. 이를 위해 주제적인 측면에서 윤리적 덕목을 다룸으로써 인간으로서의 도리와 자기 수양을 경험할 수 있는 작품을 선정하도록 한다.

이러한 측면에서 초등학교 단계에서는 자연을 제재로 한 작품보다는 인간관계의 윤리성을 다루고 있는 작품이 적절하다. 자연의 물질적 속성을 노래하는 동시(童詩)에 비해 시조에서는 자연의 감각적인 구체성을 대상으로 하기보다는 관념적 성격을 띠고 있는 경우가 많기 때문이다. 따라서 자연을 소재로 하고 있는 시조 작품들은 초등학교보다는 고등학교 단계에서 관습적 인식 항목으로 다루어지는 것이 적절하다.

초등학교 단계의 교재 구성에 있어서 작품과 관련된 이야기가 함께 제시될 수 있다. 이 경우, 이야기 자체에 가치 판단적 요소를 개입시킴으로써 작품 수용을 수월히 할 수 있도록 한다. 중학교에서는 가급적 객관적 사실 중심의 제시가 바람직한 데에 비해 초등학교 단계에서는 이야기가 작품 수용의 방향을 규정하는 역할을 수행하도록 한다.

(2) 중학교 단계

가. 개성적 표현

어떤 작품에 대하여 개성적이라고 판단을 내리는 데에는 비교의 대상이 필요하다. 시조에 있어서 이러한 판단은 크게 현대시와의 비교 그리고 다른 시조와의 비교에 의해 이루어질 것이다. 즉 현대적 감각에 비추어 보았을 때 신선하게 느껴지거나, 지금까지의 시조 교육에 의해 형성된 시조에 대한 관념에 비추어 보았을 때 참신하게 느껴지는 경우이다. 또는 이 두 가지 기준 모두에 비추어 보았을 때에도 여전히 독창적이라는 느낌을 주는 작품이 있다. 이들은 각각 서로 다른 교육적 가치를 갖는다.

관습시로서 시조는 기본적으로 현대시에서와 같은 의미의 개성이나 독창성을 추구해 온 장르라고 할 수 없다. 시조의 창작과 수용에는 관습성의 문법이 지배적으로 작용하고 있기 때문이다.

그렇기 때문에 역설적으로 현대의 학습자에게 시조는 낯선 것으로서의 독특함을 제공할 수 있다. 또한, 문학사에 남는 독창적 개인으로서의 작가의 존재에 의해 현대의 잣대로 보았을 때에도 충분히 개성적인 작품들이 산출되기도 하였다. 비록 관습시라는 기본 장르 성격을 견지한다고 하더라도 이러한 작품들에 대한 접근과 평가는 온당히 이루어져야 한다.

특히 내면의 고유성을 중시하는 경향이 있는 중학교 단계의 학습자에게는 시적인 기민성이 발휘된 작품들이 흥미롭게 수용될 수 있다. 황진이, 정철, 송순 그리고 사설시조 가운데 일부 작품들이 유용한 교육 자료가 된다.

과거는 그것이 현재에 대해 갖는 시간적 거리 그리고 현재에 있어서 실제적 가치를 갖지 않는다는 영향적 거리에 의해 미적 대상으로 수용된다. 이는 문학이 비실용적이기 때문에 인간에 대해 가치를 갖게 된다는 역설과도 유사하다.[6] 당대에는 미적인 것으로 파악되지 않았을 작품들도 시간적 거리에 의해 현재의 시각에서는 미적인 것으로 수용될 수 있다. 이것은 과거에 속하는 시조가 현대인에게 줄 수 있는 효용적 가치 가운데 하나이다. 문학을 읽고 감

---

6) 김현·김주연 공편, 『문학이란 무엇인가』, 문학과지성사, 2001.

상하는 중요한 이유에는 실용적 필요성뿐만 아니라 그러한 향유가 주는 즐거움이 있다. 이러한 즐거움은 현재와의 비교를 거쳐 다양한 미의식을 발전시킬 수 있게 한다.

거리는 현상을 우리의 실천적이고 실제적인 자아로부터 일탈하게 하는 일 즉 억제적인 측면을 갖고 있다. 일단 억제적인 지각자의 행위 또는 심리적인 상태가 발생하면 대상은 미적으로 감상될 수 있게 된다.[7]

표현의 참신성과 개성은 비유의 독창성, 문장 구조의 특성, 실감나는 수식어 등 몇 가지 요소로 나누어 살펴볼 수 있다. 이러한 요소는 교육해야 할 구체적인 표현 교육의 내용 요소와 관련지어 제시되도록 한다.

또한 초등학교 단계에서 기본형 중심으로 시조 형식이 교육되었다면, 중학교 단계에서는 사설시조와 같은 확장형에 대한 이해로 나아갈 필요가 있다. 사설시조의 경우 주제, 형식, 발상, 미의식 등의 측면에서 평시조와 주목할 만한 차이를 보인다는 점은 중학교 단계에서 성취해야 할 교육 목표인 개성적 표현과 관련하여 의미 있게 수용될 사항이다.

나. 개인적 정서 표현

중학교 단계에서 다루어질 시조 작품은 주제적 측면에서 인간의 다양한 내면성이 부각된 것이 적절하다. 개성적이고 독창적이지만 이해할 수 있는 범위의 타자에 의해 학습자의 자기 탐구가 활성화될 수 있도록 한다.

7차 국어 교과서에서는 '한국 문학의 특질'에 대한 이해를 시조 교육 내용으로 설정하고 있다.[8] 한국 문학의 특질을 이해하기 위해

---

7) George Dickie, *Aesthetics: an introduction*, 오병남 · 황유경 공역, 『미학입문』, 서광사, 1981.

서는 적어도 한국 문학에 대한 축적된 경험이 전제되어야 하며, 각 작품을 사회적이고 역사적인 맥락에서 인식할 수 있는 능력을 필요로 한다. 이러한 인지 능력은 중학교 단계 학습자의 발달 수준에서는 도달하기에 어려움이 있다. 또한 교과서에 제시된 시조 작품 몇 수를 가지고 한국 문학의 특질에 대한 이해를 요구한다는 것은 이를 암기해야 할 지식으로 수용하게 한다.

이러한 점을 고려하여 '한국 문학의 특질'에 대한 교육 내용은 고등학교 단계로 이동시켜 다루는 것이 바람직하다. 중학교 단계에서는 문화에 대한 평가적 인식보다는 한 개인으로서의 작가의 내면 심리가 잘 드러난 작품을 통해 인간을 탐구해 보는 것이 더 적절하다.

초등학교에서와는 달리 중학교 단계에서는 작품이 제시하고 있는 윤리성 자체의 직접적 수용이기보다는 어떻게 살 것인가의 문제를 제기하거나, 그것에 대해 학습자로 하여금 사고할 수 있게 이끌 수 있는 작품들이 적절하다. 원리 또는 규범으로서의 보편성보다는 한 단계 더 높은 수준으로서, 특별하지만 이해할 수 있는 개인에 대한 이해를 통해 학습자의 성장을 추구하도록 한다.

(3) 고등학교 단계

가. 관습적 표현

고등학교 단계에서는 시조의 표현 관습에 대한 이해가 심화될 수 있는 작품들을 제시하도록 한다. 이전 단계에서 다루어진 작품

---

8) 중학교 3학년 2학기 국어 교과서 4단원 '고전 문학의 감상'에서는 '한국 문학의 개념과 특질을 설명할 수 있다.'는 목표가 설정되어 있다. 작품으로는 홍랑의 '묏버들 골라 꺾어~', 신흠의 '산촌에 눈이 오니~', 사설시조 '논밭 갈아 김 매고~', 윤선도의 '잔 들고 혼자 앉아~'를 제시하고 있다. 그러나 한국 문학의 특질을 체계화된 지식으로 알 수 있게 되는 것은 축적된 경험이 전제가 된 고등학교 단계 이상에서이다.

들도 관습이라는 측면에서 새롭게 조명될 수 있다. 이와 같은 표현 관습에 대한 이해는 개별적인 작품으로보다는 유사한 경향을 보여주는 작품군으로 접근되어야 한다.

관습성은 사회적 소통을 전제로 하는 개념이다. 그것이 추구하는 가치는 개인적 의미 세계의 창조에 있는 것이 아니라 타인과의 세계를 공유하는 것에 있다. 언어의 기능은 사람들 사이에 의미의 전달이나 공동적 향유에 있다는 사실에 충실한 것이다. 이러한 점에서 언어의 공공성에 대한 인식을 집중 부각시켜 사회적 담론으로서 향유되어 온 작품들을 함께 제시할 수 있다.

또한 표현 관습의 재창조라는 측면에서 현대시조의 예를 들 수 있다. 현대시조에서 이루어진 형식의 실험은 관습의 개념을 염두에 두고 이루어진 일련의 실천이라는 점에서 주목할 만하다. 평시조와의 관계 속에서 사설시조의 미적 특질과 세계관이 이해될 수 있듯이 고시조와의 관련 속에서 현대시조의 의의와 가치에 대항 논할 수 있다. 이러한 접근은 학습자로 하여금 보다 넓은 표현 문화의 세계로 초대한다. 이러한 이해를 돕기 위해 전문가의 비평문을 제재로 활용할 수도 있다.

나. 자연관과 세계 인식

중학교 단계에서 작가 개인의 정서를 표현하고 있는 작품을 중심으로 제재를 선정한 데에 비하여 고등학교에서는 시조를 향유해 온 집단의 세계관이 투영된 것으로서 시조를 이해할 수 있도록 작품을 선정한다. 특히 사대부 계층에 의해 창작되어 온 작품은 시조 문학의 미적 특질을 형성하는 데에 큰 비중을 차지하고 있다는 점에서 이들의 작품에서 보이는 일정한 경향성을 이해하는 것이 필요하다.

대표적으로 강호시조를 들 수 있다. 자연으로부터 삶의 방식을 배운다는 관습적 시각이 구현되어 있는 이들 작품의 자연관에 대한 이해는 개별적인 작품으로보다는 유사한 경향을 보여주는 작품군으로 접근되어야 한다. 이를 통해 학습자들이 세계, 자연, 우주 질서에의 교감적 이해를 경험할 수 있게 한다. 이러한 작품들은 근대의 개인주의적 교육 사상의 한계에 대한 비판과 극복[9]을 할 수 있게 하는 역할을 한다는 점에서 교육적 가치가 있다.

알포트(Allport)에 의하면 자아의 성장을 위해서는 이상적(理想的) 대상이나 가치에 관계되는 관심이 필요하다.[10] 시조에서 노래하고 있는 자연은 단순히 감각적이고 물질적인 대상으로서가 아니라 우주의 이법을 구현하고 있는 것이다. 이러한 세계를 이해함으로써 학습자는 현대의 개체 중심적 사고를 비판적으로 바라볼 수 있는 인식적 거리를 확보할 수 있게 된다.

자연과 더불어 정치 사회와의 관계는 사대부 시조 창작 동기의 중요한 축을 이루고 있다. 사대부에게 있어서 출처(出處)는 그들이 추구하여 온 이상적 삶의 모습과 긴밀하게 관련되어 있다. 이처럼 하나의 문화로서 삶의 양태를 규정하고 있는 면모를 살필 수 있는 작품들을 선정하도록 한다.

작품과 세계, 작품과 자아의 관련성에 부가하여 고등학교 단계에서는 작품과 작품의 관련성이 본격적으로 강조되어야 한다. 역사적 장르로서의 시조는 텍스트 연관을 시조 내에서의 양식적 차이를 보이는 작품들뿐 아니라 현대시에 이르기까지 다양하게 맺을 수 있다는 점을 부각시킬 필요가 있다.

---

9) 강영혜 외, 『현대사회와 교육의 이해』, 교육과학사, 2004.

10) Gordon W. Allport, *The Individual and his Religion: a psychological interpretation*, Macmillan, 1976.

2. 교수 학습 방법

고전문학으로서의 시조가 갖는 과거성은 시간적 거리가 크다는 점에서 교육적으로 더욱 중요한 가치를 갖는다. 주체와의 거리는 그것이 시간적인 것이든, 인식적인 것이든 교육적 의의를 가지며, 그 거리가 갖는 교육적 가치를 충분히 부각시킬 수 있어야 한다. 시조의 과거성에 대하여 학습자는 자신의 수준에 맞춰 그것을 이해하고 수용한다. 과거의 거리감으로 인해 시조는 미적인 대상으로 작용하기도 하고, 현재를 비추어주는 거울의 역할을 하기도 한다.

이질성에서 보편성을 인식하게 하는 것이 고전문학 교육의 궁극적인 목표라고 했을 때 삶의 보편성을 이해하는 과정은 어떻게 설명될 수 있는가에 대한 논의가 필요하다. 과거성은 현재와의 차이성이라는 점에 초점을 맞출 수도 있으며 인식의 상대성이라는 점에 주목할 수도 있다. 과거가 갖는 유의미한 속성 가운데 어떠한 것을 교육적으로 의미화하는가가 중요하다. 여기에는 보편성과 차이성의 역동적인 긴장감 유지가 필요하다. 또한 차이가 있지만 대상을 이해할 수 있게 하는 단서는 어떻게 변화해 나가는가에 대한 고려가 필요하다.

시조 교육을 위계화한다는 것은 각 발달 단계별로 시조 교육의 의미를 새롭게 번역한다는 의미이다. 브루너는 발달 과정을 통하여 아동은 각각의 단계에 독특한 방식으로 세계를 지각하고 증명한다고 보았다. 따라서 어떤 연령의 아동이든지 간에 그 연령에 맞는 언어로 표현되기만 하면, 어떤 과제이든지 학습이 가능하다고 전제한다. 올바른 형식으로 표현된다는 것은 학습 내용에 대한 학습자들의 내재적 흥미를 북돋우는 것, 학생들에게 발견의 희열을 느끼도록 하는 것, 가르치려는 내용을 아동의 사고방식에 알맞게 번역

하는 것이다.[11]

시조 교수 학습 방법의 위계화는 인간이 과거를 의미화하는 다양한 방식에 수준의 차이가 있음을 전제로 한다. 하나의 문학 작품에 대한 경험은 주체의 시간적, 공간적 상황에 따라 변화한다는 해석학적 사실은 경험의 역사성에 대한 주의를 환기한다. 즉 학습 대상으로서의 시조가 갖는 역사성뿐만 아니라 본질적으로 역사적이며 역동적인 존재인 학습 주체의 속성이 동시에 고려되어야 한다는 의미이다. 이 둘의 만남을 어떻게 조율함으로써 시조 교육이 학습자의 삶을 좀 더 풍요롭게 할 수 있는지에 대한 모색이 이 절에서의 주요 논의 사항이다.

이처럼 시조 교육의 위계화를 논의하기 위해서는 대상에 대한 인간의 인식 방식에 대한 연구를 참조하되, 대상이 과거의 것인 경우의 특성을 살릴 수 있어야 한다. 이러한 과제는 역사학에서 논의되는 역사 이해에 대한 연구를 적용하여 구체적인 방안을 모색할 수 있다.

학습자의 인지적, 정서적, 사회적 능력은 고정적인 실체로서의 성격을 갖는 것이 아니라 성장, 발달해 나가며 보다 낮은 수준의 것이 더 높은 수준의 것으로 변화해 나가는 과정을 보인다. 이러한 관점에서 각 학교급별 교수 학습 방법은 그 자체로 최상의 가치를 갖는 것이라기보다는 학습자의 발달 단계에 가장 적합한 것으로서의 성격을 갖는다. 즉 교수 학습 방법 자체로만 보았을 때는 한계가 있는 것일지라도 해당 단계에 적절한 방법을 구안하는 것이 중요하다는 관점하에 논의를 진행하고자 한다.

---

11) Jerome S. Bruner, 李烘雨 譯, 『브루너 敎育의 過程』, 培英社, 1984.

(1) 초등학교 단계

가. 소리 내어 읽기

소리 내어 읽기는 시의 풍부한 아름다움을 소통시키는 데에 있어서 중요한 역할을 한다. 이는 직접적으로 인식할 수 있는 자질을 활용한다는 점에서 초등학교 단계에 적절한 시조 교육의 방법이 될 수 있다. 눈으로 읽는 시로 감상하기보다는 입으로 읽음으로써 음성화하는 경험이 시조의 음악적 성격을 분명히 인식하게 하기 때문이다.

어린이는 교사가 시를 읽는 것을 듣는 것으로부터 매우 강렬한 즐거움을 경험한다.[12] 시조 교육에 있어서 학습자 스스로 읽도록 하기 전에 교사가 운율을 살려 읽는 과정을 충분히 경험할 수 있도록 한다. 그러한 경험을 한 뒤 학습자 개인의 읽기뿐만 아니라 집단적인 읽기 활동을 하도록 한다.

이러한 과정은 시조가 갖고 있는 음성적 자질을 최대한 물질화함으로써 시조 특유의 율격이나 어조 등을 직접적으로 경험할 수 있게 한다. 인지심리학에 의하면 기억에는 서로 다른 성격을 가진 세 가지 층위가 있다. 감각 기억, 단기 기억, 장기 기억이 그것이다.

이 중에서 감각 기억은 정보를 기억 장치에 입력시킬 때 가장 먼저 거쳐야 하는 관문이다. 여기에서는 적은 양의 정보를 일순간에 파지한다는 특징을 갖는데 청각 정보용의 반향기억(echoic memory)이 포함된다.[13]

시조를 소리 내어 읽는 활동은 새로운 정보로서의 시조를 접함에 있어 청각적 요소와 결부시킴으로써 시각적으로 읽고 지나가는

---

12) Ethel L. Hatchett · Donald H. Hughes, *Teaching Language Arts in Elementary Schools: A functional-creative approach*, Ronald, 1956, p.174.

13) John Anderson, *Cognitive Psychology and its Implications*, 李永愛 譯, 『認知心理學』, 乙酉文化社, 1987.

것보다 더 강한 영향력을 가질 수 있게 한다. 이는 청각적 기억으로 남아 장기 기억으로 변환될 수 있는 가능성을 높인다. 또한 눈으로 읽는 것에 비해 의미 전개의 흐름에 대한 이해를 좀 더 명료히 할 수 있다. 따라서 이러한 과정을 충분히 거침으로써 시조의 미의식을 터득한 뒤 시조 쓰기 활동을 하는 것이 효율적이다.

> 儒家에서 자라난 내가 時調를 알게 된 일은 아주 어려서였다고 생각한다. 名節이 되면 집안 누이들이 한데 모여 花歌鬪놀이를 하였다. 白鷺歌, 丹心歌, 死六臣의 作品이 朗朗한 목소리로 誦咏될 때 그 뜻을 分明히는 모르면서도 그 特異한 表現과 律調는 어린 心琴을 울렸고 孤高하고 優雅한 분위기는 나로 하여금 황홀한 世界로 이끌어 갔다. 그 感動은 尙今도 鮮明한 追憶으로 腦裏에 生動하고 있는 듯하다.(심재완 편저, 『교본 역대시조전서』 自序 중에서)

위의 인용문은 시조에 대한 음성적 경험 그 자체가 장기적인 시각에서 보았을 때 매우 중요한 교육 내용일 수 있음을 시사한다. 그 뜻을 분명히 모르면서도 청각적 영상은 강력한 힘을 발휘하며 오랫동안 남을 수 있다는 점을 환기한다.

시조 읽기에 있어서는 장단(長短)의 교체에 의한 율동성을 충분히 살리도록 한다. 시조의 율격은 엄격한 자수에 의해 결정되는 것이 아니라 이러한 장단의 흐름에서 파생된다. 즉 '3, 4, 3, 4 / 3, 4, 3, 4 / 3, 5, 4, 3'이라는 글자의 절대 수치로 제시할 것이 아니라 한 음보의 크기와 다른 음보의 크기를 비교하여 얻는 대소(大小) 관계의 일정한 규칙성[14]을 강조함으로써 학습자들이 시조의 율격적 특성을 이해할 수 있도록 해야 한다.

실제로 고시조 그리고 현대 시조 가운데 낭독함에 있어서 시조다운 유려한 느낌을 주는 것은 이러한 상대적 길이 규칙을 지키고

---

14) 김흥규, 앞의 책, pp.64~65.

있는 작품들이다. 산문 읽기에서와는 다른 율성을 빚어내는 것은 시조의 글자 수 그 자체가 아니라 그것들 사이의 관계임을 깨달을 수 있도록 교수 학습 방법을 구안하도록 한다.

이러한 내용을 효율적으로 교육하기 위해서는 작품 읽기에만 그쳐서는 안 된다. 언어의 규칙성을 잘 보여줄 수 있는 대표적인 작품을 암송해 보고, 학습자들에게 직접 시조를 써 보도록 하는 활동을 통해 더욱 강화될 수 있다.

암송 교육에 있어서 한자 표기의 문제나 어휘의 어려움 등은 부차적인 것일 수 있다. 암송은 작품을 육화(肉化)하는 행위로서, 특히 학습의 초기 단계에 해당하는 초등학교 시기에 암송한 문학 작품은 평생 자산이 될 수 있다. 따라서 그 단계에서 완전히 이해되는 내용보다는 두고두고 음미하면서 학습자의 성장과 함께 그 의미가 점차 명확해지는 작품이 암송의 대상으로서 더 가치 있다고 할 수 있다. 또한 학습자 스스로 해결하려는 의문을 포함하고 있는 작품이 암송을 할 만한 것이다.[15]

교육 목표 가운데에는 학습자가 명확히 인식하고 목표 의식을 가지고 학습에 돌입해야 하는 목표도 있지만 인식하지는 못한 채 또는 그 학습 활동 이후에 점진적으로 이루어지는 교육 목표도 있다. 암송과 같은 교육 목표가 기대하는 것은 바로 이러한 경우에 가깝다고 할 수 있다. 시조의 암송은 앞으로의 교육 목표를 위한 언어의 축적이라는 점에서 중요하다.[16]

---

15) 이러한 의미에서 고전 문학 작품을 초기에는 반드시 번역해서 제시해야 하는가에 대해 의문을 제기할 수 있다. 단지 작품의 이해를 위한 것이 아니라 암송을 하기 위한 것이라면 더욱 그러하다.

16) 암송의 교육적 중요성을 인식하여 국어교육에서 특별히 강조하고 있는 모습은 중국에서 발견된다. 학습자의 단계에 따라 암송해야 할 우수한 시문(詩文)의 수를 명시적으로 언급하고 있는 중국의 국어과 교육과정은 시사하는 바가 크다.
우리말연구소 엮음, 『외국의 국어 교육과정 1』, 나라말, 2004.

시조의 정형성은 표현 도식으로서의 성격을 갖는데 이는 기억장치에 저장되었다가 새로운 자극을 소화하는 데에 도움을 준다. 기억의 도식이 풍부한 경우 실제 표현과 이해에 있어서도 높은 수준을 보여줄 수 있다. 이러한 기억은 경험을 통해 신장된다. 시조 교육의 목표 가운데 하나는 경험을 통해 기억을 풍부하게 하는 데에 있다. 초등학교에서 암송 교육이 필요한 까닭은 당장의 실용성을 갖는 것보다 앞으로의 활용을 위한 저장고를 풍요롭게 한다는 의미가 더 강하다. 이러한 저장고는 자유시의 학습에도 도움이 되며 사회적 측면에서 보았을 때 인용할 수 있는 문화적 자산으로서의 역할을 할 수 있다. 이를 위해 시조 외우는 것 자체를 경쟁으로서 실행할 수 있다.

나. 유희성 부각하기

시조는 쉽고 즐길 수 있는 문학 형식이다. 시조를 쓰는 것은 어린이에게 공들여 만들기, 배열하기, 비교하기의 경험을 제공해 준다. 그런데 이러한 능력은 다른 사람이 쓴 것을 이해하기 위해 필요한 전제 조건이다.[17] 초등학교 단계에서 시조 쓰기는 유희적 활동으로서 이루어져야 한다. 규칙을 전제로 한 시조 쓰기는 초등학교 단계에서 언어 형식의 즐거운 경험으로 교육될 수 있다.

시조가 즐거운 문학 형식이라는 점은 정형시로서의 성격에서 비롯된다. 즉 기대와 그것의 충족 과정이 즐거움을 유발한다는 것이다. 시조 교육 방법을 구안함에 있어서 외적인 요소를 끌어오지 않는다 해도 시조 자체에 즐거움의 요소가 있으며, 이를 충분히 활용하는 방향으로 교육 방법이 구안되어야 한다. 그렇지 않을 경우 시조의 정형성은 학습자에게 부담으로 작용할 수도 있기 때문이다.

---

17) Sampson M. B. · T. V. Rasinski · M. Sampson, *Total Literacy: reading, writing, and learning*, Wadsworth, 2003, p.278.

놀이라는 형식을 통해 예측과 확인, 기대와 충족의 과정을 자연스럽게 경험하도록 한다.

시조가 갖는 음악성은 언어의 유희성이라는 측면에서 접근되어야 한다. 유희(Spiel)에 대하여 다양한 견해들이 제시된 바 있는데 이 가운데에서 성장 후의 여러 활동을 위한 유아기의 준비 운동으로 보는 '준비설'은 언어 교육에 있어서 특히 참조할 만하다.[18] 아동들은 유희를 통해 세상을 알아가며 실제 상황의 모형적 성격을 띤 유희의 틀 안에서 실험적 강화 과정을 거친다. 즉 유희 자체가 학습으로서의 성격을 갖는 것이다.

유희로서의 접근은 실제 교육의 국면에서도 유익한 접근 방식이 될 수 있다. 놀이는 어떤 행위의 영향력을 최소화함으로써 덜 위험한(less risky) 상황에 놓일 수 있게 한다.[19] 그럼으로써 실제적인 압력 아래에서보다 더 자유롭게 시도를 해 봄으로써 점차 어떤 기능을 터득(master)할 수 있게 된다.

초등학교 단계에서는 활동 지향적 즐거움이 중심이 되어야 한다. 즉 시조를 쓰거나 읽는 활동 그 자체에서 비롯된 즐거움이 주요함을 의미한다. 종장 부분 채워 넣기와 같은 활동은 시조 미학의 본질을 탐구하는 데에 적절하며 놀이의 성격을 부각시킬 수 있다는 점에서 효과적인 교육 방법이 된다.

정형시로서의 시조의 율격성은 장르 관습으로서보다는 놀이의 규칙으로서 제시되는 것이 바람직하다.[20] 규칙에 대한 인식과 그것에 맞추어 표현을 다듬어보는 데에서 느낄 수 있는 즐거움을 통해

---

18) 金文煥 編, 『美學의 理解』, 文藝出版社, 2000. p.152.

19) Jerome S. Bruner, Nature and Uses of Immaturity, in *Play: Its Role in Development and Evolution*, Penguin Books, 1978, pp.38~42.

20) 유희를 구성하는 요소에는 여러 가지가 있다. 이 중에서 유희 자체를 유지시키기 위한 요소로서 규칙성(rule)을 들 수 있다.

언어에 대한 감각을 기를 수 있도록 한다. 언어적 요소들의 규칙성과 반복성을 놀이처럼 즐기는 학습을 통해 미적 규칙성에 대한 교육이 이루어질 수 있다.

(2) 중학교 단계

가. 일인칭성 활용하기

시간적으로 거리가 있는 고전 작품에서 공감할 수 있는 감정의 요소를 발견하는 것은 매우 흥미로운 일이 될 수 있다. 과거를 타자로 치부하지 않고 나의 내면세계를 확인하고 넓힐 수 있는 존재로서의 타인을 발견하는 것은 작품을 읽는 흥미 요소로 작용하기 때문이다.

중학교 단계에서의 시조 교육은 일상적 관점에 의한 과거 이해 방법이 적절하다. 일상적 이해는 과거를 현재의 관점에서 이해하는 방식을 의미한다. 이는 텍스트와 해석자 사이에 있는 인간적 공통성을 이해의 바탕으로 삼는 것과 관련된다.

과거와 현재의 삶의 조건이 동일하다는 것은 현재로부터 해석된 과거를 미리부터 결합시키는 공통성에 기반하고 있다. 이러한 인식 태도는 현재의 체험으로도 접근할 수 있는 것만을 과거로부터 인식할 수 있게 한다. 현재의 삶과 체험의 전이해(Vorverstehen)가 과거에 대한 해석을 규정하고 한정한다.21)

이러한 인식 태도는 현재의 체험으로 접근할 수 있는 것만을 과거로부터 인식할 수 있게 한다. 그럼으로써 현재의 학습자와 해석

---

21) 하이데거는 어떤 것을 어떤 것으로 해석한다는 것은 미리 가짐(Vorhabe), 미리 봄(Vorsicht), 미리 붙잡음(Vorgriff)에 근거한 것이지 우리에게 제시된 어떤 것에 대한 전제 없이 접근하는 것이 아니라고 한다. 즉 '있는 그대로'란 것은 실제로 해석자의 자명하고 논의되지 않은 선입견에 지나지 않는다.
Martin Heidegger, *Sein und Zeit*, 이기상 옮김, 『존재와 시간』, 까치, 1998.

해야 할 텍스트 사이의 역사적 간극이 총체적으로 파악되지 못하게 한다는 한계가 있지만 과거를 친숙한 것으로 이해할 수 있게 하는 유용성이 있다.

중학교 단계의 학습자는 주변 상황과 구별하여 자신의 내면적 가치에 대해 인식하며 그것을 중요하게 여긴다. 자기만의 진실성이나 자기다움이라는 것을 보존하려는 경향을 보이는 것이다. 이처럼 자기 자신의 내적 진실성을 추구하고자 하는 것은 타인과의 바람직한 관계를 위해서 필요한 것이며 내적 충만감을 형성하는 요소이기도 하다. 중학교 단계에서 나를 아는 것은 고등학교 단계에서와 같이 문화적 배경을 전제로 한 것이라기보다는 개인적 측면에 해당된다. 자기 자신에 대해 아는 것은 문학 교육을 통해 도달해야 할 중요한 목표 가운데 하나이다.

그런데 자기를 알기 위해서는 타인의 삶에 대한 읽기 과정이 필요하다. 자기를 아는 것은 인간의 심리를 아는 것이며 그러한 의미에서 자기를 탐구하는 것은 자신의 내면으로 수렴하는 것이 아니라 외면으로 향하는 것이기 때문이다. 문학적 경험은 곧 타인에 대한 이해이자 자신에 대한 이해로 귀결되는 방향성을 가질 때 비로소 의의가 있다.

이를 위해 먼저 타인의 삶에 자신을 대입시키는 과정이 필요하다. 이 과정을 통해 학습자는 현실적 자아로부터의 해방감과 함께 새로운 자아감을 맛볼 수 있다. 이러한 존재의 가변성은 삶에 역동성을 부여하는데 이는 교육적으로 매우 가치 있는 과정이다.

자신을 타인과 구별시켜 주는 것으로서의 항존성과 자기완성의 의지로서의 가변성에 의해 인간은 보다 나은 성장을 꾀할 수 있다. 자기 자신을 안다는 것은 나를 구성하는 변하지 않는 본성을 추구하는 것이면서 한편으로는 현재의 나로부터 벗어나 숨어 있는 가능성을 실현하고 자신을 재창조하고자 하는 노력이다.[22] 문학 경험 그리고 시조 경험은 타인의 삶에 대한 이해를 통해 자신의 가능태를 실험해 보는 데에 있다.

시조에서의 일인칭성은 타인에 대한 대입이 보다 직접적으로 이루어질 수 있도록 한다. 해석은 작가의 삶에 깊이 파고들어 가서 끊임없이 탐구함을 통해 고조되는 친화성에 의거하는데 일인칭성은 이를 보다 효율적으로 이루어질 수 있게 하기 때문이다. 따라서 시조의 일인칭성을 중심으로 작가에 대하여 탐구하는 과정을 교수 학습 방법으로 구안할 필요가 있다. 시조의 체험시적 성격과 실제성을 부각시키는 것이 유용하다.

문학에 대한 이러한 인식은 더 높은 단계에서는 발전적으로 변화한다. 시에서 화자는 시적 형상화를 위해 작가에 의해 선택되는 중요한 장치의 역할을 하는 것으로 주제의 전달을 위해 작가와는 다른 화자를 내세우는 등 다양한 변용을 가할 수 있는 요소이다. 시조에서 보이는 시적 화자와 작가의 일치 경향은 문학적 기법의 측면에서는 세련된 것이 아닐 수도 있다. 그러나 문학에 의한 사회화의 초기 단계에 놓여 있는 학습자에게 있어 이러한 성격은 교육적으로 활용될 수 있는 자질이 된다.

과거의 효용성 가운데 하나는 현재를 친숙한 것으로 여기게 한다는 점에 있다. 이는 달리 말하면 삶의 보편성에 대한 감각을 뜻한다. 즉 분편화되고 단절된 것으로서의 삶이 아닌, 과거로부터 확인할 수 있는 인간의 보편성에 도달하는 것을 의미한다. 이러한 보편성의 감각은 타인의 내면에 대한 깊이 있는 이해가 선행될 때 가능해진다.

---

22) 임경미, 「스땅달의 글쓰기와 자기 탐구」, 서울대학교 대학원, 1997.

나. 토론적 의사소통 활성화하기

피아제는 청년기의 사고 특징 중의 하나는 가능성이 실재를 지배하는 것이라고 주장한다. 청년기에 들어서면 상황에 내재해 있는 가능성을 생각하며, 자료에 대한 여러 가지 해석이 가능하며, 또 이미 실제로 발생한 것은 수없이 많은 가능성 가운데 한 가지에 불과하다고 생각하게 된다. 피아제는 이러한 사고 능력을 형식적 조작, 즉 가설 연역적으로 사고할 수 있는 능력으로 보고 있다.[23]

중학교 단계에서는 전문가의 설명을 제공함으로써 해석의 절대성을 추구하기보다는 자신과 또래 집단과의 의견 교환을 통해 상대적 해석의 풍부함을 의도하는 것이 더 바람직하다. 또한 타인과의 토론을 통해 해석이 자신의 면모를 반영한다는 것을 깨닫게 한다.

청소년기에는 자신을 타인과 비교하여 대상적(對象的)으로 파악하게 되고 정신적, 내면적인 자기(自己)가 생긴다.[24] 토론은 작품에 대하여 타인이 어떻게 생각하는가를 알게 해 주는 효용성과 함께 타인과의 비교에 의해 자신의 해석 경향을 보다 분명하게 알려준다는 가치를 갖는다. 학습자는 토론을 통해 자신의 일반적인 성향, 가치 그리고 신념들을 탐색할 수 있는 기회를 제공받음으로써 한편으로 그것을 강화하거나 변화시키려는 노력을 기울일 수 있게 된다.[25] 커뮤니케이션으로서의 문학의 본질은 작가와 독자 사이뿐

---

23) H. Ginsburg · S. Opper, 『피아제의 지적발달론』, 성원사, 1984, pp.271~272.

24) 청년기 심리학에 의하면 열등감이나 자기혐오를 느낀다든지 반대로 자기의 세계를 최고의 것으로 여겨 어른의 세계를 부정하고 자신의 세계 속에 틀어박히려고 하는 경향을 보이는 것은 내적 인식 분화라는 동일한 발달 특성에서 비롯된다. 이러한 성향은 청년 후기에 이르면 사회의 현실에도 눈이 돌려지며 부정하고 있던 현실과도 화해한다. 어느 정도 자기가 객관적으로 파악되며 안정적인 심리 상태에 이르게 된다. 또 사회적 관심이 강하고 정치적인 사상에 접하면 사회혁신의 정열을 마음에 품게 되지만 대부분은 다원상대론에 기운다.
조숙자, 「아동·청년의 자아의식의 발달에 관한 연구」, 이화여자대학교 대학원, 1983, p.8.

25) 토론은 참가자의 태도 변화 및 발달을 이끄는 데에 긍정적인 역할을 한다. 주제에 대한 자신의 의견, 감정, 행동의 경향 등을 말하는 과정에서 학생들은 주제에 대한 자신의 태도를 분명히 하게 되기 때문이다. 만약 토론 대상에 대한 어떠한 태도도 갖지 않은 상태였다면, 다른

만 아니라 독자와 다른 독자들 사이에서도 파악된다. 문학의 소통적 본질을 다층적으로 활용할 필요가 있다.

형식적 조작기의 초기인 중학교 단계에서의 시조 교육은 개성적이고 독창적인 성취를 이룬 작품을 대상으로 하여 자신과 타인의 내면을 탐구하는 활동에 중심이 놓여야 한다. 이를 위해서는 해석의 개방성과 더불어 애매성에 대한 참을성, 해석의 다양성이 의미 있다는 것에 대한 끈기 있는 인식이 요구된다. 가설적이고, 인내심 있으며 상상적일 것을 작품 수용자로서의 학습자에게 요구하는 것이다. 발달이란 복잡성에 대한 관용 또는 열린 마음과 같은 자질의 상태와 관련된 것이기 때문이다.

중학교 단계에서 발달하는 새로운 능력인 상대성(relativity)에 대한 인식은 작품 수용에 있어서 개인적 기준을 중시하게 만든다. 작가의 내면적 주관성을 인식한다는 것은 다른 감상자의 주관성을 인정한다는 것을 내포하는 것이기 때문이다. 따라서 어떤 누구의 관점도 절대적인 의미에서 반드시 정확하거나 정당화되지는 않는다. 타인의 관점도 자신의 것만큼 정확할 수 있다. 토론은 하나의 정해진 해석으로 모으기 위한 것이 아니라 다른 사람의 관점을 추론하고 다른 사람의 관점에서 보이는 자신의 행동과 동기에 대해 숙고함으로써 자신에 대한 이해를 활성화하기 위한 방법으로 구안되어야 한다.

작가의 의도는 작품의 의미에 대한 길잡이가 될 수는 있지만 그것은 또한 감상자의 경험에 의해 대체될 수 있다. 이 단계에서는 자신의 경험에 대단히 흥미를 보이는 경향이 있다. 전문가의 설명

학생들이 저마다 자신의 태도에 대하여 언급하고 방어하는 것을 보면서 자신의 태도를 형성하고 원칙을 발달시키게 된다. 이처럼 토론적 의사소통은 학습자들의 자아 개념과 더 나아가 자기 존중감을 강화할 수 있다.
Joyce P. Gall · Meredith D. Gall, Outcomes of the Discussion Method in *Teaching and Learning through Discussion*, Charles C. Thomas, 1990, pp.24~44.

보다 자신의 느낌이 작품의 표현에 더 다가가게 만드는 역할을 하며 더 중요하게 여겨진다.

작품 수용에 있어서 개인적 반응의 궁극성을 주장하는 이해 방식은 중학교 단계의 학습자들이 갖는 특성이자 한계이기도 하다. 대상에 대한 조망 수용 능력이 사회적, 상징적 수준에까지 이르지 못한 것에서 기인한 것이다. 그러나 이러한 이해 방식은 한계로만 지적되기보다는 더 높은 이해 방식으로 나아가기 위한 전 단계로서 간주되어야 한다. 이 단계에서 감정(feeling)이나 정서, 상상력 등과 같은 요소가 충분히 부각되어 교육됨으로써 이러한 목표는 달성될 수 있다.

(3) 고등학교 단계

가. 현재의 맥락 전경화하기

고등학교 단계에서는 맥락적 과거 이해 방법을 활성화하여 시조 교육이 이루어질 수 있도록 한다. 맥락적으로 과거를 이해한다는 것은 과거의 맥락을 존중하되 그것의 현재적 관련성을 중심으로 파악하려는 이해 방식을 의미한다.

이러한 이해 방식은 정체성 형성을 주요한 과제로 삼고 있는 고등학교 단계의 학습자에게 적절하다. 정체성은 현재에 대한 이해와 함께 과거와의 관련성에 대한 이해를 필요로 하기 때문이다. 역사 의식은 '과거의 과거성에 대한 인식뿐만 아니라 과거의 현재성에 대한 인식도 포함하여 시간 속의 자기 위치, 즉 자기의 현재성을 가장 예민하게 만들어 주는 것'이다.[26]

존재론적 해석학에 따르면 이해는 삶을 살아가는 인간의 근원적

---

26) T. S. Eliot, 崔鍾壽 譯, 『文藝批評論』, 博英社, 1974, p.13.

인 존재방식이며, 그것의 의의는 외부 대상에 대한 객관적인 파악에 있기보다는 자아의 성찰과 자기교육에 있다.[27] 과거를 맥락적으로 이해한다는 것은 삶의 방식이 무한할 수 있으며 현재는 그 가운데 하나라는 인식, 즉 현재의 유한성을 이해하는 태도와 긴밀한 관련이 있다. 따라서 맥락적 이해는 교육 방법으로서만이 아니라 그 자체로 교육의 목적이 될 수 있다.

이를 위해 학습자가 처해 있는 현재의 맥락을 전경화(前景化)하는 것이 필요하다. 골드만은 사실을 이해하는 데 사회적 영향을 깊이 받는다는 점을 지적하면서 오히려 그 영향을 제거하는 것이 중요한 것이 아니라 반대로 그것을 의식화(意識化)시키는 것이 필요하다고 주장한다.[28] 이를 통해 현재의 고정 관념과 통념으로부터 자신을 해방시키는 한편 자기 자신을 성찰의 대상으로 삼을 수 있게 된다. 헤겔이 말한 바 있는 '자연성의 지배로부터의 해방'인 것이다.[29] 이는 낯선 것을 본질적으로 자신과 동일한 것으로 여길 수 있게 하며, 그것이 자신에 속한 것이기도 하다는 것을 통찰할 수 있게 하는 가교 역할을 한다.

현재의 문화와 시대정신이란, 역사성에 비추어 보았을 때 일종의 편견일 수 있다. 교육은 지식이나 기능을 획득하는 것 이상으로 인간이 자신의 인식적 한계를 극복할 수 있게 도와줄 것을 요구받는다. 학습자들은 과거의 것을 통해 자신의 취향, 의견, 감정, 편견 등을 검증하고 그것을 넘어설 수 있어야 한다.

---

27) 徐用錫, 「解釋學的 經驗으로서의 理解의 意味」, 서울大學校 大學院, 2005, pp.3~4.

28) Lucien Goldmann, *Sciences humaines et Philosophie*, 김현·조광희 공역, 『인문과학과 철학: 사회과학이란 무엇인가』, 문학과지성사, 1991, pp.52~53.

29) 의식은 이 해방을 통해서 자신을 규정하는 자연성을 단순히 부정하는 것이 아니라, 의식을 규정하는 전체 상황이 실제로 무엇인가를 파악함으로써 정체를 꿰뚫어 볼 수 없었던 통념들에 의해 제약되던 상태에서 벗어난다.
Werner Marx, 장춘익 옮김, 『헤겔의 정신현상학』, 서광사, 1991, pp.33~34.

교육에서 중요한 것은 학습자로 하여금 자신의 삶에 대해 물음을 던질 수 있게 하는 것이다. 그것은 자기에게 이미 형성되어 있는 선입견이나 전 이해(前 理解)를 정당화하는 것이라기보다, 세계와 만나는 여러 가지 다른 방법과 서로 다른 삶의 선택방식에 대한 앎을 육성하는 것이다.[30]

현재의 맥락을 전경화하는 것은 그것에 거리를 두고 바라보는 것을 의미한다. 학습자에게 친숙한 현재의 맥락에 거리를 둘 수 있게 하는 것은 낯선 것으로서의 과거에 의해서 가능해진다. 시조는 과거에 속하는 것으로 그 자체가 현재의 학습자에게 낯섦을 제공해 주는 가치를 가지고 있다. 이러한 낯섦은 상상을 활성화하는 기능을 한다. 또한 사상을 좀 더 단순화하여 쉽고 명료하게 인식할 수 있게 하는 힘을 과거는 지니고 있다.

경험의 집합체로서의 과거는 또한 현재의 관심을 반향시키고 증폭시키기 위한 공명판으로 작용할 수 있다. 이를 위해 과거를 그 당대의 맥락에서 복원하여 이해하려는 과정이 필요하다. 변증법적 경험이란 타자 속에서 자기 자신이 가상에 지나지 않는다는 것을 반성을 통해 밝혀내는 가운데 하나의 사유 단계에서 다음의 사유 단계로 이행하는 의식의 자기 반전 운동이다. 여기에는 지평의 수정과 타자 안에서 자기를 재발견하는 과정이 뒤따른다. 즉 자신의 정체성을 재정의하는 일이 수행된다.

나. 해석의 객관성 추구하기

가다머는 이해를 주관적으로 파악하기를 거부하고 주체와 객체의 구분을 초월하는 것으로서 이해하였다. 그는 이러한 초월이 인간 삶 그 자체의 원래적 특징과 부합한다고 보았다. 또한 현존재란 필연적으로 타자에 대한 관계 및 과거와 미래에 대한 관계를 모두

---

30) 이지중, 『교육과 언어의 성격』, 문음사, 2004, p.72.

포함하는 것이므로, '이해는 한 개인의 주관적 활동으로 생각되어서는 안 되며, 과거와 현재가 끊임없이 혼용되는 전통이라는 과정 속에 자신을 위치 짓는 것으로 생각되어야 한다.'고 보았다.

이해가 객관적일 수 있는 근거는 이해란 전통과의 관계라는 사실로부터 얻어진다. 전통과의 관계란 과거의 사고를 단순히 기계적으로 전승한다는 뜻이 아니라 우리가 우리들 스스로의 의도라는 맥락 속에서 과거를 능동적이고도 변형적으로 획득한다는 의미이다. 따라서 이해는 항상 과거와 현재라는 두 지평의 혼용이다.[31]

중학교 단계에서 작품에 대한 해석을 개인의 특성에 따른 독자성이라는 기준으로 접근했다. 고등학교 단계에서는 이러한 해석을 규정하는 사회적이고 역사적인 조건에 대한 이해를 유도해야 한다. 해석은 '기본적으로 혼자서 반복적으로 경험해 보는 감정 이입'이 아니라 '상호작용을 통하여 학습된 의사소통에의 참여'라는 관점이 필요하다.

이를 통해 과거와 현재의 교차로서의 학습자의 현 지점에 대한 감각을 민감하게 할 수 있다. 즉 다양한 해석을 그 자체로 수용하는 것에서 더 나아가 개인적인 것 같아 보이는 해석을 결정하는 영향사적 요인, 그리고 무수히 다양할 것 같은 해석이 사실은 일정한 경향성 속에 포함된다는 것을 인식하도록 한다. 이를 통해 학습자 자신의 인식적 기반에 대해 겸허한 태도를 지닐 수 있으며 과거의 삶으로써 열려질 수 있는 현재의 잠재된 가능성에 대하여 사고할 수 있다.

이것은 자신의 개별성을 극복하고 더 나아가서는 타자의 개별성도 극복하여 한층 더 높은 보편성으로 고양되어 가는 것을 의미

---

31) Alex Callinicos, *Making History: Agency, Structure and Change in Social Theory*, 김용학 역, 『역사와 행위』, 사회비평사, 1997, pp.170~171.

한다. 가다머는 이를 지평의 획득이라는 말로 표현했다. 지평을 획득한다는 말은 이해하는 사람이 갖추어야만 할 특별히 멀리 봄(Weitsicht)을 표현하는 것으로서, 자기에게 가까운 것 그리고 너무 가까운 것을 넘어서 보는 법을 배운다는 것을 뜻한다. 지평의 획득은 결코 자신을 배제하는 것이 아니고 자신을 더 큰 전체 속에서 그리고 바른 기준에서 더 잘 보게 하는 것이다.[32]

고등학교 단계에서는 해석의 다양성을 인정하는 것에서 그치기보다는 해석이 어떠한 점에서 객관적일 수 있는지에 대해 인식하고 자신의 해석을 객관화하려는 노력을 추구해야 한다. 시조 작품이 어떠한 수용의 역사를 가지며 현재에 이르렀는지를 아는 것 그리고 전문가의 비평문들을 활용함으로써 이러한 해석이 효율적으로 이루어질 수 있다.

이는 작품을 한 개인의 독특하고 주관적인 경험의 산물로 파악하는 수용 방식에 비해 진전된 것으로서, 작품에 대한 이해는 객관화될 수 있음을 전제한다. 즉 한 작품에 대한 판단은 개인들마다 차이를 보일 수 있지만 그러한 판단의 근거에 대해서는 동의를 할 수 있다는 것을 전제로 한다. 이러한 인식은 작품의 수용이 사람에 따라 다를 수 있다는 것에서 더 나아가 단계가 높아짐에 따라 객관적 수용이 가능해진다는 점을 인식하고 있음을 말해 준다.

작품에 대한 반응이 개인 특유의 것이며 그것의 정확성에 의문을 갖지 않던 중학교 단계와는 달리 작품에 대한 비평이 인식의 길잡이로서 유용함을 알게 되며, 미적 판단이 합리적이고 객관적일 수 있음을 이해하도록 한다. 즉 작품에 대한 해석 행위는 작품에 대한 다양한 관점들을 관련시키고 그럼으로써 하나의 전체를 구성하려는 시도로 이해되어야 한다.

---

32) O. 푀겔러 엮음, 박순영 옮김, 『해석학의 철학』, 서광사, 1993, pp.186~187.

3. 평가 방법

평가를 하는 목적은 네 가지 정도로 요약된다. 미래의 학습을 지원하기 위해 진전 상황을 교사와 학습자에게 송환하는 '형성의 기능(formative)', 어떤 기간 중의 한 지점 또는 학교 교육을 마치는 시점에서의 학생이 도달한 수준에 대한 정보를 제공하는 '총괄의 기능(summative role)', 권한에 의해 선발의 방법을 제공하는 '검정의 기능(certification role)', 개인과 기관의 효율 또는 질에 관한 판단의 토대가 되는 정보 제공에 기여하는 '평정의 기능(evaluation role)'이 그것이다.[33]

이 가운데에서 교수 학습의 향상을 목적으로 하는 평가의 형성적 기능이 교실 평가(classroom assessment)에 있어서는 일차적인 중요성을 갖는다. 이는 평가가 학습을 지원하는 것이어야 하며, 그 자체로 의미 있는 학습 경험이어야 한다는 현대적 평가관과 관련된다. 교육 결과의 평가가 아니라 교육을 위한 평가이어야 한다는 관점의 영향을 받아 형성평가에 대한 관심이 부각되고 있는 최근의 평가 경향[34]도 같은 맥락에서 이해될 수 있다.

본고는 이러한 관점에서 시조 교육의 평가를 설계하고자 한다. 즉 교육 목표와 학습자의 현재 상태 사이의 틈을 줄이기 위한 일련의 과정으로서 평가의 성격을 규정하고 구체적인 평가 방법을 구안하려는 것이다.

평가는 교육된 내용의 총체적인 국면이 포함되어야 하며 가시적으로 관찰할 수 있는 방법적 구안이 요청된다는 조건을 만족해야

---

33) David Lambert · David Lines, *Understanding Assessment: : Purpose, Perceptions, Practice*, RoutledgeFalmer, 2000, p.4.

34) Paul Black · Dylan Williams, Assessment and classroom learning, in *Assessment in Education 5*, Routledge, 1998.

한다. Hauenstein은 기존의 교육목표 분류학에서 구분되어 온 인지적, 정의적, 심동적 영역을 통합하여 행동적 영역을 설정하였는데 이는 단시(單時) 수업 목표를 진술하는 것뿐만 아니라 학습자의 학습 수준을 식별하는 데에도 유용하다.[35) 본고는 이러한 관점을 취하여 시조 교육의 평가 방법을 설계하고자 한다.

행동적 영역은 획득(acquisition), 동화(assimilation), 순응(adaptation), 수행(performance), 포부(aspiration)로 구성된다.[36) 이들은 서로 다른 행동적 수준이라고 할 수 있는데, 학습자를 평가하기 위해서는 이러한 행위 유형의 수준과 함께 교육 내용의 난이도를 결합하여야 한다. 획득이라고 하더라도 그것이 대상으로 하고 있는 교육 대상의 위계성에 따라 그 수준이 달라지기 때문이다.

또한 효율성이라는 점에서 평가 과제의 구안에 있어서 통합성[37) 을 국어교육 평가에 있어서 바람직한 방향으로 고려할 필요가 있다. 말하기, 듣기, 읽기, 쓰기, 문학, 국어지식과 같은 국어교육의 영역 간 통합만이 아니라 교육 내용 요소 사이의 통합도 가능하다. 본고에서는 지식, 수행, 경험, 태도에 해당하는 교육 내용이 통합되는 방식으로 평가 과제를 구안하도록 한다.

---

35) A. Dean Hauenstein, *A Conceptual Framework for Educational Objectives: A Holistic Approach to Traditional Taxonomies*, 김인식 외 공역, 『신 교육목표 분류학』, 교육과학사, 2004. pp.164-167.

36) 획득 : 수용하기, 개념화, 지각
   동화 : 반응하기, 이해, 시뮬레이션
   순응 : 가치화하기, 적용, 적합화
   수행 : 신뢰하기, 평가, 산출
   포부 : 행동화하기, 종합, 숙달

37) 최미숙, 「국어교육 평가의 원리와 실제: '통합'의 원리를 중심으로」, 『국어국문학』 126, 국어국문학회, 2000.

(1) 초등학교 단계

시조를 처음 접하게 되는 시기인 초등학교 단계에서는 시조에 대한 개념 획득 여부의 판단과 수행의 요소를 결합하여 평가한다. 시조란 어떤 것인지를 구별할 수 있는 개념을 갖고 있으며 실제 작품을 통해 분간할 수 있는 능력은 이후의 학습을 위한 기초가 되는 것이므로 평가를 통해 확인해야 할 사항이다.

시조 쓰기는 지식과 수행을 통합함으로써 시조 형식에 대한 개념 획득 여부를 관찰 가능한 행동 영역으로 나타낼 수 있게 한다. 또한 시조를 쓰고 난 뒤의 느낌을 표현하게 함으로써 시조에 대한 흥미 정도를 함께 살펴볼 수 있는 평가 문항을 구안할 수 있다는 이점이 있다.

시조 쓰기 활동에 대한 평가를 할 때에는 단순히 정오(正誤)를 판별하여 알려 주기보다는 직접 낭송하는 기회를 제공함으로써 잘된 점과 그렇지 못한 점을 학습자가 깨닫고 스스로 고쳐 써 볼 수 있도록 유도하는 것이 바람직하다. 이는 평가 역시 학습의 연장이며, 측정 그 자체보다는 교수 학습으로 송환될 수 있는 자료의 수집에 중점을 두려는 현대의 평가관[38]과 부합한다.

이러한 점을 고려하여 평가를 별개의 활동으로 설정하기보다는 교수 학습과 연계되어 이루어질 수 있도록 하는 것이 바람직하다. 즉 교수 학습의 시기와 평가가 일어나는 시기를 밀착시킴으로써 목표의 성취를 쉽게 확인하고 이를 즉시 송환함으로써 교수 학습에 도움이 되도록 한다. 또한 학습자로 하여금 학습해야 할 과제의 유형이 어떠한 것인지를 명확히 이해할 수 있게 한다.

경험에 대한 평가는 '오우가' 패러디하기를 통해 이루어질 수 있

---

38) 강승호 외, 『현대 교육평가의 이론과 실제』, 양서원, 1996, p.47.

다. 이때 패러디는 원작에 대한 비판보다는 모방의 측면을 강조하는 방향으로 이루어지는 것이 바람직하다. 반드시 자연물일 필요는 없으며 주변 인물 등을 포함할 수 있다는 점을 제시하여 소재 선택의 어려움을 줄여 준다.

이러한 평가 활동을 통해 학습자들의 도덕적 관심을 고취시킬 수 있으며 연시조 형태의 시조 쓰기를 통해 좀더 다듬어진 시조 쓰기 능력을 평가할 수 있다. 즉 지식 요소와 수행 요소 그리고 경험과 태도 요소가 결합되어 작용한다. 평가 항목은 선정한 대상이 도덕적으로 바람직한 것인지 그리고 연시조의 규칙성을 지키고 있는지 여부가 된다.

(2) 중학교 단계

중학교 단계에서는 다양한 인간상, 표현의 참신성을 경험해 볼 수 있는 방향으로 시조 교육이 이루어졌다. 초등학교 단계에 비해 그 폭이 넓고 다양한 작품들 가운데 선호하는 작품을 골라 그 이유가 드러날 수 있는 해석 텍스트를 써 보게 하는 활동을 평가문항으로 구안할 수 있다.

'선택'은 인간의 행동을 결정하는 실천적인 특성을 갖는 '더 좋아함'이라고 규정할 수 있다. 단순한 '좋아함'에 비해 '더 좋아함'은 관계적 감정으로서 그 안에 많은 선행적인 연관들이 작용하고 있다.39) 이러한 의미에서 좋아하는 시조를 선택하는 행위에는 시조에 대한 선호와 가치 판단이 적극적으로 개입되게 마련이다.

또한, 좋아하는 시조에 대한 '감상문을 쓰는 것'은 느낌의 단계에서 이루어진 선택을 설명하는 사고 과정을 거쳐 언어적 소통으

---

39) 박찬영, 「더 좋아함에 대하여」, 『철학과 현상학 연구』 7, 한국현상학회, 1993, p.275.

로 타인에게 선언하는 것이다. 따라서 자신이 선택한 가치를 명료
화하여 인식하는 과정이라고 할 수 있다.[40] 가치 개념에 있어서 가
장 우선되는 것은 '가치 있어 함'이며, 가치 있어 함이 반성적으로
의식된 것이 가치 판단이라는 점[41]에서 이러한 일련의 과정은 시
조 작품에 대한 수용자의 가치 판단을 의식화하여 다루는 것이라
고 할 수 있다.

  이처럼 대상에 대한 선호도를 밝히도록 하는 것은 대상에 대한
특별한 주목을 요구한다. 작품에 대해 객관적 설명을 하는 것과는
달리 자신이 좋아하는 이유를 밝히는 것은 자아를 전면적으로 드
러내는 행위이기도 하다. 그러면서도 정답 여부에 크게 구속받지
않는 취향의 범주에 속한다는 인식에 의해 보다 자유로운 의견 개
진이 가능해진다. 따라서 이러한 평가문항은 개성과 독창성을 중시
하는 중학교 단계의 학습자 특성과 조화를 이룬다.

  어떤 작품을 좋아하거나 싫어한다고 말하는 행위에는 가치 평가
가 전제되어 있다. 다른 작품에 비해 어떤 작품을 좋아한다는 것은
그것을 통해 새롭게 발견한 가치가 있기 때문이다. 그것은 인지적
측면과 정의적 측면에 걸쳐 있는 것이며, 표현적인 것일 수도 있고
작품의 주제나 세계관과 관련되는 것일 수도 있다. 즉 지식, 수행
그리고 경험의 영역에 해당하는 교육 내용을 포괄하여 평가할 수
있게 된다.

  또한 좋아한다는 것은 대상에 대한 태도와 관련된 것이므로 태
도 항목을 측정하는 데에도 유용하다. 특히 작품에 대한 해석 텍스

---

40) 가치명료화 이론에서는 인지적 측면과 관련된 가치화의 과정으로 '자유로이 선택하기', '여러
   대안으로부터 선택하기', '결과를 고려한 후에 선택하기'를 들고 있으며 정의적 측면과 관련
   된 가치화의 과정으로 '존중하고 소중히 여기기', '다른 사람에게 공언하기'를 들고 있다.
   Jack R. Fraenkel, 송용의 역, 『가치탐구 수업을 어떻게 할 것인가?: 가치교육의 분석적
   접근』, 교육과학사, 1996, p.53.
41) 유호종, 「가치판단 방법의 정당화에 대한 연구」, 서울대학교 대학원, 1993, p.53.

트를 쓰는 과정을 통해 해당 가치에 대한 확신과 신뢰성이 부각되어 나타날 수 있다. 이로써 중학교 단계에서의 시조 교육의 목표인 개성적 타자를 통한 자기 탐구가 이루어진 정도를 간접적으로 측정할 수 있게 된다.

이처럼 해석 텍스트를 쓰는 것은 분석, 가치 평가 그리고 생산이 결합된 평가 과제로서 복합적인 학습 결과를 측정하는 데에 매우 유용하다. 그렇지만 학습자의 반응이 무제한적으로 열리는 것을 방지하기 위해서 단서를 함께 제시할 필요가 있다.[42] 즉 작품의 어떠한 점 때문에 좋아하는지를 분명히 밝히도록 함으로써 반응의 범위를 제한하며 학습자가 수행해야 할 과제의 성격을 분명히 하도록 한다.

평가는 학습자의 강점과 약점을 진단할 수 있는 것이어야 하며, 건설적으로 비판적이어야 한다.[43] 소집단 토론에 동료 평가의 성격을 가미함으로써 해석의 활성화를 꾀하되, 타인의 해석에 대하여 개방적이고 생산적인 것이 될 수 있도록 평가 과제를 구안한다.

(3) 고등학교 단계

고등학교 단계에서의 시조 교육 평가는 주로 문화에 대한 메타인지 능력을 중심으로 구안한다. 이를 위해 시조의 초장은 정해 주고 중장과 종장을 완성해 보도록 하는 평가문항을 구안할 수 있다. 그리고 동료들의 것과 비교해서 우수작을 소집단별로 뽑도록 한다. 이 때 유의사항은 내용 자체의 우수성뿐만 아니라 시조다운 느낌이 드는 것은 어떤 것인지를 고려해 보도록 하는 것이다.[44]

---

42) Norman E. Gronlund, *Assessment of Student Achievement*, Pearson Education Inc., 2006, pp.116-118.
43) David Lambert · David Lines, 앞의 책, p.107.

소집단별로 선정된 우수작은 학급 전체의 우수작 선정 과정을 거치도록 할 수도 있다. 이러한 과정을 통해 시조의 문화적 문법에 대한 감각을 점검할 수 있다. 이는 최상위 목표인 숙달에 해당하는 평가 문항이라고 할 수 있겠다.

평가가 학습에 기여하는 바 가운데 하나로, 학습한 것을 보존 (retention)하거나 전이(transfer)하는 것을 들 수 있다.[45] 일반적으로 이해, 적용, 해석의 수준에 해당하는 학습은 단순한 회상(recall) 수준의 학습에 비해 더 오래 지속되고 더 큰 전이적 가치를 갖는다. 따라서 평가에 이처럼 복합적인 학습 과정을 포함시킴으로써 그것의 중요성에 주의를 기울일 수 있게 하며 목표로 하는 기술, 적용, 해석에 있어서의 실제를 강화한다. 이처럼 평가는 교수 활동에 대한 보완으로 기여할 수 있으며 그럼으로써 학습이 학습자에게 더 지속적일 수 있게 한다.

시조의 한 부분을 제시하고 시조 한 편을 완성하라는 과제는 주어진 부분에 대한 해석과 그것을 적용하여 새로운 텍스트를 산출하는 복합적인 과정을 요구한다. 이러한 과제를 수행하는 과정을 통해 더욱 지속적인 학습이 이루어질 수 있다.

한편, 고등학교는 공통 교육 기간으로서는 최상위 단계라는 점에서 시조 교육의 평가도 '포부' 수준을 판단하는 방향으로 구안해 볼 수 있다. 포부는 지식을 종합하고 기능의 완전습득을 추구하고 이것을 행동으로 나타낼 수 있는 능력을 뜻한다.[46] 포부 수준에서는 높은 수준의 기능, 가치, 태도와 높은 수준의 민감성, 전문지식, 창조성과 지혜를 획득하려고 한다. 또한 대상에 대한 객관적 정보만

---

44) 일반적인 의미에서 좋은 시라고 할 수 있지만 좋은 시조라고 할 수는 없는 경우가 있기 때문이다.

45) Norman E. Gronlund, 앞의 책, p.10.

46) A. Dean Hauenstein, 앞의 책, pp.166-167.

이 아니라 자신에 대한 인식이 개입됨으로써 포부를 밝힐 수 있다.

고등학교 단계는 초등학교에서부터 이루어진 시조 교육을 종합적으로 점검해 볼 수 있는 시기이다. 고등학교에 이르면 교과서나 그 외의 방법을 통해 그동안 접해 온 시조 작품의 수는 상당한 양에 이를 것이라는 점에서 시조 암송을 평가해 볼 수 있다.[47] 이는 문화 정체성 교육으로서의 목표가 강조되는 이 단계의 특성과도 부합한다.

즉 시조 암송은 단시 수업 목표의 확인이라는 측면보다는 지금까지의 교육 성과를 총괄적으로 확인하는 한편, 이 단계에서 성취해야 할 과제로서의 성격을 갖는다. 이러한 평가 방법은 그 자체가 교육적 성격을 강하게 갖는 것으로서, 학습자에게 장기 목표를 제공해 주는 역할을 한다. 또한 학습한 내용을 실생활에 적용하려는 동기를 부여함으로써 학습 의욕을 고취할 수 있는 평가 방법이다.

시조 암송은 자기 평가적 성격을 가미하여 누적적으로 이루어질 수 있도록 한다. 자기 평가는 학습자들이 스스로의 상위 인지를 활용하여 자신의 지식과 능력을 평가함으로써 학습자들은 자신이 세운 목표와 관련하여 평가할 수 있게 한다. 이러한 평가는 학습자 자신이 학습하고 경험한 바를 스스로 정리하고 확인하는 기회를 제공해 주며, 능동적으로 자율적으로 교육 과정에 참여하는 주체로 학습자를 키운다.

자기 평가적 성격을 가미한 시조 암송 평가는 시조에 대한 문학사적 지식과 수행, 경험 그리고 태도를 복합적으로 확인할 수 있다

---

47) 이러한 점에서 평가론은 교재 구성 및 활용의 방향과 긴밀한 관련이 있다. 평가 제도가 오히려 학교 교육의 파행성을 야기하기도 하였음을 예로 들어, 학습자들이 우리 문학사의 대표적인 작품을 학습할 수 있기 위해서는 평가 제도의 변화가 필요하다는 점을 역설한 논의를 참고할 수 있다.
윤여탁, 「문학교육의 방법론과 입시 제도」, 『민족문학사연구』 12, 민족문학사학회, 1998, p32.

는 이점이 있다. 고등학교 단계에서는 여타의 지식과 경험 교육 내용들을 자신의 정체성과 관련된 문화 요소를 중심으로 인식할 수 있는 능력을 평가하도록 한다. 여기에는 관련시키기, 관련 요소들 사이의 법칙성이나 공통성을 추론하기 등의 활동이 요구된다. 태도의 구성 요소인 인지적 측면이 포함되어 측정될 수 있다.

평가의 유의 사항으로는 암송이 강제적인 것으로 부과되어서는 안 된다는 것이다. 암송은 시조에 대한 태도와 포부 수준을 평가할 수 있는 좋은 방법이기는 하지만, 태도를 구성하는 인지적 요소로서 가치 인식하기[48]가 선행되어야만 한다. 즉 시조를 암송할 만한 가치 있는 것으로 이해하고 있는가에 대한 점검이 선행되어야 하는 것이다.

지금까지 살펴본 시조 교육의 평가 방법은 교수 학습과 평가가 긴밀한 관계 속에 놓여야 한다는 관점 하에 설계되었다. 이러한 방향성을 가질 때 교육의 결과를 일회적으로 측정하고 끝나버리는 평가를 지양하고 교수 학습을 향상시키는 데에 기여할 수 있게 된다.

이상에서 본고는 시조 교육의 위계화를 크게 학교급별 교육 내용과 구체화된 교육 방법의 측면에서 논의하였다. 위계화 연구는 각 단계에서 다루어져야 할 교육 내용이 차별화될 수 있어야 한다는 당위와 그러면서도 각 단계의 특성을 과장하지 않는 방향으로 이루어져야 한다는 원칙 사이의 조율을 필요로 한다. 또한 학습자의 특성과 교육 공동체의 요구를 조화시켜 반영할 수 있어야 한다.

본고에서는 위계화에 관여하는 주요 요소로 학습자의 발달 수준과 흥미 요소를 설정하여 논의를 전개하였다. 이는 교육이 학습자

---

48) 태도의 인지적 측면은 그것이 주는 이익이라는 말로 표현되기도 한다.(Boninger, 1995) 시조의 경우 미적 경험의 측면, 인성적 측면, 사회문화적 측면, 심리적 측면, 교양적 측면에서 고찰할 수 있다.

의 특성을 존중하되 궁극적으로는 그 수준을 넘어설 수 있도록 하는 활동이라는 관점에 의한 것이다. 특정 요소에 대해 흥미를 보인다는 것은 그 요소에 대한 발달이 완벽하게 이루어졌다는 의미가 아니라 그것에 대한 의미 있는 발달이 시작될 수 있는 시기가 되었음을 의미한다. 그리고 여기에서 교육의 역할은 중요해진다.

제2부
고전시기의
경험교육적 탐색

제1장
충절가(忠節歌), 무엇을 어떻게 경험해야 할까

1. 왜 충절가(忠節歌)인가

이 장에서는 고전시가를 경험하는 것이 학습자의 성장에 있어서 어떠한 의의를 갖는지에 대하여 논의하고자 한다. 고전시가의 경험이란, 달리 표현하자면 고전시가의 '과거성'에 대한 경험이라고 할 수 있다. 즉 현재와는 다른 시대에 속하는 것이기에 그것의 경험이 특별히 갖게 되는 교육적 가치는 무엇인가가 주요 고찰 사항이 된다. 이를 위해 본고는 고전시가 중에서 충절이라는 주제를 중심으로 한 작품들을 논의의 대상으로 삼았다.

충절은 현대의 문학에서는 찾아보기 힘든 주제다. 이는 현대사회 자체가 충절이라는 덕목에 높은 가치를 부여하지 않고 있다는 점에서 원인을 찾아야 할 것이다. 오히려 그것이 환기하는 애국적이고 민족주의적 성격을 보수적인 것으로 여기거나, 상대주의적이고 유연한 삶의 방식과 대립되는 절대적인 세계관의 표명이라는 점에서 가치 절하되기도 한다. 그만큼 충절은 현대의 학습자에게 낯설고 동조하기 힘든 정서일 수 있다. 이러한 점은 한편으로, 충절이라는 주제 요소가 현재와는 다른 과거성에 대한 경험을 위해 좋은 역할을 하리라는 예상을 할 수 있게 한다.

특히 충절이 고전시가에 있어서 중요하게 다루어져 온 주제 요소 가운데 하나였다는 점 그리고 국어교육의 역사에 있어서도 큰 비중을 차지하고 존재해 왔다는 점은 주목을 요한다. 긍정적이든 부정적이든 이것은 하나의 교육적 현상이라고 할 수 있기에 이를 국어교육적 관심뿐만 아니라 고전시가 교육의 관점에서도 해석하고 재구조화하는 일이 필요하리라 본다.

이를 위해 먼저 고전시가교육에서 충절가가 어떻게 교육되어 왔는지를 분석할 것이다. 특히 충절가의 대표작이라 할 수 있는 정몽주의 <丹心歌>와 성삼문의 '이 몸이 죽어 가셔~'를 중심으로 충절가의 경험적 자질이 교육적으로 어떻게 다루어져 왔는지 살펴보고자 한다. 이 두 작품은 윤리적 결단의 상황에서 창작된 것으로서, 충절이 관념적으로 읊어지는 것이 아니라 작가의 실질적인 행동과 결부되어 있다는 점에서 충절이라는 주제 요소를 가장 전형적으로 구현하고 있다고 볼 수 있기 때문이다.[1] 임금을 그리워하는 마음을 노래하고 있는 연군시조나 國事를 걱정하며 읊은 소극적인 충을 표현한 우국시조에 비해 이 두 작품은 위기 상황에서 不事二君의 굳은 절개와 丹心忠節을 적극적으로 표현하고 있다는 점에서 그 강도가 가장 높은 범주에 속한다.

이러한 점에서 정몽주와 성삼문의 작품은 충절을 노래하는 시조의 전범성을 확보하고 있다고 볼 수 있다. 본고는 이 두 작품의 경험이 국어교육에서 어떻게 이루어져 왔는지를 비판적으로 고찰함으로써 충절가의 교육 방향에 대한 성찰의 기회를 갖고자 한다. 그

---

1) 고시조에 나타난 忠思想을 戀君, 憂國, 盡忠으로 분류한 연구에 의하면 정몽주와 성삼문의 충절가는 盡忠의 유형에 속한다.
   金周坤, 『韓國詩歌와 忠孝思想』, 國學資料院, 2000, p.21.

리고 고전시가 교육을 통해 충절가를 경험해 보는 것이 학습자의 성장에 어떠한 의미를 갖는지 논한 뒤 학교급별 교육 내용을 구안하는 순서로 논의를 진행할 것이다.

2. 충절가(忠節歌) 교육의 역사에 대한 반성적 검토

정몽주의 <단심가>는 고려 말에 창작되어 오랜 시간 동안 많은 사람들에 의해 향유되어 현재에 이르고 있다. 또한 초등학교에서 고등학교에 걸쳐 지속적으로 교과서에 수록되어 옴으로써 현대의 국어교육사에 있어서도 비중 있게 다루어져 온 제재다. 이러한 사실은 역사적으로 <단심가>가 매우 다양한 성격의 향유층에게 의미 있게 수용될 수 있었음을 뜻하는 것이며, 또한 서로 다른 발달 단계들에 있어서 인간의 성장에 기여하는 바가 있다는 교육공동체의 믿음을 보여주는 것이기도 하다.

<단심가>는 제1차 교육과정기에서부터 현재에 이르기까지 교과서 수록 빈도가 매우 높은 작품으로, 7차에 걸친 교육과정의 역사에 있어서 이 작품이 다루어지지 않았던 경우는 한 번도 없다. 1, 3, 5, 7차에는 초등학교와 고등학교 교과서에 동시에 수록되었으며 2, 6차에는 초등학교 교과서에 그리고 4차에는 고등학교 국어 교과서에 수록된 바 있다. 동일한 작품이 서로 다른 학년의 교과서에 동시에 수록되는 것이 흔한 일이 아니라는 점을 고려해 보았을 때, 국어교육의 역사에 있어서 이 작품이 차지하는 중요성이 매우 크면서도 독특함을 알 수 있다.

그럼에도 불구하고 중학교 교과서에서는 이 작품이 다루어진 적이 한 번도 없다는 사실은 특기할 만하다. 그 대신 중학교에서는 성삼문이 남긴 '이 몸이 죽어가서~'가 꾸준히 수록되어 왔다는 사

실2)을 확인할 수 있어 흥미롭다. 이 작품은 충절이라는 주제 면에서 <단심가>와 상통하며 표현에 있어서도 죽음이라는 상황을 가정함으로써 자신의 굳은 충절을 노래하고 있다는 유사함을 보인다. 그러나 이 두 작품의 수록 위치는 뒤바뀌는 일 없이 지속되어 왔음을 확인할 수 있다.3)

이렇듯 오랜 시간 동안 이 두 작품이 각각 자신의 자리를 확고히 유지하고 있어 왔다는 사실은 학습자의 발달 단계와 관련하여 이들 작품이 갖고 있는 교육적 자질에 대한 모종의 관념이 작용한 결과라고 보아야 할 것이다. 이러한 관념의 타당성을 검토하기 위해서는, 먼저 해당 교육 내용을 분석함으로써 이들 작품의 무엇이 경험되어 왔는가를 살펴볼 필요가 있겠다. 본고는 제재의 차이에 따른 교육 내용의 차별성, 학교급별 교육 내용의 심화성, 교육과정 기별 교육 내용의 변화성이라는 측면에서 이에 대해 살펴볼 것이다. 작품이 수록된 단원명과 주요 학습 활동을 분석하면 다음과 같다.

1차

초-6학년 2학기: 우리말 우리 노래 - 4. 노래와 우리말(정몽주)
　　산문 지문: 〈하여가〉와 함께 제시, '고려조의 충신', '굳센 마음과 곧은 절개', 표현의 적절성과 우리말의 표현 자질4)
고-고등국어 1: Ⅳ. 고전의 세계 - 4. 고시조(정몽주, 성삼문)
　　학습활동: 소재와 태도 분석, 현대시조와의 차이5)

2차

초-6학년 1학기: 우리 노래 - 7. 노래와 표현(정몽주)

---

2) 2차(중학국어 3-1), 3차(중학국어 1-2), 4차(중학국어 1-2), 5차(중학국어 2-2)에 수록된 바 있다.

3) 1차의 경우 고등학교 교과서에 정몽주와 성삼문의 시조가 동시에 실려 있기는 하지만, 〈단심가〉가 중학교에서 다루어지지 않고 있다는 점은 일관성을 보인다. 따라서 이 두 작품의 수록 위치가 뒤바뀌었다고는 할 수 없다.

4) 문교부, 『국어 6-2』, 1956, pp.22~34.

5) 문교부, 『고등 국어 1』, 1958, pp.101~108.

1차와 대동소이6)

중-3학년 1학기: Ⅴ. 우리나라 고전(1)-1. 옛시조 감상(성삼문)
산문 지문- 지조와 절개에 대한 높은 평가. 표현 기술보다 사상과 뜻이 더 중요함
학습활동- 조상들의 사상, 감정, 생활 모습 살펴보기, 고시조의 내용 분류7)

3차

초-6학년 2학기: 7. 시의 세계-(1) 노래와 표현(정몽주)
1차와 대동소이8)

중-1학년 2학기: 착한 마음씨-17. 고시조(성삼문)
학습활동: 소재와 주제 파악. '백설이 만건곤할 제'의 속뜻 파악9)

고-국어 1: 고전의 세계-16. 고시조(정몽주)
학습활동: 이해, 비판, 감상해 보자. 국문학의 발달, 주제 파악, 배경 이야기, 고유문화와 외래문화10)

4차

중-1학년 2학기: 4. 시-(1) 시의 세계(성삼문)
대단원 목표: 시의 형식, 시의 화자
학습활동: '백설이 만건곤할 제'의 속뜻 파악11)

고-국어 1: 9. 시조-(1) 고시조(정몽주)
대단원 목표: 시조에 관하여 알아보자(유교적 이념 등)
학습활동: 주제, 정서적 특징, 심상, 비유, 상징 분석12)

5차

초-6학년 1학기: 12. 우리의 옛시조(정몽주)
단원목표: 시조의 내용과 분위기를 살려 가며 읽어보자

---

6) 문교부, 『국어 6-1』, 1965, pp.62~71.

7) 문교부, 『중학 국어 Ⅲ-1』, 1966, pp.167~176.

8) 문교부, 『국어 6-2』, 1974, pp.112~131.

9) 대단원명이 '착한 마음씨'로 되어 있음에 주목할 만하며 여기에 수록된 시조의 주제는 절개나 효, 동기애 등이다. 성삼문의 시조를 착한 마음씨라는 범주에 포함시켜 접근하고 있음을 볼 수 있다. 문교부, 『중학 국어 1-2』, 1975, pp.139~143.

10) 문교부, 『인문계 고등학교 국어 1』, 1975, pp.122~127.

11) 문교부, 『중학 국어 1-2』, 1984.

12) 문교부, 『고등학교 국어 1』, 1984, pp.175~188.

학습활동: 지은이의 굳은 생각 말하기, 사설시조와 형식 비교13)

중-2학년 2학기: 10. 시의 주제-(6) 고시조(성삼문)

학습활동: 시대적 배경 알아보기, 소재의 특징, 주제 파악, 현대시조와의 주제 비교

고-국어(상): 6. 시의 세계 (3) 고전시가(정몽주)

단원의 길잡이: 현대시와 비교를 통해 변화성와 항구성, 개성과 보편성에 유의·상징·정형시가 주는 감정을 현대시와 비교

학습활동: 정경, 정서, 사연, 주제, 유교와의 관계, 리듬, 이미지, 어조, 상징14)

6차

초-6학년 1학기: 14. 선인들의 노래(정몽주)

단원목표: 내용과 분위기에 어울리게 시조를 낭독하여 보자

학습활동: 내용, 분위기, 낭독15)

7차

초-5학년 1학기: 넷째마당. 이리보고 저리보고-1. 분명하고 적절하게(정몽주)

산문 지문: 〈하여가〉와 함께 제시, '고려의 충신', 주장하는 내용이 비유적으로 잘 나타난 작품

대단원 목표: 글의 종류와 읽는 목적에 따라 알맞은 방법으로 글을 읽을 수 있다.

학습활동: 쓰인 까닭, '백골이 진토 되어'의 뜻, 글쓴이의 주장, 이런 글을 읽을 때 주의점, 주장이 나타나 있는 시조 더 찾기16)

고-국어(상): 3. 다양한 표현과 이해(정몽주)

창작된 배경과 상황 생각하며 실감나게 읊기. 읊는 장면 관찰하여 언어 외적 표현, 언어에 부수되는 표현을 기록하고 적절성 판단하기17)

---

13) 교육부, 『읽기 6-1』, 1990, pp.121~126.

14) 교육부, 『고등학교 국어 상』, 1990, pp.146~149.

15) 교육부, 『국어 6-1』, 1997, pp.145~147.

16) 교육인적자원부, 『읽기 5-1』, 2002, pp.142~143.

17) 교육인적자원부, 『국어 상』, 2002, pp.144~145.

먼저, 제재의 차이에 따른 교육 내용의 변별성에 대해 분석해 보도록 한다. 초등학교 교육 내용에 있어서 <단심가> 관련 학습활동에는 표현 자질의 측면에서의 적절성을 다루는 내용이 있다.(1~3차) 이에 비해 고등학교 수준에서는 작품을 감상하는 데에 있어서 태도의 문제가 주요 사항으로 다루어졌는데, '태도에 대해 생각해 보자. 비판해 보자' 등의 활동이 그것이다.(1차, 3차) 이는 현대문학과의 비교 또는 외래문화와의 비교 등의 단서와 함께 제시된다.

5차 이후에 오면서부터는 내용적인 측면에 대한 접근보다는 활동 중심으로 변화한다. 대표적인 예로, 실감나게 낭독하기의 좋은 제재로 <단심가>가 지속적으로 채택되고 있음을 볼 수 있다.(5~7차 초등학교, 7차 고등학교) 이는 <단심가>의 창작 동기가 비교적 분명하며 작가의 굳은 의지를 담고 있다는 점에서 분위기를 파악하여 읽는 데에 용이하기 때문인 것으로 보인다. 그러나 이러한 학습 활동은 초등과 고등 단계에서 거의 비슷하게 이루어짐으로써 활동의 위계성에 대한 의문을 품게 한다.

또한 <단심가>는 정형시로서의 시조의 형식에 대한 설명을 하거나, 시조의 내용 특히 유교와의 관련성 등에 대한 교육과 결부시켜 제시됨으로써 시조 장르에 대한 교육의 자료로도 좋은 작품이라는 인식을 보이고 있다. 즉 <단심가> 자체에 대한 경험보다도 시조 장르에 대한 지식 교육을 위해 선정되는 경향을 함께 읽을 수 있는 것이다.

이에 비해 성삼문의 작품에 대해서는 표현적인 측면은 완벽하지 않지만 그 속에 담고 있는 사상이 중요하다는 설명이 눈에 띈다.[18]

---

18) 이 시조는 너무나 有名한 충신의 작품이기 때문에, 아무도 작품에 대한 시비를 말하는 이가 없지마는, 실상 따지면 표현상의 결함을 발견하게 된다. ……문학이란 표현의 技術이 지극히 貴重한 것도 事實이지만, 그것보다 작자의 사상과 뜻이 더 귀중한 것임을 잊어서는 안

'지조와 절개'라는 정신세계를 보여주고 있다는 설명을 제시함으로 써 충절이라는 주제가 하나의 지식 항목으로 수용되게 한다. 그 외의 교과서들도 주로 '백설'의 상징적 의미를 묻는 데에 치중하고 있어, 관습적 표현에 대한 지식을 확인하는 데에 그칠 뿐 이 작품이 그리고 있는 세계에 대한 경험이 이루어지지 못하고 있다.

한편, <단심가>의 경우 초등과 고등 단계에서 고루 다루어져 왔다는 점에서 각 단계에서의 교육내용이 위계성을 보이고 있는지 살펴볼 필요가 있다. 초등학교에서 충이라는 주제를 명시적으로 드러내는 데에 비해 고등학교의 단계에서는 태도에 대해 생각하거나 비판해 보는 활동이 들어 있음은 위에서 언급한 바와 같다. 그런데 이러한 활동은 비교의 대상이 모호한 채 제시되고 있다. 민족정신(1차), 고유문화(3차), 유교와의 관련성(4차) 등을 제시함으로써 주로 현대와의 비교를 상정하고 있는 듯하다. 이러한 접근은 <단심가>를 충절을 노래하는 대표작으로 인식하도록 하는 한편, 이 작품에서 노래하고 있는 충절의 특성을 다른 충절가와의 비교를 통해 섬세하게 포착하는 대신 현대라는 거시적 범주와 관련시켜 차별성을 부각시키게 될 것임을 예상할 수 있다. 그러나 이러한 비교는 작품 자체에 대한 진정한 경험이 선행되지 않으면 피상적인 수준에서 이루어질 수밖에 없을 것이다.

끝으로 교육과정기별 충절가 교육의 내용 변천에 대하여 언급하도록 한다. 교과서에 고전시가 작품이 수록되는 양상은 교육과정의 변화 과정과 큰 흐름을 같이한다. 경험 중심에서 학문 중심 그리고 활동 중심으로 변모해 가는 과정은 고전시가 작품이 국어 교과서에 수록되어야 하는 정당성 및 근거를 설명하는 방식에 영향을 미

된다.
문교부, 『중학국어 Ⅲ-1』, 1966, pp.175~176.

칠 수밖에 없기 때문이다. 이러한 관점의 차이는 구체적으로 작품이 수록되는 단원명에서도 분명히 읽을 수 있다.

정몽주와 성삼문의 작품에 있어서도 '우리', '옛', '선인' 등이 포함되어 있는 단원명에서 '시', '노래'로 그리고 '표현', '이해'로 이동하고 있음을 볼 수 있다. 그런데 이러한 흐름으로 갈수록 작품의 의미에 대한 경험은 주변화되는 측면이 있다. 조상들의 사상과 생활감정 등의 측면으로 접근하는 경우 충절이라는 내용이 구현될 수 있는 여지가 비교적 크다. 그러나 언어활동의 자료로 작품이 제시되는 경우, 작품의 경험은 언어 기능의 신장에 기여하는 측면에 한정되어 또는 해당 학습목표를 이해하기 위한 수단으로서 한정될 가능성이 크다. 극단적으로 말해서 <단심가>는 충절이라는 의미보다는 '실감나게 읽기'라는 활동에 적절한 언어 자료로 다루어지게 되는 것이다.

이와 관련하여, 최근 들어 교과서 수록 시조 작품 중 충절의 주제 요소가 전반적으로 약화되고 있는 것을 확인할 수 있다. 이러한 현상은 수록되는 시조의 편 수 자체가 줄어든 데에서 원인을 찾을 수도 있겠지만, 수록되고 있는 작품들의 전체적인 성향에서 憂國衷情의 주제가 현저히 약화되는 양상을 보이는 대신 가족윤리로서의 효나 애정 등의 주제로 옮겨 가고 있는 양상과도 관련된다.[19] 이는 현대적인 정서로 쉽게 공감할 수 있는 작품들을 선별 수록하는 것이 바람직하다는 편찬 태도를 엿볼 수 있는 대목이다.

---

19) 7차 교과서의 경우 자연 친화나 교훈, 연모 등의 주제가 다루어지고 있다. 중학교에서 애정을 다룬 작품들이 많다는 점을 주목할 만하다.
   중학교: 바람이 눈을 몰아~, 유재영의 〈둑방길〉, 십년을 경영하여~, 어버이 살아실 제~, 이고진 저 늙은이~, 동기로 세 몸 되어~, 개를 여남은이나 기르되~, 사랑이 그 어떻더냐~, 사랑사랑 긴이굽이~, 논밭 갈아 김매고~
   고등학교: 〈어부사시사〉, 〈단심가〉, 〈하여가〉, 어져 내 일이야~, 이은상의 〈가고파〉, 정인보의 〈자모사〉

3. 충절가(忠節歌)의 경험 요소 분석

　1차에서 7차에 이르는 국어 교과서 분석을 통해 충절가가 언어 활동의 수단으로 다루어지거나, 작품 자체의 의미 자질에 대한 음미 없이 관념적 지식의 전달로 접근되어 왔음을 확인할 수 있었다. 이러한 교육 방향은 충절을 노래하고 있는 작품들을 천편일률적인 것으로 수용하게 만든다.

　이를 지양하기 위해서는 충절에 대한 선험적 지식 전달이 아닌, 작품을 통해 그것을 경험해 보도록 하는 교육이 강조되어야 한다. 지식과 태도를 매개하는 것으로서의 경험은 학습자의 기존 지식을 재구성함으로써 어떤 태도를 형성하는 데에 기여한다. 작품의 경험은 이러한 재구성과 변형을 촉발하며, 기존의 경험을 성찰할 수 있는 기회를 제공한다는 점에서 의미가 있다.

　충절가의 경험이 의미 있는 것이 되기 위해서는 그것이 어떠한 성격의 충절인가를 작품을 통해 탐구하는 일이 필요하다. 즉 단선적 이념의 확인이 아니라 개인화된 이념의 구현태에 보다 주목해야 하는 것이다. 이를 위해 이 장에서는 정몽주와 성삼문의 작품을 비교함으로써 충절가의 구체적 경험 자질을 추출할 것이다.

　　　이 몸이 죽어 죽어 一百番 고쳐 죽어
　　　白骨이 塵土 되여 넉시라도 잇고 업고
　　　님 向한 一片丹心이야 가쉴 줄이 이시랴
　　　　　　　　　　　　　　　　─ 정몽주 ─ 〈병와가곡집〉

　　　이 몸이 죽어 가셔 무어시 될고 ㅎ니
　　　蓬萊山 第一峰에 落落長松 되야 이셔
　　　白雪이 滿乾坤ㅎ 제 獨也靑靑ㅎ리라
　　　　　　　　　　　　　　　　─ 성삼문 ─ 〈병와가곡집〉

먼저 두 작품 모두 '이 몸이 죽어~'라는 가정법으로 시작하고 있다는 공통점이 발견된다. 즉 자신의 죽음이라는 미래적 상황을 통해 임금에 대한 변치 않는 절개를 표현하는 방식을 취하고 있는 것이다. 임금 또는 사랑하는 사람 등 대상에 대한 절대적인 태도를 표현하는 데에 죽음이라는 상황이 동원되고 있다는 점은 주목할 만하다. 이들 작품의 창작 배경을 고려했을 때 여기에서의 죽음은 신념의 불변성을 강조하기 위해 사용된 수사적 장치라기보다는 실제로 작가 자신이 처해 있었던 긴박한 정치 상황으로부터 환기된 것이라고 할 수 있다. 이러한 발화에는 실제로 삶과 죽음 가운데 하나를 선택해야 했던 작가의 내면적 고뇌가 담겨져 있다.

그러나 이 두 작품은 중요한 차이를 보이고 있기도 하다. <단심가>가 육신의 소멸을 강조함으로써 그것에 대비되는 정신성의 강렬함을 웅변하고 있다면 성삼문의 작품에서는 소멸이 아니라 육신의 변화를 지향하고 있기 때문이다. '무어시 될고 ᄒ니~'는 이러한 변신의 대상을 궁리하는 화자의 태도가 담겨 있는 부분이다. <단심가>에서의 '되다'는 그 앞에 塵土가 연결됨으로써 사라짐의 방향성을 갖는 것이라면 성삼문의 작품에서 발견되는 '되다'는 존재성을 다짐하는 태도를 보인다. '되여 이셔'인 것이다. 죽은 후에도 구체적인 형태와 존재감을 갖는 낙락장송으로 변해 '있고자' 하는 시적 화자의 태도를 반영하고 있다.

<단심가>가 구체적인 형상을 갖는 모든 것, 즉 몸이나 백골의 소멸을 통해 非可視的인 정신성의 온전함에 닿는 것을 추구하고 있다면 성삼문은 구체적인 형태로의 변화에 주의를 기울인다. <단심가>가 '있음'을 초월하려는 데에 비해 성삼문의 시조는 형태만 바꿀 뿐 있음의 세계에 머물고자 하는 것이다. 따라서 <단심가>에서 보이는 것과 같은 초월의 계기는 상대적으로 적은 편이다.

숭고와 관련된 것은 거대한 형상이 아니라 절대적 크기이다. 그리고
절대적 크기란 가장 거대한 것들보다 더 큰 크기를 뜻하는 것이 아
니다. ……그것은 차라리 크기가, 절대적으로, 있다는 그 사실을 지
시한다. 칸트에 의하면, 문제는 절대적 크기이지 양이 아니다.[20]

성삼문이 읊은 '봉래산 제일봉의 낙락장송'이 거대한 형상이라면
정몽주의 '넋이라도 있고 없고'의 세계는 그러한 구체적인 크기를
넘어선 절대적인 크기에 해당한다. 이처럼 구체적으로 부여되는 이
미지의 경계를 뛰어넘는 상상력이 <단심가>의 세계를 이해하는
데에 필요하다.

<단심가>에서 느낄 수 있는 초월의 계기는 스스로에게서 벗어
남이라는 데에 있다. 이 작품에서는 성삼문의 작품에 나타나 있는
타자와의 대립 구도가 발견되지 않는다. 성삼문의 작품에서는 자아
를 억압하는 부정적인 존재로서의 백설과의 대비 인식을 통해 자
신의 의지가 확고함을 노래하고 있다. 즉 타자와의 대결 의지를 통
해 더욱 강렬해지는 신념인 것이다.

그러나 <단심가>에서는 시선이 타자를 향해 있지 않다. 그보다
는 자신의 존재성의 변화 과정에 관심을 보인다. 즉 타자 대 자아
의 대립이 아니라 현재의 자아와 미래의 자아 사이의 관계가 중요
한 것이다. 죽음을 상정하고 그것을 거듭 반복하고 있는 것은 먼
미래로 자신의 유한한 존재성을 보냄으로써 궁극적으로 영원성에
도달하게 만든다. 그러한 영속성이 깨어지는 것이 시적 화자에게는
긴장으로 설정되어 있는 것이다. 죽음을 반복하여 강조하고 있는
것은 신념의 유지에 대한 다짐이라고 할 수 있다. 자아와 또 다른
자아 사이의 대립 구도가 느껴진다.

---

20) Jean-Luc Nancy, *Du Sublime*, 김예령 옮김, 『숭고에 대하여: 경계의 미학, 미학의 경계』,
문학과지성사, 2005, p.73.

한편, 정몽주의 <단심가>에는 임이라는 지향점이 설정되어 있다. 육신의 변화에도 불구하고 마음이 향하는 대상은 항상 임인 것이다. 이 작품이 戀君歌 또는 戀情歌로도 수용되어 왔다는 사실[21]은 이러한 지향성에서 기인한다. 임에 대한 一片丹心이 최초의 동기이자 최종적인 귀착점인 것이다.[22]

이에 비해 성삼문의 작품에는 자아와 구별되는 대상에 대한 지향성이 아니라 낙락장송으로 변할 자아에 대한 관심이 중심에 놓인다. 임에 대한 충정 그 자체보다 신념을 굳건히 지키는 존재로서의 자아감이 강조된다.

이러한 존재감은 수직적 이미지를 통해 잘 구현되고 있다. 봉래산에서 제일봉 그리고 그 위에 서 있는 소나무로의 시상 전개를 통해 높이의 정도를 강화해 나가는 과정은 시적 화자의 고고한 절개를 드러내는 데에 기여하고 있다. 종장에서 이는 극명하게 드러난다. 백설이 세상에 가득 찬 상황은 시련의 상황이기도 하지만 눈 속에 파묻혀 굴복하는 다른 것들과 구별되는 자신의 존재성을 강렬히 환기할 수 있게 되는 조건이기도 하기 때문이다. 獨也靑靑하겠다는 언명에는 '靑靑'에서 전달되는 푸름과 생명감의 이미지뿐만 아니라 '獨'이라는 한정어에 의한 구분의 의지가 강하게 감지된다. <단심가>가 소멸에 의해 무한성에 도달하고자 한다면 성삼문의 작품은 변신을 통해 자존감을 높이려는 정신성이 포착된다고 정리할 수 있다.

형상화 방식에 있어서 정몽주의 <단심가>는 특별한 수사적 기교 없이 단순한 편이다. 절박한 상황에서 자신의 굳은 의지를 반복과 점층적 시상 전개를 통해 전달하고 있다는 점이 이 작품의 표현

---

21) 정운채, 「〈丹心歌〉의 전승 계통에 따른 해석의 방향」, 『한국고전시가작품론 2』, 집문당, 1995.
22) 그것이 임과의 함께 있음이라는 상태로 귀결되는 것이 아니라 단지 임을 향해 있는 정신의 문제라는 점에서 이후의 연군가에서 보이는 임에 대한 강렬한 지향성과는 차이가 있다.

적 묘미라고 할 수 있을 것이다. 그런데 이러한 반복과 점층의 과정은 달리 말하면 백골이 진토로 변하는 과정이며 따라서 시적 화자의 하강적 움직임을 형상화하고 있다.

이에 비해 성삼문의 시조는 봉래산, 제일봉, 낙락장송 등을 통해 상승적 움직임을 구현하고 있다는 점에서 대조적이다. <단심가>의 경우 어떤 구체적인 모습을 머릿속에 그리기 어렵고 추상적인 의미로 전달되지만 성삼문의 작품에서는 어떤 형태를 가진 이미지를 떠올릴 수 있다. 즉 혼탁한 지상으로부터 거리를 둔 높은 곳에서 아래를 내려다보는 시적 화자의 시선을 상상할 수 있는 것이다.

<단심가>에서의 하강적 경향이 헌신을 상기시킨다면 성삼문의 작품에서의 상승적 이동은 화자의 의연함을 구현하는 데에 성공적으로 기여하고 있다. 정몽주의 작품에서 감동의 계기가 헌신의 철저성에 있다면, 성삼문의 작품이 주는 매력은 외부의 압력에도 굴하지 않는 늠름한 氣像에 놓여 있는 것이다. 충절이라는 주제를 공유하고 있지만 그 형상화 방식에 있어서 두 작품은 적지 않은 차이를 보이며, 이러한 차이는 충절가 경험을 이끄는 요소라고 할 수 있다.

4. 충절가(忠節歌) 경험의 가치와 교육적 설계

정몽주와 성삼문의 작품 분석을 통해 '충절'이 헌신과 의연함이라는 서로 다른 요소로 구현될 수 있음을 볼 수 있었다. 이들 작품이 국어교육에 있어서 지속적으로 다루어져 왔음에도 불구하고 그 차이에 대한 교육적 언급이 없었던 것은 충절을 인간 삶 속에서 생성된 산물로 파악하기보다는 일의적인 개념에 대응시켜 접근했다는 혐의를 받기 충분하다. 문학교육의 주제로서 다루어지는 충절이라면 그것의 구체화된 양상에 보다 주목해야 하며 각 작품을 통해 문제적 상황 속에서 인간이 취하게 되는 다양한 태도를 성찰할 수 있는 안목을 형성하는 데에 이바지할 수 있어야 한다. 지식 교육이 아닌 경험 교육이 이루어지기 위해서는 이념을 텍스트에서 확인하는 것이 아니라 텍스트로부터 개인화된 이념의 형태로 나아갈 수 있어야 한다.

그리고 그러한 차이가 충절가의 교육 내용으로 구성되어야 할 것이다. 즉 충절이라는 주제 속에서 경험할 수 있는 요소를 학습자의 발달 특성에 따라 의미화하는 것이다. 여기에는 충절가의 경험이 반복되어 교육될 때 경험의 심화는 어떠한 모습으로 이루어질 수 있는가에 대한 고려도 포함된다. 앞에서 검토했듯이 학교급별 교육 내용이 심화되어 이루어지지 않고 있는 원인은 작품이 갖는 의미에 대한 천착보다는 다분히 도식화된 '충절'이라는 이념으로 접근했기 때문이며 이러한 방식은 기실 지식 교육과 다를 바 없다.

자기를 다하는 것으로서의 충은 한편으로 타인에 대한 헌신의 속성을 갖고 있다.[23] 이성적 인간이 특정 대상에 대해 자발적이고 실천적으로 헌신하며 또한 그러한 태도가 영속적인 경우 이를 忠誠이라고 이른다는 지적은 이를 잘 설명해 준다.[24] 즉 충이란 자신의 마음을 다함으로부터 출발하여 타인에 대한 최선에 미치는 것이다.

그런데 타인에 대한 헌신이 가시적인 것으로 포착하기 용이한 반면 자신에의 충실은 인간의 내면에 대한 인식이 발달했을 단계에서 가능해진다. 따라서 구체적 조작기에 해당하는 초등학교 단계에서는 주로 타인에 대해 이루어지는 헌신적인 행위에 초점을 맞추어 충절의 경험이 이루어질 수 있다.

---

23) 盡己之謂忠(『論語』).
24) 황경식, 「한국 유교의 자산과 그 현대적 변용: 충효사상의 현대적 의의」, 『철학사상』 12, 서울대학교 철학사상연구소, 2001, p.56.

몰락해 가는 왕조 또는 失權한 임금을 위해 목숨까지 버리는 충신의 모습은 대표적인 예가 될 수 있다. 이러한 무조건적인 헌신을 경험해 보는 것은 학습자로 하여금 인간관계의 신뢰성을 바탕으로 세계에 대한 심리적 안정감과 믿음을 형성할 수 있게 한다는 점에서 의의가 있다.

특히 헌신의 속성을 갖는 충절은 어린 학습자들이 세상에 대한 인식을 형성해 나가는 데에 있어서 기초가 되는 중요한 자질이라고 할 수 있다. 타인과의 관계에 있어서의 항존성과 불변성은 자신을 둘러싼 세상에 대한 신뢰감을 형성하고 그것을 바탕으로 하여 성장해 나갈 수 있게 만드는 밑거름 역할을 하기 때문이다. 어떤 이해관계나 조건을 떠나서 항상 변하지 않는 인간관계가 성립될 수 있다는 사실은 그러한 헌신의 타당성 등을 합리적인 기준에 따라 판단하는 일보다 먼저 경험되어야 할 요소다.

정몽주의 <단심가>는 이와 관련하여 외적으로 관찰 가능한 이야기를 동반하고 있다는 점에서 초등학생들에게도 흥미롭게 수용될 수 있다. 교육 방법에 있어서는 구체적 조작기의 특성을 고려하여, 드러난 행위로서의 충절에 접근할 수 있도록 구안하는 것이 바람직하다. 성삼문의 시조에 비해 정몽주의 <단심가>는 작가의 행위와 보다 선명하게 연결된다는 점에서 초등학교에서 다루어지는 데에 이로운 점이 있다.

이에 비해 형식적 조작기가 시작되는 중학교에서는 자기의 마음을 스스로 다하여 숨김이 없는, 즉 自己 充實이라는 측면에서 충절가의 경험이 심화될 수 있다. 즉 외면적인 행위로 나타난다 하더라도 그 본질은 자율성과 주체성에 있음을 인식하도록 한다. 이러한 점에서 정몽주의 <단심가>를 타인에게 주장하는 내용을 담은 시조라는 점으로 교육하는 것[25]에서 더 나아가 중학교 단계 이상에서는 언어 행위가 갖는 자기 다짐적 성격으로 접근할 필요가 있다. 서로 다른 학교급별에서 <단심가>가 수록되는 경우 이와 같은 교육 내용의 차별성이 반영되어야 할 것이다.

한편 형식적 조작기의 초기 단계에 해당하는 중학교 시기에는 작품을 통해 타인의 내면을 좀 더 깊이 있게 이해할 수 있게 된다.[26] 따라서 정몽주와 성삼문의 작품을 비교함으로써 작가의 개성이나 표현 방식, 삶에 대한 비슷하면서도 다른 태도를 이해할 수 있게 하는 방향으로 구성되는 것이 바람직하다. 충절이라는 주제를 담고 있는 작품이라는 고정관념이나 사전 지식에 의해 작품을 접하는 것이 아니라 작품의 고유성을 기꺼이 탐색하려는 자세를 발전시킬 필요가 있다. 학습자에 따라 정몽주의 작품에 또는 성삼문의 작품에 더 공감을 할 수 있다는 것은 그들이 취하는 삶의 태도에 있어서 미묘한 차이들을 구별하고 결정할 수 있게 하는 바탕이 된다.

이처럼 정몽주와 성삼문의 작품에 대한 비교를 통해 기존에 가지고 있었던 충절가에 대한 지식이 수정되고 보다 정교화될 수 있도록 학습자의 경험을 이끌도록 한다. 이에 대한 지식은 단순히 지식으로 머무는 것이 아니라 서로 다른 삶의 태도를 평가하고 가치화하는 태도 교육으로 이어지게 된다.

한 인간으로서의 작가에 대한 탐구에서 더 나아가 고등학교 단계에서는 한국 사회 그리고 현대사회의 문화에 대한 평가적 안목을 형성하는 방향으로 충절가의 경험이 이루어질 수 있다. 이 단계에서는 문학을 하나의 문화 양식으로 바라볼 수 있는 인식 능력이 발달하기 때문이다.[27]

---

25) 7차 초등학교 읽기 교과서에는 〈단심가〉가 '주장하는 글'의 예로 다루어지고 있다.

26) Michael J. Parsons, *How we understand Art: A cognitive developmental account of aesthetic experience*, Cambridge Univ. Press, 1987, p.12.

정몽주와 성삼문의 작품은 절의를 지키려는 시적 화자의 의지를 드러내고 있으며, 죽음이라는 극단적 상황을 설정하여 숭고한 세계를 그리고 있다는 점에서 공통적이다.[28] 충절이라는 것이 숭고한 인간성이라는 점을 이해하고, 숭고함이 현대에는 매우 낯선 정서라는 것까지 인식하게 될 때 현실적 이해 관계에 좌우되는 현대문화에 대한 평가적 인식으로 나아갈 수 있게 된다.

고전시가의 경험은 재구성적이며 성찰적인 성격이 강한데, 여기에는 수용자의 개인적 역량뿐만 아니라 동시대인의 관심사가 큰 영향을 미친다. 즉 과거성에 대한 경험은 한편으로는 현재에 대한 감각을 환기하는 것이기도 하다. 현재에는 낯선 고전시가를 교육하는 것이 가치를 갖는 중요한 까닭은 이처럼 과거와의 만남을 통해 현재에 대한 통찰을 불러일으킨다는 점에 있다.

충절을 노래하는 작품들의 정서가 너무나도 예스러운 것으로 받아들여진다는 것은 달리 말하면 숭고함이 극명하게 제시되고 있기 때문이다. 상대주의적이고 개인 중심의 가치관이 지배적인 현대의 관점에 비추어 보았을 때 충절가 특히 정몽주의 <단심가>는 현대의 감각으로는 낯선 삶의 방식이다. 그러나 자신의 초월과 긴장 속에서 숭고의 느낌을 갖는 것[29]은 인간이 자신의 일상적 감정에 매몰되지 않고 그 이상의 세계를 상상하고 수용할 수 있는 기반을 만들어 준다는 데에 의미가 있다.

또한 전통적으로 유교 사상의 영향력이 막강했다는 사실에 비추어 보았을 때 충절이라는 개념을 중심으로 자문화의 역사와 문화

---

27) 이는 '일반화된 타자 조망 수용' 능력의 발달과 관련된다.
   Robert L. Selman, *The Promotion of Social Awareness*, Russell Sage Foundation, 2003.
28) 김학성, 『한국고전시가의 연구』, 한국학술정보(주), 2001, pp.178~179.
29) Jean-Luc, Nancy, 김예령 옮김, 『숭고에 대하여: 경계의 미학, 미학의 경계』, 문학과지성사, 2005, p.84.

에 접근하는 것은 타당한 방법이 될 수 있다. 이와 더불어 민족주의적 경향 또는 애국 담론의 영향에 의해 충절이라는 유교 이념이 어떻게 굴절되어 수용되어 왔는가도 고등학교 이상의 단계에서는 고찰 대상이 되어야 한다. 충절에 대한 부정적 태도 역시 고찰의 범주에 포함됨으로써 그러한 관점도 현대의 산물이라는 점에서 절대적인 것은 아니라는 것을 이해하여야 한다. 문제는 그것을 깨닫지 못하고, 그 때문에 어느 하나의 담론에 지배당하는 것이다.

즉 충절가에 나타난 사상 또는 태도 그 자체를 수용하느냐 여부에 대한 것이 아니라 그것을 메타적인 시각에서 재평가하고 인식하도록 하는 내용이 고등학교 단계에서는 중심이 된다. 충절이라는 담론이 어떠한 맥락으로 변화되어 왔는가를 이해하고 평가하는 시각의 형성은 교육의 보다 높은 단계에서 충절가를 다루어야 할 필요성인 것이다.

과거에 대한 경험은 두 가지 상반된 인식에 의해 지배된다. 과거의 것이지만 현재의 감정으로 몰입하여 그 시대의 감성을 느낄 수 있다는 오묘함, 그렇지만 현재의 상황과 진리로는 과거를 '온전히' 이해할 수 없다는 데에서 비롯되는 격절감이 그것이다. 이 두 가지 감정의 미묘한 결합은 과거의 경험이 갖는 매력이면서 한편으로는 교육적 가치를 담고 있는 부분이기도 하다.

그러나 실제 고전시가 교육에서는 작품 자체의 경험보다는 작품에 대한 선험적 지식의 전달 위주로 이루어지는 경향이 많으며 이러한 경향은 고전시가를 관념적인 대상으로 수용하게 만든다. 학교급별로 차별화되지 않은 상태로 충절가가 반복 제시됨으로써 이러한 경향은 더욱 강해진다. 충절을 주제로 하는 작품들의 교육에 있어서도 이를 확인할 수 있었다. 즉 개별 작품들이 갖는 고유성보다는 개념적으로 범주화된 접근이 우세함을 교과서 편찬 방식에서도 읽을 수 있었다.

본고는 충절가의 교육이 지식이나 이해 수준을 뛰어넘어 경험적 자질이 충분히 활성화될 수 있는 교육 방향을 설계해 보았다. 이를 위해 충절이라는 주제 항목 속에 구현될 수 있는 경험적 자질을 구체화하고, 이들이 서로 다른 발달 단계에 속하는 학습자의 성장에 어떠한 의미를 가질 수 있는지 논의하였다. 이러한 논의는 낯선 대상으로서의 고전시가와의 만남이 흥미로운 경험이 될 수 있도록 하며, 그러한 과정 속에서 삶과 역사에 대한 통찰력을 발전시킬 수 있도록 하는 데에 기여할 수 있을 것이다.

제2장
〈농가월령가〉에 나타난 시간관 경험의 가치

1. 시간관과 교육적 경험

월령체가는 한 해 열두 달의 순서에 따라 노래한 시가를 총칭하는 것으로서, 자연적 시간의 흐름을 작품 구성의 주요 원리로 삼고 있는 대표적인 문학 양식이다. 이러한 양식은 한 해의 변화에 따른 情感의 추이를 담거나 실생활에 필요한 행동 지침을 전달하는 데에 모두 효과적인 측면이 있어서 오랫동안 애용되어 왔다.

국어교육에서도 월령체가에 대한 언급은 지속적으로 이루어져 왔는데, 교과서에 주로 수록된 작품으로는 <동동>과 <농가월령가>를 들 수 있다. 이 두 작품은 모두 歲時記라는 점에서 공통적이지만 각각 서정가요, 교술가요의 특성을 지닌다는 점이 부각되어 교육되고 있다. 특히 <농가월령가>는 교훈적이라는 점, 지배층의 체제 유지적인 목적에 의해 제작되었다는 관념 등이 선행되어 작품의 교육적 자질에 대한 의미 부여에 소극적인 측면이 있었다.

또한 교육 내용도 주로 그것의 외적 구조에 주목함으로써 월령체를 다분히 형식적인 틀로만 이해해 온 감이 없지 않다. 각 달의 순서에 따라 노래되고 있는 세시풍속을 분석하거나 월령체 양식에 맞추어 창작을 해 보도록 하는 학습 활동들에서 이를 읽을 수 있다.

그러나 월령체 시가의 교육에 있어서 보다 강조되어야 할 바는 외면적인 표현 틀 속에 내재해 있는 매우 특징적인 시간관에 대한 경험이다. 즉 시상을 전개하는 데에 있어 일 년 열두 달의 순서를 필요로 하는 이러한 양식은 시간을 어떠한 방식으로 인식하게 하는지를 작품 감상을 통해 경험해 볼 수 있는 기회를 제공해 주는 것이다. 이를 통해 학습자의 삶 속에서 관철되는 시간관과 비교해 보고 그것을 재조명할 수 있을 것이다. 더 나아가, 일상의 시간 경험 그 자체도 새로워질 수 있는 계기가 될 수 있다.

시간관은 인간의 의식과 경험을 통어하는 중요한 요소이다. 시간에 대해 어떠한 관점과 태도를 취하느냐에 따라 인간을 둘러싼 삼라만상에 대한 경험의 실제 양상은 매우 달라질 수 있다. 이처럼 시간관은 관념적 층위뿐만 아니라 지극히 일상적 국면에도 관여하는 것이다.

공간에 대한 경험과 더불어 시간에 대한 경험이 인간의 존재 조건에 있어 가장 본질적이고 일차적인 것이라고 했을 때 이는 교육적으로 다루어져야 할 흥미로운 주제가 될 수 있을 것이다. 특히 교육의 본질이 시간을 매개로 한 인간의 발달과 변화에 있다는 점에서 시간관의 문제는 중요하게 다루어질 가치가 있다.

이러한 측면에서 본고는 <농가월령가>를 대상으로 하여 이 작품에 나타난 시간관의 특성을 도출하고 그것의 교육적 의미를 고찰하고자 한다. 월령체 양식을 단순히 표현에 동원되는 외적 규칙으로 이해하는 데에서 나아가 그것의 문화적, 심미적, 인식적 가치를 논할 것이다. 그리고 이를 통해 시간에 대한 경험도 역사성을 띤다는 사실을 깨달음으로써 학습자의 인식의 폭을 확장시킬 수 있는 자료로서 이 작품의 의의를 고찰하는 것이 본고의 목적이다.

인간의 삶은 경험의 연속이라고 할 수 있는데, 이때 경험의 종류는 매우 다양하다. 이전의 경험 범주에 비해 전혀 새로운 성격을 띠는 것도 있으며, 자동화되어 거의 인식하지 못할 정도로 일상화된 경험도 있다. 한편 낯선 경험과 일상적 경험의 중간 영역에 속하는 것으로서, 일상생활을 영위하는 데에 지배적인 기능을 발휘하지는 못하지만 그렇다고 해서 전혀 미지의 것이라고는 할 수 없는 성격의 경험들이 존재한다. 즉 이해하고 있다고 생각하기 때문에 특별한 주의를 기울이지 않고 지나치지만, 실제로는 그에 대해 깊이 있는 앎에 도달했다고 보기 힘든 성격의 경험인 것이다. 따라서 경험했다고 여겨지지만 그것은 실제적인 차원이라기보다는 잠재적인 성격을 갖는다.

이러한 성격을 지닌 경험들은 인간 삶 속에서 상당히 많은 부분을 차지하고 있다. 그리고 다루어지는 방식에 따라 매우 다른 방향으로 의미 부여가 이루어질 수 있는 잠재성을 갖기 때문에 교육적으로 특히 주목해야 할 경험의 영역이기도 하다. 교육의 개입 방향에 따라 친숙함으로 수렴되는 경우도 있지만, 처음에 생각했던 친숙함과는 달리 매우 낯선 대상으로 새롭게 발견될 수도 있기 때문이다.

교육이 학습자의 성장을 추구하기 위한 경험의 의도적 부여라고 한다면, 국어교육에서 다루어져야 하는 경험은 어떠한 성격의 것인지에 대해 먼저 질문할 필요가 있다. 너무 낯선 경험은 하나의 충격이나 이국적 호기심을 제공할 수는 있지만 교육적으로 의미화되기 위해서는 선별과 충분한 재해석이 필요하다. 한편, 일상화된 경험에 대해서는 굳이 교육적 대상으로 삼아야 할 필요가 있는지 의문이 제기될 수도 있다.

<농가월령가>에 나타난 시간관은 현재의 학습자들에게 친숙함과 낯섦을 동시에 불러일으키는 측면이 있다. 이 작품의 월령체 형식은 농경문화 특유의 순환론적 시간관과 깊이 결부되어 있는데, 농경은 우리의 선조들이 가장 오랫동안 선택해 온 삶의 방편이었으며 산업화에 의해 밀려나기 전까지 우리의 삶과 의식을 지배해 온 것이었다. 따라서 대상을 파악하고 질서화하는 데에 있어서 한국인의 인식 기저에는 농경생활에서 비롯된 상징체계, 인식의 틀이 절대적으로 작용해 왔다. 이는 또한 현재의 한국 문화에도 알게 모르게 남아 구성원들의 정체성을 형성하고 분별하는 준거 역할을 하기도 한다.

　　이 작품에서 그려지고 있는 4계절의 변화도 한국 사회의 구성원들에게 그리 낯선 경험의 대상은 아니다. 더 나아가 각종 절기에 대한 언급을 생활의 국면 속에서 실제로 접하기도 한다. 그러한 의미에서 <농가월령가>에 나타난 시간관은 학습자에게 친숙한 일면을 지니고 있다.

　　그러나 현재, 특히 도시에서 경험하게 되는 절기의 변화는 <농가월령가>의 그것과는 사뭇 다른 모습을 보인다. 한국이 더 이상 4계절의 변화가 뚜렷한 기후 조건을 유지하지 못하고 점차 열대기후에 가까워진다는 보고를 접할 수 있으며, 節序는 속이지 못한다는 말을 무색하게 하는 기상 현상도 종종 겪고 있기 때문이다. 한편, 4계절이 여전히 존재하기는 하지만 문명의 이기에 의해 각 달의 뚜렷한 계절적 차이와 이를 체감하는 능력은 점차 약화되고 있다. 그러한 의미에서 <농가월령가>에서의 절서 감각은 학습자에게 새롭게 경험되어야 할 만큼 낯선 대상일 수도 있다.

　　이처럼 <농가월령가>에 나타난 시간관은 친숙함과 낯섦의 공존으로 인해 시간에 대한 기존 경험을 재구성하는 효과적인 자극 요소로 작용할 수 있다. 경험을 재구성 또는 재조직함으로써 경험의 의미를 더해 주고, 다음 경험의 방향을 결정할 능력을 증대시키는 것이 교육이라는 점[1]에서 이러한 경험은 경험의 의미성을 보다 뚜렷이 드러낼 수 있게 한다.

따라서 <농가월령가>에 나타난 시간관의 교육은 현재의 학습자를 구성하고 있는, 그러나 표면적으로는 드러나지 않아서 인식하지 못했던 어떤 부분들과 만나게 되는 과정의 성격을 지닌다. 또는 표면적으로 일치하지만 심층적인 의미 부여에 있어서는 상당한 차이를 보이는 어떤 대상을 새로이 발견하게 되는 과정이기도 하다.

이렇듯 익숙하면서도 낯선 속성은 학습자의 흥미를 고조시킴으로써 학습 대상에 몰입할 수 있게 하는 역할을 수행한다. 비슷하면서도 다른, 알듯하면서도 진정으로 실감하기란 힘든 어떤 대상은 학습자에게 지적 탐구욕을 불러일으킨다. 이는 학습자가 속한 집단의 과거를 알고자 하는 욕망과 결부되고 이와 함께 현재를 확인하려는 욕망으로 발전할 수 있게 만드는 자료로 작용하는 것이다. 다음 장에서는 이 작품에 나타난 시간관의 특성과 결부시켜 구체적으로 이에 대해 논의하도록 한다.

2. 〈農家月令歌〉에 구현된 시간관의 특성

(1) 맞이하는 시간

'시간을 관리하다', '시간을 쓰다', '시간은 돈이다' 등과 같은 표현에는 시간을 관리와 소비의 대상으로 바라보는 관점이 반영되어

---

1) John Dewey, 이홍우 역, 『민주주의와 교육』, 교육과학사, 1996, pp.122~123.

있다.[2] 즉 저축할 수도 있고 필요할 때 끌어다 쓸 수 있으며, 인간의 의도에 따라 확장과 추가가 가능한 대상으로 시간을 바라보는 것이다. 이러한 시간관에서는 시간이 갖는 구체적 물질성은 탈각된 채 추상화된 대상으로 경험된다. 또한 시간은 인간의 의지에 따라 변형 및 통제할 수 있는 대상으로 파악되며, 상대적으로 인간은 자신의 의도에 따라 시간을 계획하고 통어할 수 있는 능력 있는 존재로 인식된다.[3]

그러나 인간 삶 속에서 시간은 이처럼 종속적이고 추상화된 존재로서만 작용하는 것일까? <농가월령가>는 시간에 대한 노래이면서 위에서 살펴본 시간관과는 좀 다른 시간 감각을 환기하고 있다. '시간을 관리하다'에 대비적일 수 있는 '때에 맞추다(及時)'의 시간관이 그것이다.

'때미쳐 집 이으면 큰 근심 덜리로다'(정월령), '棉花 밭 되어두고 제 때를 기다리소'(2월령), '微物도 得時하여 自樂함이 사랑홉다'(3월령), '느티떡 콩찐이는 제때의 別味로다'(4월령), '節序를 따라가며 追遠報本 잊지마소'(9월령), '이때를 만났으니 즐기기도 같이하세'(9월령) 등에서 잘 드러나듯이 <농가월령가>에서는 '맞이하는 시간'에 대한 태도를 보여주고 있다.

이 작품에서 다른 달과 구별되는 시간 단위로서 매월의 시작과 지속 기간 자체에 대해 비상한 주의를 기울이고, 그것을 통해 작품을 질서화하고 있는 것은 시간은 맞이하는 대상이라는 인식을 반영한다. 여기에는 각각의 시기들은 저마다 고유한 의미와 특성을 가지는 것이기에 한번 지나간 뒤에는 남은 시간으로써 보충할 수

---

2) Hoyt Alverson, *Semantics and experience: universal metaphors of time in English, Mandarin, Hindi, and Sesotho*, Johns Hopkins University Pres, 1994.

3) 이러한 태도는 시간 관리와 관련된 서적이 범람하고 있는 현상과도 관련된다. 『전략적 시간관리』, 『능력 있는 사람의 시간관리』, 『성공하는 10대의 시간관리와 공부방법』 등 시간 관리에 대한 실용서들을 서점가에서 쉽게 접할 수 있다.

있는 것이 아니라는 생각이 바탕에 깔려 있다. 때를 놓치면 안 되는 것이다.

이러한 시간관은 농경에 의지하여 삶을 꾸려 오면서 발전시켜온 감각이라고 할 수 있다. 기계에 의한 생산과 달리 농사는 자연적 조건에 절대적으로 의지해야 하는 것이기에 자연 현상의 변화를 섬세하게 관찰하고 이에 맞춰 삶의 방식을 운영해 나가는 것이 요구되기 때문이다. 이처럼 농경문화에서는 때를 잃지 않아야 한다는 인식이 삶의 조건상 지배적으로 작용하게 된다.

다시 말해, 시간은 상황에 따라 편의적으로 통어할 수 있는 대상이 아니라 그것에 인간이 맞춰 나가야 하는 삶의 조건이다. 또한 1년 열두 달 가운데 다른 달을 보충할 수 있는 시기란 없다는 점에서 각각의 달은 구체적 존재감을 가지며 인간 삶에 작용한다. 예를 들어, 봄에 씨 뿌릴 수 있는 기간은 일주일에 지나지 않는다. 그때를 지나면 이후의 시간은 무의미하게 된다.

따라서 각 순간에 충실해야 하며 그렇게 하기 위해서는 각각의 때를 알아차리는 일이 필요해진다. 知時가 권농에 있어서 주요한 목표였다는 점은 <농가월령가>의 편찬 목적과 관련하여 시사하는 바가 크다.[4] 及時를 요체로 하는 세종의 '勸農敎文'은 이러한 관점을 잘 보여주고 있다.

> 농정에 있어서 소중한 것은 오직 그 적절한 시기를 놓치지 않고 그
> 농사에 바칠 힘을 빼앗지 않는 데에 있을 뿐이다.[5]

---

4) 여기에는 실학의 고증적 정신과 민중을 고려한 효용성이 결부되어 있으며, 조선 후기에 활발하게 편찬된 세시기 및 사찬 농사와 연관성이 있다.
   김형태, 농가월령가 창작 배경 연구: 御時記 및 農書, 家學, 詩名多識과의 연관성을 중심으로, 동양고전연구 25, 동양고전학회, 2006, pp.17~19.

5) 故農政所重 惟在不違其時 不奪其力而已
   世宗實錄 卷 105, 世宗 26年 閏 7月 條

농사를 잘 짓기 위해서는 너무 빠르지도 않고 너무 늦지도 않은 최적의 시기를 포착할 수 있어야 하고 그러기 위해서는 자연에 대한 섬세한 관찰력이 요구된다. 즉 '及時觀'은 각각의 시간이 갖는 독자성에 대한 주목이라고 바꾸어 말할 수 있다.

<농가월령가>의 각 월령은 해당 절기의 자연 경관에 대한 묘사, 해야 할 농사일, 세시풍속으로 구성되어 있다. 자연적 조건의 규제를 받는다는 점에서 농사가 인간의 노동에 의한 것이지만 半사회적 성격을 갖는다면 세시풍속은 그야말로 사회적 영역에 속하는 것이다. 따라서 세시풍속은 시간을 맞이하는 사회화된 하나의 의례라고 할 수 있다.

> 正朝에 歲拜함은 敦厚한 風俗이다
> 새 衣服 떨쳐 입고 親戚 隣里 서로찾아
> 老少 男女 兒童까지 三三 五五 다닐적에
> 와삭버석 울긋불긋 物色이 繁華하다
> 사내아이 연 띄우고 계집아이 널 뛰기요
> 윷놀아 내기하기 少年들 놀이로다
> 祠堂에 歲謁하니 餠湯에 酒果로다
> (중략)
> 귀 밝히는 약술이며 부름 삭는 生栗이라
> 먼저 불러 더위팔기 달맞이 횃불혀기
> 흘러오는 風俗이요 아이들 놀이로다(정월령)

<농가월령가>의 각 월령을 구성하고 있는 농사일에 대한 항목이 해야 할 일이라는 실용적 성격을 갖는다면 세시풍속은 그 시간을 맞이하는 태도와 관련된다. 즉 정월령에 나타난 다양한 세시풍속들은 한 해의 시작을 대하는 공동체적 삶의 태도라고 바꿔 말할 수 있는 것이다.

이처럼 모든 달이 해야 할 일과 그것을 받아들이는 태도의 항목

으로 질서화됨으로써 시간은 구체성을 더하게 되고, 자연적 시간의 흐름은 인간화된 시간으로 변하게 된다. 즉 시간과 인간, 자연과 사회의 관계 사이에서 상동성과 대응성에 주목하고 그것에 맞추어 삶을 영위하는 모습이 <농가월령가>에 나타난 시간관의 한 모습이다.

그러나 과학기술의 급격한 발달은 시간과 인간의 관계, 시간에 대한 인간의 관념을 계속 변화시켜 왔다. 자연적인 시간도 인간의 의지에 따라 조정할 수 있다는 자신감이 현대를 사는 인간의 삶에 영향을 미치고 있으며, 문명의 이기는 시간과 공간을 쉽게 초월할 수 있도록 만들었다 '철모르고' 살 수 있게 된 것이다. '철모르다'는 말이 원래 농경문화에서 비롯된 어휘로서, 사리를 분간하지 못하는 경우에 쓰이는 부정적인 의미였다는 점을 떠올리면 큰 변화를 느끼게 된다.

이처럼 시간은 수렵이나 수확 등 구상적인 사물이나 활동과의 긴밀한 관련성을 상실하고 그것에 대해 독립적으로 외재하는 객관적인 척도로서 물상화된다. 즉 극단적으로 말했을 때, 현대사회에서의 시간이란 물질성이나 규범성을 상실한 추상적인 어떤 것이다. 인간 삶 속에 깊이 관여하는 질서라기보다는 외재적이고 독립적인 대상으로 여겨지고 있는 것이다.

특히 기계적 시계의 고안은 시간을 인간적 사건들로부터 분리시켰으며, 수학적으로 측정되는 계기성이라는 독립적 세계에 대한 신념을 창조함에 기여했다.[6] 시간 측정 기술의 발달에 따라 초보다 더 작게 나누어 셀 수 있는 시계가 발명되기도 했는데,[7] 이렇게 극소화된 시간 단위에 주의를 기울임은 시간의 의미가 실제성을 잃

---

6) 이승훈, 『문학과 시간』, 이우출판사, 1983, p.32.
7) 박성근 편역, 『시간의 의미를 찾아서』, 과학과문화, 2006.

고 추상적인 대상이 되고 있음을 보여주는 것이다.

이와는 반대로, 시간을 무한대로 확장시킴으로써 시간은 추상화되기도 한다. 마키 유스케(2004)에 의하면 시간에 대한 관심을 추상적으로 무한화함으로써 역설적으로 현재 자체에 대한 애착은 약화되며, 삶을 헛되다고 느끼는 감각이 발생한다. 현대사회에서 발견되는 시간의 극대화와 극소화는 모두 시간이 구체적 생활과 갖는 관련성을 탈각하는 데에서 파생된다.

전통사회에서 생활의 주기는 세시풍속의 주기와도 맞물려 1개월 또는 계절별 단위로 이루어졌다. 그러나 산업사회가 되면서 사람들의 생활주기는 거의 일주일 단위로 획일화되었다.[8] 절기별 생활 주기가 자연의 변화와 밀착되어 이루어지는 반면, 일주일 단위의 생활 패턴은 더 이상 자연과 결부되지 않은 시간의 경험이 된다. 그것은 추상화된 시간 의식에 의해 기계적 반복으로 영위되는 삶의 모습을 보여준다. 현대의 시간 감각은 자연의 변화와 밀착되어 이루어지는 것이 아니라 사회적 일정들에 의해 규정되고 있다. 이처럼 자연적 시간의 흐름 자체보다 인위적 시간 구분이 인간 생활에 더 큰 영향력을 미친다는 것은 그만큼 인간이 자연과 분리되었음을 뜻한다.

이와는 달리 <농가월령가>는 자연의 질서와 조화를 이루는 인간 삶의 모습을 경험해 볼 수 있게 하는 역할을 한다. 계절의 변화에 따라 인간 생활을 맞춰 나가는 삶의 모습은 인간 삶의 스케줄이 선행하여 이루어지고 있는 현대적 삶 속에서 새로운 경험이 될 수 있을 것이다.

맞이하는 대상으로서의 시간에 대한 관점은 한편, 현재의 시간에 충실할 것을 역설하는 것이라고 볼 수도 있다. 모든 시간은 그때만

---

8) 김명자, 「도시 공간 위의 민속문화 양상」, 『한국민속학』 41, 민속학회, 2005, p.24.

의 소임이 있으며 그러한 자각을 바탕으로 하여 그때를 놓치지 말고 그때에 할 일에 전념하라는 메시지가 담겨 있기 때문이다.

(2) 느끼는 시간

각각의 때에 맞추어 살아가야 한다는 시간관은 각 시간이 갖는 특성에 대해 민감하게 반응하는 태도로 자연스럽게 연결된다. <농가월령가>에서 매달은 모두 특정 절기에 대한 소개로 시작된다. 입춘, 우수 등 24절기로 일 년을 구분하고 그에 발맞추어 인간 삶의 영역에 어떤 질서를 부여하는 것은 그만큼 당대인의 생활이 풍부한 절서 감각으로 채워져 있었음을 의미한다. 보름 상간의 시간 단위에서 자연의 변화 차이를 읽어내고, 그것을 의미화한다는 것은 그만큼 민감한 절서 감각이 삶 속에서 작동하고 있음을 뜻한다.

그러한 점에서 四時歌 계열에 속하는 많은 작품들이 한 해를 4계절로 구획하여 형상화하고 있는 것에 비해 이 작품은 시간의 흐름에 따른 자연 현상의 변화를 좀 더 섬세하게 포착하고 있다고 할 수 있다.[9] 시간에 대한 관념보다는 감각이 강조된 것이 사시가와 비교되는 월령체 시가의 특성인 것이다.

예를 들어, 정월령에서부터 3월령에 해당하는 부분은 그저 봄이 아니라 각 달에 따라 느껴지는 봄의 느낌이 확연히 다르다는 점을 환기한다.

정월은 맹춘이라 입춘 雨水 절기로다

---

9) 송팔성(1995)은 사시체와 월령체 시가로 나눈 뒤, 사시체 시가는 자연의 질서를 규범적으로 이해하고 그와 부합된 조화로운 삶을 영위하고자 한 사대부들의 사유체계를 담은 양식으로 규정하였다. 이처럼 순환적 시간관에 터한 양식이라는 공통점을 지녔지만, 사시가류가 자연의 관념화된 속성을 환기하는 데에 비해 월령체가는 구체적이고 사실적인 측면을 경험할 수 있게 한다는 차이를 지닌다.

산중 간학에 빙설은 남았으나
평교 광야에 雲物이 변하도다(정월령)
이월은 중춘이라 경칩 춘분 절기로다
초육일 좀생이는 풍흉을 안다하며
스므날 음청으로 대강은 짐작나니
반갑다 봄바람이 의구히 문을 여니
말랐던 풀뿌리는 속잎이 萌動한다
개구리 우는 곳에 논물이 흐르도다
멧비둘기 소리 나니 버들 빛 새로워라(2월령)

삼월은 모춘이라 청명 穀雨 절기로다
춘일이 재양하여 만물이 화창하니
백화는 난만하고 새소리 각색이라
堂前의 쌍제비는 옛집을 찾아오고
花間의 범나비는 紛紛히 날고기니
미물도 득시하여 자락함이 사랑홉다
한식날 성묘하니 백양나무 새 잎 난다(3월령)

　정월은 양력으로 2월에 해당되는데, 이때부터를 봄으로 치는 것
은 산골짜기에 아직 남아 있는 눈과 얼음 속에서 봄의 징조를 읽어
낼 수 있는 감각에서 가능해진다. 이것은 <동동>의 경우, 얼었다
녹았다 하는 정월의 냇물에서 봄을 예감하는 것과도 상통한다. 이
처럼 월령체 시가에서의 초봄 이미지는 겨울과 봄의 성격이 공존
하는 속에서 봄으로 넘어가려는 움직임으로써 묘사된다.
　이에 비해 2월령과 3월령은 그달에 발견할 수 있는 동식물의 변
화 양상을 중심으로 묘사되고 있다. 發芽, 개구리 울음, 멧비둘기
소리, 버드나무 빛의 변화로 2월령이 규정된다면 3월령에는 제비,
범나비, 백양나무 등의 모습이 묘사되고 있다. '새'나 '꽃'과 같이
추상화된 일반 명사가 아니라 구체적이고 실제로 계절 현상을 잘
보여줄 수 있는 동식물에 대한 관찰을 바탕으로 이루어진 것이다.[10]

계절의 변화는 벚꽃의 개화기나 철새가 왕래하는 날짜, 첫눈, 첫서리 등과 같이 동식물의 자연변화를 지표로 하는 것과 강수량, 기온, 바람 등의 기상 요소 또는 이들 값을 일정 기간에 걸쳐 평균한 기후 요소의 두 가지 방법에 의해 표현된다. 그런데 태양고도나 기후요소의 변화에 따른 계절구분보다 우리가 직접 느끼게 되는 계절은 오히려 동물의 활동 또는 식물의 발아, 개화, 낙엽 등 경관상의 변화에 의한 것이다. 우리나라에서는 실제로 기상대에서 제비, 기러기, 개구리, 나비, 매미 등 몇 종류의 동물을 지정하여 계절을 관측하고 있기도 하다.

<농가월령가>는 각 달에 등장하는 동식물의 종류가 구체적이고 다양한 것이 특징인데, 이들 가운데에는 자연변화의 지표로 삼는 기준 생물들이 다수 포함되어 있다. 그만큼 이 작품에서 그리고 있는 각 달의 성격은 봄 가운데에서도 특정 달에 관찰되는 자연 현상을 바탕으로 한 것임을 알 수 있다.

24절기의 명칭들도 대부분 자연 현상에 대한 관찰로부터 명명된 것이다. 穀雨(봄비가 내려 온갖 곡식이 윤택해지는 시기), 麥秋(보리가 익는 철), 小滿(햇볕이 충만하고 만물이 자라서 가득 차게 되는 시기) 芒種(논보리나 벼 등 까끄라기가 있는 씨앗을 뿌리는 시기), 雨水(눈이 비로 변하고 얼음이 녹아 물이 되는 시기) 등이 그러하다. 보름 상간으로 이러한 자연의 변화가 진행되고 있으며 그러한 변화의 움직임을 감지하여 절기의 명칭으로 삼았다는 사실을 알게 되는 것은 학습자로 하여금 일상 속에서 접하는 자연 현상을 새롭게 인식할 수 있게 한다.

심지어 옛날 중국 사람들은 자연 현상의 변화에 더욱 민감한 관

---

10) 더 나아가 6월령에는 파리, 모기, 악머구리 등 고전시가에서 일반적으로 잘 등장하지 않는 동물들에 대한 언급으로 계절감을 표현하고 있다.

찰력을 보여, 우수입기일 이후 15일 동안의 기간을 三候로 5일간씩 세분하여 그 특징을 나타내기도 했다. 즉 첫 5일간은 수달이 물고기를 잡아다 늘어놓고, 다음 5일간은 기러기가 북쪽으로 날아가며, 마지막 5일간은 초목에 싹이 튼다고 보는 식이다.

이러한 섬세한 절서 감각을 현대인이 상실한 것은 분명하다. 그렇게 된 가장 큰 이유는 현대사회에서의 삶의 방식이 자연에의 직접적인 의존으로부터 벗어났기 때문에 자연 변화에 주의를 기울일 필요가 줄어든 데에 있다. 1년을 24절기로 세분하여 구분할 수 있었던 것은 그만큼 자연의 변화에 민감하게 몰두할 실용적 필요가 있었기 때문이다. 농사를 짓기 위해서는 씨를 뿌리고 추수하기에 가장 좋은 날씨를 알아야 했던 것이다.

또 한편으로 현대인에게 자연 변화를 민감하게 느끼는 능력이 쇠퇴하게 된 것은 절기 현상 자체가 뚜렷함을 잃어가고 있기 때문이기도 하다. 그러한 의미에서 <농가월령가>를 통해 현재와 차이가 나는 기후 현상을 경험하는 것은 환경에 대한 관심 및 지역에 대한 애착심을 발전시킬 수 있는 기회도 된다.

계절이 바뀜에 따라 인간의 생활과 감정에 변화가 생기는 것은 매우 자연스러운 현상이다. 자연계의 순환적 질서는 존재하는 모두가 거미줄처럼 얽혀져 있고 다른 모든 것과 관련을 맺고 있어 변환이 이루어질 때마다 생성 과정에 있는 다른 존재에도 영향을 미치는 유기적 질서 체계이기 때문이다. 그러므로 그 안에서는 고립된 존재란 없다. 모든 생물은 어떤 의미에서건 여타의 것들에 연결되고 의존해 있으며 각 구성 부분들은 물질과 에너지의 주기적 교환을 통해서 상호 연결되어 있어 자신의 리듬을 통해 서로 작용하고 있다.[11]

---

11) Fritjof Capra, 구윤서·이성범 옮김, 『새로운 과학과 문명의 전환』, 범양사, 1989, p.263.

계절의 변화에 민감하게 반응한다는 것은 고립된 개체로서의 인간이 아닌, 자연의 일부분으로서 자연의 변화를 감지하는 존재로서 살아감을 뜻한다. 자연의 흐름에 주목하고 그것을 생생하게 느끼는 것은 삶의 가장 근원적인 부분과 연결되는 감각일 수 있는 것이다.

<농가월령가>를 통해 학습자는 계절의 변화에 자신의 감각을 밀착시켜 보는 경험을 할 수 있다. 이러한 경험은 각 달이 뚜렷한 차별성을 갖는다는 것을 통해 자연의 소중함을 느끼고 지키려는 태도의 형성으로 이어질 수 있다.

또한 절기라는 것이 자연의 변화를 중심으로 한 것이기 때문에 사철, 동식물, 자연 현상 등과 관련된 간접경험으로도 이어질 수 있다. 문학 교육의 의의 가운데 하나가 자신을 둘러싼 환경에 대해 해박한 지식과 관심을 가질 수 있게 한다는 점에 비추어 보았을 때 이는 의미가 있다. 현대의 환경 속에서 이러한 자연 현상은 직접 경험하기 힘든 것이라는 점에서 <농가월령가>는 경험의 재창조로서가 아니라 인식할 수 있게 만드는 계기로서의 성격을 더 크게 갖는다고 할 수 있다.

시간에 대한 경험은 시간을 측정하는 방법에 따라 달라진다. 시간의 흐름을 동식물을 포함한 자연 지표의 변화에 의해 민감히 구분하고 있는 <농가월령가>는 현대사회 속에서 살아가는 학습자들에게 시간의 흐름에 대한 경험을 새롭게 해 줄 수 있는 의미를 갖는다.

(3) 순환하는 시간

<농가월령가>는 기본적으로 교술적 성격이 강하지만, 시간의 흐름에 따른 자연의 변화와 그 속에서의 인간 삶의 모습을 평이한 일상어로 생동감 있게 표현하고 있는 점은 이 작품의 매력이기도

하다.12) 특히 각 월별로 이루어지는 자연 묘사의 탁월함에 대해서는 많은 연구자들이 관심을 갖고 논의한 바 있다.

이러한 자연 묘사에서 아름다움을 느끼게 되는 것은 무엇 때문일까? 그것은 묘사된 물상 자체의 아름다움과도 무관하지 않겠지만, 보다 근본적으로는 그것이 자연 속에 존재하는 리듬을 환기한다는 데에서 파생한다. 시간의 흐름과 순환성은 인간의 외적 세계에서만이 아니라 인간 내부에서도 작용한다. 인간은 스스로가 시간의 리듬을 지닌 존재이기 때문에 시간의 흐름과 우주의 현상을 이해하고 느낄 수 있는 것이다. <농가월령가>는 월령체라는 형식을 통해 인간의 가장 원초적인 시간 경험인 순환성과 반복성을 조우하게 만든다.

<농가월령가>에서 월령체 형식이 효과적으로 기능할 수 있었던 것은 일 년 열두 달의 계절적 변화가 뚜렷한 한반도의 기후 조건과 1차적으로 관련된다. 일 년 내내 더위나 추위가 계속되거나 계절의 변화가 뚜렷하지 않은 곳에서라면 월령체 형식이 의미 있게 수용되기 힘들었을 것이기 때문이다. 극심한 추위를 겪게 되는 겨울 뒤에 반드시 봄이 오고 그것이 경험적으로 반복되다 보면 그것은 삶의 과정을 이해하는 하나의 원리로 자리 잡게 된다. 예를 들어 고통 끝에 낙이 온다는 낙관적 믿음을 삶 속에서 형성할 수 있게 된 것은 이러한 계절 변화에 대한 축적된 경험과 무관하지 않을 것이다.

그런 점에서 <농가월령가>에 그려지고 있는 계절의 변화 모습은 그 자체로 한국인의 정체성과 긴밀한 관련을 갖는다. 김석회(2004)는 이 작품의 절서 대목들이 지은이 자신의 체험적 실감을 토대로

---

12) 이러한 점은 〈월령〉을 표방하고 있는 고상안의 〈농가월령〉, 박세당의 〈전가월령〉, 김형수의 〈월여농가〉, 이기원의 〈농가월령〉 가운데 〈농가월령가〉의 탁월한 성취라 할 수 있다.
  김석회, 「〈농가월령가〉와 〈월여농가〉의 대비 고찰」, 『국어국문학』 137, 국어국문학회, 2004, p.110.

구성한 것이기에 한반도의 기후 풍토와 적실함을 언급하였는데, 이는 월령체라는 외적 형식에 대한 분석에서 더 나아가 내용적 측면에 주목한 것이라고 할 수 있다.

<농가월령가>에서는 각 달을 구분할 수 있는 뚜렷한 변화의 지표를 제시함으로써 각 달의 고유성이 강조되는 한편, 1년이라는 단위로 보았을 때에 매년 그러한 변화의 흐름이 반복된다는 이중적인 성격을 보이고 있다. 머리 노래 부분에 이 점이 잘 표현되고 있다.

> 天地 肇判하매 日月星辰 비최거다
> 日月은 度數있고 星辰은 躔次있어
> 一年 三百六十日에 제 度數 돌아오매
> 冬至 夏至 春秋分은 日行을 推測하고
> 上弦 下弦 望晦朔은 月輪의 盈虧로다

각 절기에 대한 기대가 있고 매해마다 그 기대를 충족시키는 자연 현상의 때맞추어 옴을 반복적으로 경험하는 것은 자연에 대한 경외감과 함께 하나의 리듬감을 형성한다. 그리고 그러한 리듬은 언제까지나 계속 반복된다는 믿음을 전제로 하는 것이 월령체 양식이 담고 있는 시간관이다.

이는 순환적 시간관의 대표적 양식이라고 할 수 있는데, 근대 이후 직선적 시간관이 지배적 위치를 차지하게 되면서 순환적 시간관은 폐쇄적이고 미래에 대한 뚜렷한 의식이 부족한 전근대적 양식으로 평가되었다. 근대적 시간의식의 역사철학적 의미는 자연적 리듬의식의 소멸과 미래 지향적인 시간의식으로 요약된다.[13]

이러한 직선적 시간관은 인간과 자연의 관계를 단절시키고 시간의 일회성을 강조하는 反자연주의적 시간관의 근원이 된다.[14] 또한

---

13) 송기한, 「전후 한국시에 나타난 시간의식 연구」, 서울대학교 대학원, 1996. p.26.

직진하는 시간관은 미래를 가치 있는 것으로 상정하고 과거는 열등한 어떤 것으로 간주하는 관념을 파생시킨다. 이는 시간의 흐름에 따라 삶이 나아져야 한다는 기대와 관련되는데, 이와 같은 시간관을 통해 서구 사회는 시간을 식민지화했다.[15] 속도에 대한 갈망은 자연과 과거를 소외시킨 결과로 얻어진 것이다.

그러나 변화만으로 이루어지는 시간은 인간의 삶을 굳건하게 만들기 힘들다. 또한 반복만이 되풀이되는 과정은 역동성과 신선함을 결여하게 된다는 점에서 변화와 반복은 삶을 풍요롭고 안정적으로 만드는 데에 중요한 역할을 하는 두 축이다. 어느 시점의 시간을 인식함에 있어서 그것에 관철되는 새로움과 함께 지속성을 읽어낼 수 있는 데에서 삶은 역동적이면서도 고립되지 않게 된다.

'새봄이 돌아온다'는 표현에는 새롭다는 뜻과 함께 반복된다는, 일견 양립 불가능한 어휘가 함께 쓰이고 있다. 그러나 매년 돌아오는 봄을 새롭게 인식할 수 있다는 것은 반복 속에서도 변화가 존재한다는 삶의 진리를 담고 있다. 또는 새로움으로 느껴지는 것이 실은 반복의 위에 놓여 있음에 대한 발견을 보여주는 것이기도 하다. 이로부터 삶을 영위하는 데에 있어 변화와 지속의 두 측면을 읽어낼 수 있음이 중요하다는 인식을 도출할 수 있게 된다. 이러한 깨달음 없이 끊임없이 새로움만을 추구하는 것은 삶을 소비적인 것으로 만들기 때문이다.

<농가월령가>는 과거의 경험을 미래에 부여함으로써 현재 속에 작동하게 한다. <농가월령가>에서 매월에 대해 설명하고 있는 것은 과거의 사실이면서 미래에 있어서도 그럴 것이라는 규정의 성

---

14) 시간의 불가역성이 절실하게 요구된 때는 반복하는 자연의 시간성에서 떨어져 나온 일회적인 인간의 시간이 자립해 갈 때였다. 서양 문명에서 직진하는 시간관념의 고향이었던 헤브라이즘도 틀림없는 반–자연주의적인 문명의 전형이었다.
   마키 유스케, 최정옥 외 옮김, 『시간의 비교사회학』, 소명출판, 2004, p.151.

15) 박성근 편역, 앞의 책, p.122.

격을 갖는다. 여기에서는 과거와 미래 그리고 현재 사이에 단절성
이 존재하지 않는다.

순환적 시간관에는 그 계기성이 일정한 길이로 확장된 다음에
다른 방향에서 확장된 시간과 서로 만난다는 인식이 깔려 있다. 이
러한 시간적 구조는 유한한 삶 속에서 무한을 재현하는 가장 기초
적인 방식이 된다.[16] 즉 순환적 시간인식은 영원성에 대한 감각을
환기함으로써 허무주의와 단절을 극복할 수 있게 하는 힘을 갖는다.

3. 월령체 시가의 교육적 설계

앞 장에서는 월령체 시가의 대표작인 <농가월령가>에 나타난
시간관의 특성에 대하여 살펴보았다. 월령체 시가는 외적인 형식의
측면에 주목하기 쉽지만 본질적으로 시간에 대한 노래라는 점을
간과할 수 없다. 따라서 월령체 시가를 교육함에 있어서 그것을 단
순히 형식적 틀로만 이해하는 것은 핵심을 놓치게 되기 쉽다. 형식
적 틀을 수용하기에 앞서 그러한 양식이 담고 있는 시간에 대한 태
도 그리고 그러한 태도가 삶의 방식으로서 어떠한 의미를 갖는지
에 대해 진지하게 살펴볼 필요가 있는 것이다.

이 장에서는 <농가월령가>가 시간에 대한 익숙하면서도 한편으
로는 새로운 관점을 경험하게 할 수 있다는 점에서 교육적 설계를
시도해 볼 것이다. 경험의 재구성 과정이 교육이라는 점에서 계절,
절후 등에 대해 학습자들이 가지고 있던 기존 경험을 새롭게 보게
하거나 더욱 정교화하도록 만드는 것은 교육적으로 가치 있는 일
이 될 것이다.

---

16) 이승훈, 『문학과 시간』, 이우출판사, 1983, p.188.

먼저, 시간관에 대한 연구는 문화를 이해하는 훌륭한 창을 제공한다는 점에서 <농가월령가>는 문화 교육을 위한 경험 자료로 설계될 수 있다. 내용을 조직하는 다양한 방식 가운데에서 시간성을 중심축으로 선택하고 있다는 점에서 월령체 형식은 시간에 대한 특징적인 인식을 구현하고 있는 문학 양식이라고 할 수 있다. 이에 대한 이해는 전통 사회의 근간이 되었던 농경문화적 세계관의 일면을 경험해 볼 수 있게 한다는 점에서 그 의의를 찾을 수 있겠다.

다시 말해 농경문화적 시간관을 경험해 보고 그것이 현재의 시간관과 얼마나 차이를 보이는지를 이해할 수 있도록 하는 과정을 교육적으로 설계하는 것이다. 이를 통해 서로 양립할 수 없는 기대를 낳는 세계관들을 대조함으로써 만들어지는 긴장상태를 교육적으로 활용함으로써 문화적 감각을 키울 수 있도록 한다. 이를 위해서는 월령체 시가의 친숙하지 않은 부분이 학습자들에게 부각될 것이다. 이처럼 현재의 시간관과 대조함으로써 유발되는 긴장상태는 타 문화권에서의 사례들을 통해 더욱 강화될 수 있다.

> 수단의 딩카족은 우기에 가까워지는 시기에만 기우제를 지낸다고 한다. 근대인의 입장에서 보면 넌센스 같지만, 딩카족에게 있어서 이 의식은 자연을 지배하기 위한 것이 아니라 자연의 리듬을 타기 위한 것이다. 우기도 아닌데 기우제를 지내는 것은 태양의 걸음을 부채로 막는 오만과 같은 것이라는 생각이 깔려 있다.[17]

위의 예는 인위적 노력에 의해 비가 오기를 기원하는 의식인 기우제에 대한 통념 속에 자연에 대한 인간의 오만함이 얼마나 크게 작용하고 있는지를 보여준다. 자연을 지배하기 위한 것이 아니라 자연의 리듬을 타기 위해 기우제를 행하는 딩카족의 예를 통해 자

---

17) 마키 유스케, 최정옥 외 옮김, 앞의 책, pp.72~73.

연에 대한 겸허한 태도를 접할 수 있게 하는 것이다. 이러한 사례를 통해 학습자는 현재의 지배적 문화를 반성적으로 바라볼 수 있게 되며, 더 큰 범위에서 문화적 감각을 신장시킬 수 있을 것이다.

또한, 월령체 시가는 환경 교육을 위한 통합 교육적 접근으로 설계될 수도 있다.[18] <농가월령가>에 나타난 시간관인 맞이하는 시간, 느끼는 시간, 순환하는 시간은 각각 자연에 대한 겸허함, 감수성, 심미성으로 의미화될 수 있다.

관리와 소비의 대상으로 시간을 바라보는 현대의 지배적 시간관이 자연에 대한 인간의 우위를 전제하고 있다면, 맞이하는 것으로 여기는 태도는 시간적 질서에 순응하는 겸허성을 바탕으로 한다. 겸허성은 자연에 대한 인간의 의존도를 자각함으로부터 비롯되는 것으로서, 인간이 자연과 조화를 이루며 살아가기 위해 우선적으로 요청되는 태도이다.

시간의 변화를 민감하게 느끼는 태도는 자연에 대한 감수성과 관련된다. 그런데 환경감수성은 환경 윤리에 있어서도 지속적으로 강조되어 온 바이다.[19] 자연물에 감정이입을 하는 것과는 달리 <농가월령가>에서는 자연의 감각 그 자체에 집중하고 있다는 점에서 환경에 대한 민감성을 신장하는 데에도 좋은 경험 자료가 될 수 있을 것이다.

순환하는 시간에서 리듬을 느끼고 그것의 아름다움을 느낀다는 것은 그 자체로서 환경교육의 좋은 자질이 될 수 있다. 환경 교육의 최종 목표는 인지적 능력에 해당되는 것이 아니라 태도의 형성

---

18) 환경교육은 서로 다른 여러 학문과 교육 경험의 재정립 및 융합의 결과인데, 환경교육은 환경 문제에 대한 통합된 인식을 증진시키고 우리가 실천해야 할 사회적 필요를 충족시킬 수 있는 합리적인 행동을 가능하게 한다.
Harold Hungerford, 최돈형 편역, 『환경교육학입문』, 원미사, 2005, p.33.
19) Hungerford(2002)는 책임 있는 환경 행동을 강조하면서 이와 관련된 주요 변인으로 환경에 대한 민감성 또는 감정이입을 꼽았다.

이기 때문이다. 환경에 대한 건전하지 못한 태도는 생태학적 지식의 결여에 원인이 있는 것이 아니라 사람들의 인성에 도덕적, 심미적 측면이 충분히 발달하지 못한 것에 있다.[20] 즉 자연의 아름다움을 느낄 수 있는 것은 심미적 측면의 발달에 기여하며 월령체 시가는 이에 유용한 경험 자료가 될 수 있다.

한 작품에서 경험할 수 있는 자질은 다양할 수 있다. <농가월령가>를 비롯하여 월령체 시가의 경우, 주로 형식의 측면을 강조함으로써 표현 틀로 작용하는 자질의 교육에 집중되어 온 바 있다.

이에 본고는 <농가월령가>가 시간에 대한 특징적인 태도를 구현하고 있으며 자연, 시간 그리고 인간의 관련성에 대한 경험 자료로 중요한 의미를 가진다는 점에서 논의를 진행하였다. 그 결과 이 작품에 나타나는 시간에 대한 태도는 '맞이하는 시간, 느끼는 시간, 순환하는 시간'으로 유목화할 수 있었으며 이들은 각각 자연에 대한 겸허함과 감수성, 그리고 심미성으로 의미화될 수 있음을 밝혔다. 이러한 자질은 문화교육과 환경교육과의 관련성 속에서 더 큰 의미를 가질 수 있을 것이다.

시간은 관념적 대상으로 인식될 수도 있고 매우 구체적인 것으로 경험될 수도 있다. <농가월령가>는 시간에 대한 노래이면서 그것을 관념적으로 사유하는 대신 구체화하여 보여주고 있다는 점에서 교육적 가치가 크다. <농가월령가>에 나타난 시간 인식과 묘사를 통해 학습자들은 자신의 시간관과 비교해 보고 한 단계 더 나아간 통찰력을 신장해 볼 수 있는 계기를 갖게 될 수 있을 것이다. 시간에 대한 태도가 삶의 방향을 규정하는 데에 큰 역할을 한다는 점에서 이에 대한 경험은 교육적으로 중요한 의미를 갖는다.

과학 기술이 발달하면서 인간은 많은 문명의 이기를 누리게 되

---

20) 남상준, 『환경교육론』, 대학사, 1995, p.73.

었지만 그에 반비례하여 삶을 영위하는 데에 있어서 특정 부분에 있어서는 오히려 퇴화하고 있다. 그중에서 대표적인 것이 자연에 대한 민감한 감수성이 아닐까 한다.

또한, 해마다 일정하게 지키어 즐기거나 기념하는 때로서의 명절이 최근에는 휴일에 가까운 의미로 변해 가고 있다는 것도 <농가월령가> 교육이 현대의 학습자에게 특별한 경험적 가치를 가질 수 있는 지점이다. 이 작품은 일 년 열두 달이라는 시간의 반복성과 순환성에 입각하여 삶을 질서화하고 있는데, 세시풍속은 그러한 과정을 구체적으로 보여주는 산물이다. 절기별로 이루어지는 세시풍속을 통해 자연과 인간의 삶이 얼마나 밀접한 관련을 가질 수 있는지 경험할 수 있게 되며, 이러한 경험은 자연과 환경에 대한 새로운 태도 형성을 촉발할 수 있는 가능성을 가진다. 더 나아가 전통문화에 대한 관심과 흥미를 느낄 수 있는 기회를 제공해 줄 수도 있다는 점에서 그 의의를 부여할 수 있다.

제3부
<용비어천가>와
고전시가
표현교육론의 탐색

제1장
고전시가 표현교육론의 전제

　고전 문학 교육이 지향하는 바가 고전 문학 작품의 이해를 통해 학습자의 문학에 대한 인식을 확장시켜 주는 것이라면, 이때의 '이해'라는 말은 단순히 고전 작품의 축자적 해석에 한정되어서는 안 될 것이다. 오히려 그 작품을 탄생시킨 당대의 문화적 조건이 어떠한 방식으로 작품을 형성하고 있는지와 그 작품이 주는 현재적 의미에 대한 관심으로 그 영역을 확장시켜야 한다.

　그러나 이때 주의해야 할 점은 작품 자체의 속성과의 긴밀한 연관 없이 문학 외적인 조건들을 작품과 연결시키려는 태도이다. 물론 한 작품에서 그 작품을 이루고 있는 사회 배경을 읽어내고 이해할 수 있게 된다는 것은 분명 가치 있는 경험일 것이다. 그러나 이러한 관점은 그 시대 현상을 해석하는 데 치우쳐서 그 시대를 이해하는 하나의 자료로 문학의 역할을 본의 아니게 축소시켜 버릴 수 있기에, 오히려 문학 향유자의 문학 작품에 대한 인식의 확장 가능성을 막을 수도 있다.

　이러한 문제점은 그 작품의 독특한 텍스트 구성 방식에 주목함으로써 어느 정도 해결될 수 있다고 생각한다. 하나의 작품이 어떤 특정한 텍스트 구성 방식을 선택했다는 것은 그러한 구성 방식이 그 작품의 지향하는 바를 설명·형상화하기에 가장 적절하기 때문이며, 이는 곧 각각의 텍스트 구성 방식들의 차별성이 가지고 있는 의미를 해명하는 열쇠이기도 하다. 이때 그 지향점에 대한 접근은 필연적으로 그 작품이 놓인 외적 환경을 고려함으로써 가능하므로, 이러한 관점은 문학과 역사 그리고 사상적 측면을 포괄할 수 있는 가능성을 갖게 되는 것이다. 즉 이러한 접근 방식은 텍스트의 피상적 의미에만 한정될 때 생기는 한계와 텍스트 자체와는 긴밀한 관련을 보여주지 않은 채 당대의 문화와 연결 짓는 위험을 동시에 지양하면서 고전 작품의 총체적 이해를 가능하게 해 주는 것이기도 하다.

또한 이러한 관점은 고전 문학 텍스트에서 느끼게 되는 생소함과 거리감을 좁혀 줄 수도 있을 것이다. 일반적으로 고전 문학 작품을 대할 때 가장 먼저 느끼게 되는 어려움은 텍스트의 낯섦에서 오는 것이다. 그것은 현재와 시간적으로 그리고 사회·문화적으로 큰 거리를 격해 있음으로부터 오는 생소함이다. 대부분의 경우 그것은 수용자에게 난해함과 더불어 현재와는 별 관련이 없는 과거에 속한 것이라는 무관심 속에 빠뜨리게 한다. 그 결과 고전 문학을 전공하는 소수의 사람들을 제외한 일반 수용자들은 고전 문학에 대해 적극적인 관심을 가지거나 의미를 부여하지 않으려는 경향도 있다. 그러나 이러한 거리는 한편으로 텍스트를 분석하는 객관적 시각을 확보[1]해 주기도 하며, 과거를 통해 현재를 비춰 주는 역할도 한다.

즉 한 작품의 구성 방식을 살펴본다는 것은 피상적 이질성이 아

---

1) 고전 문장이 지니는 根源性, 靜態性, 歷史性은 현재의 언어문화를 설계하고 교육하며 습득하는 데에 유효할 수 있다.
   김대행, 「고전표현론을 위하여」, 『선청어문』 20, 서울대 국어교육과, 1992, p.23.

닌 그것의 반복 가능성[2]에 대한 이해를 추구함을 전제하는 것이다. 이는, 즉 過去性에 대한 이해와 더불어 그 과거의 現在性에 대한 인식을 내포하는 것이 된다. 고전 문학 작품을 이해한다는 것 또는 고전 문학 교육을 한다는 것이 궁극적으로 지향하는 바가 과거와 현재의 차이 자체라기보다는 그 사이에 존재하는 연관성이며, 이를 통해 보다 포괄적으로 인간의 삶을 이해하게 하려는 것이라고 할 때 이러한 관점은 더욱 유용할 수 있을 것이다.

이러한 관점을 바탕으로 하여 이 글에서는 지금까지 국문학사상 매우 '특이한' 장르[3]로 다루어져 왔던 악장 문학의 대표작인 <龍飛御天歌>를 분석해 보고자 한다. 그것의 독특한 텍스트 구성 방식과 그것을 지배하는 주요 원리를 찾아보고 그것이 현재의 언어생활을 운용하는 데에 어떠한 유용성을 갖는지 고찰하고자 한다.[4] 이러한 과정을 통해 현재의 언어문화에 대한 포괄적 이해를 위한 유용한 자료로서 고전 문학 작품을 자리매김하는 하나의 시도를 하려는 것이 이 글의 목적이다.

본고는 모든 작품은 전통과 당대 문화의 교섭에 의해 이루어진다는 관점을 취한다. 따라서 개개의 문화적 배경에 의한 변형에 앞

---

2) 물론 이때의 반복 가능성이란 똑같은 형태로의 재현만을 의미하지는 않는다. 오히려 여기에서 관심을 갖는 것은 그러한 동일한 형태로의 재현보다는 우리의 사고 구조에 그리고 형태와 매체를 달리하여 반복되는 양상에 대한 것이다.

3) 이 작품은 '조선시가 형식상 보기 드문 형식일 뿐 아니라 그 이전에나 또 그 이후에나 실제에는 거의 볼 수 없다 할 만치 구하기 어려운 형식'이라고 평가되기도 한다.
조윤제, 『朝鮮詩歌史綱』, 박문출판사, 1937, p.174.
이에 비하여, 시가의 발달상 전혀 새로운 형태의 시가가 돌발적으로 발생될 수는 없다는 관점에서 용비어천가의 형식을 전대의 別曲이나 조선시대의 시조·가사와 관련짓고 있는 논의도 있다.
조흥욱, 「용비어천가의 율격 연구」, 서울대학교 대학원, 1978.

4) 따라서 이는 국어교과학의 연구 영역 가운데 '사용으로서의 국어활동 연구 영역'에 해당한다고 볼 수 있다. 이 영역은 담화(discourse) 또는 텍스트 단위에서 언어의 운용이 이루어지는 현상을 설명하는 데 목표를 두는 연구로서 전통적으로는 수사학 등이 관심을 가져온 영역이다. 이 영역은 실생활의 언어활동에 필요한 절차적 지식의 개발에 연구의 중점을 두는 것이 바람직하다.
김대행, 『국어교과학의 지평』, 서울대학교 출판부, 1995, pp.146~151.

서 그것의 원리가 되는 보편적 성격을 고전 문학 작품에서 찾는 작업이 필요하다는 생각이다. 이러한 작업은 현재의 언어문화를 설계하고 교육하는 데에 유용할 수 있으며, 고전 문학 교육을 통해 도달해야 할 삶의 통시성의 문제에도 보다 구체적으로 접근할 수 있게 한다고 본다. 본고에서 다루려는 <용비어천가>의 텍스트 구성 방식에 대한 접근도 이러한 전제에서 출발한다.

<용비어천가>는 시가와 산문이라는 이질적 체계를 병존시킴으로써 이야기를 전개시켜 나가고 있는 특성을 갖는다.5) 시가만으로 혹은 산문만으로 이루어진 다른 작품에 비해 이러한 텍스트는 필연적으로 시가만을 가지고는 사건의 전모를 알 수 없게 된다. <용비어천가>를 영웅 서사시로 보기에 인색했던 초기 연구6)의 태도에도 그 저변에는 이러한 비서사성이 크게 부각되었으리라고 판단된다.

이와 같이 국문 시가만으로 한 편의 완결된 서사시를 기대하는 관점에 의하면, <용비어천가>는 불완전하고 미흡한 성격을 갖는다는 평가를 면할 수 없게 된다. 그러나 정도의 차이는 있지만 이규보의 <동명왕편>, 이승휴의 <제왕운기> 등도 이와 같은 구성 방식을 보여주며, 석가의 일대기를 담은 조선 전기 불교 서사시인 <월인석보>의 텍스트 구성 방식 또한 이에 해당된다. 이러한 사정을 고려해 보았을 때 서구적 기준에 의해 서사시 논의를 펼치는 일은, 이들의 중요한 속성을 기준 미달로 폄하시킬 수 있는 위험성을 갖는다.

본고에서 관심을 갖는 것은 이러한 비서사성을 감수하면서까지

---

5) 이 점에 주목하여 본고에서는 국문 시가와 배경 사화가 공존하면서 이루어지는 총체성과 그것의 의미를 다루고자 한다. 그리고 국문 시가만을 지칭하는 경우와 구별을 두기 위해, 이 둘을 포괄하는 명칭으로 '<용비어천가> 텍스트'라는 용어를 사용하도록 한다.

6) 조윤제, 앞의 책, p.176.

이와 같은 텍스트 구성 방식을 취하고 있는 이유가 무엇일까 하는 점이다. 이 작품이 장기간에 걸쳐 국가적 사업의 일환으로 추진되었다는 사실을 고려해 볼 때 이와 같은 비서사성이 문학적 자질의 부족에서 기인하는 것은 아니라는 추측을 할 수 있으며, 오히려 이 부분에 대한 해명은 보다 적극적으로 이루어져야 할 것이다.

이에 대한 해명을 위해 이 작품이 제작되었던 당대의 문화적 환경에 대한 접근 방법이 유효해 보인다. 세종에 의해 문화사적으로 커다란 변화의 움직임이 진행되었던 당시의 상황과 그러한 동향의 일환으로 탄생된 것이 바로 이 작품이라는 점을 고려해 보았을 때 이러한 가정은 설득력을 갖는다.[7] 따라서 본고에서는 이 작품의 구성 방식을 당대의 사회, 정치적 상황에서 비롯된 제작자의 의도와 관련지어 논의하도록 할 것이다. 그러한 제작 의도를 해명하는 가운데에서 <용비어천가> 자체의 본질적인 측면이 부각될 수 있으며 이러한 구성 방식의 유효성 역시 이야기될 수 있으리라 생각한다.

위와 같은 연구의 진행을 위해서 연구 범위를 확정짓는 일이 필요해 보인다. 이 글에서는 국문 시가 중심의 기존 연구 방법이 가질 수밖에 없었던 한계를 극복하기 위하여 대상 텍스트를 한문으로 이루어진 배경 사화로까지 확장시키고자 한다. 이것은 이 작품의 상당한 부분을 차지하고 있으며, 단지 양적으로뿐만 아니라 <용비어천가> 텍스트를 이루는 데에 일종의 역할 분담을 통해 국문 시가와 병존하고 있다. 그러므로 이 작품의 문학적 실상을 파악하고 위에서 지적한 독특성을 이해하기 위해서는 이 배경 사화에 대한 논의가 적극적으로 이루어져야 할 것으로 생각하였다. 그러나 국문 시가·배경 사화와 함께 <용비어천가> 텍스트를 이루고 있

---

7) 앞에서 제기한, 작품과 당대 문화와의 상호 연관성을 살피는 데에 〈용비어천가〉 텍스트는 매우 유리한 측면이 있다. 왜냐하면 이 시기는 문화사적으로 커다란 변화의 움직임이 다른 시기에 비해 훨씬 뚜렷했으며 그러한 동향의 산물로 탄생한 것이 바로 이 작품이기 때문이다.

는 한역시는 국문 시가를 한문으로 번역한 것에 불과하며, 전체 텍스트 구성 방식에 있어서 별다른 역할을 하지 않는 것으로 파악되기 때문에 편의상 논의의 대상에서 제외한다.

이러한 전제와 방법을 통해, <용비어천가> 텍스트는 방대한 양의 자료를 노래 한 편에 효과적으로 집약시키기 위한 구성과 표현을 취하고 있는 흥미 있는 자료로 평가될 수 있을 것이며, 현재 우리의 언어생활에서도 발견되는 지극히 일반적인 원리를 담고 있다는 사실을 입증하고자 한다.

제2장
구성 원리 측면에서 본
〈용비어천가〉

　세종조는 악장 창작상에 있어서 일대 전환을 이루게 된다. 초기 작들은 주로 先王과 現王의 단편적인 위업에 대한 찬양에 치중했었는데 이는 조종의 공업을 포괄적으로 다루기에 부적절한 것이었다. 또한 조선의 건국이 천명에 기반을 둔 聖事였음을 근거 없는 찬사와 과장만으로 꾸며 낼 수는 없다는 인식의 전환은 새로운 악장 제작의 방향을 요구하게 되었다.[1]

　세종조에 제작된 대표적 악장인 <용비어천가>는 조선 건국과 관련된 조상들의 사적이 총집합되어 서술되고 있는 점에서 초기작들과는 커다란 차이를 보이게 된다. 조상의 위업을 빠짐없이 서술해야 하니 자연스럽게 이전에는 볼 수 없었던 장편의 형태를 취하게 되었으며, 전체적인 구성도 시가와 그에 대한 史傳的 성격을 띤 배경 사화가 유기적으로 결합되어 있는 이중 구조를 취하게 되었다.

　이와 같은 이중 구조는 조선조 악장의 완성형이라고 할 수 있는 <용비어천가>를 지탱해 주는 특수성으로 작용하고 있으며, 이로부터 이 작품의 고유한 성격이 파생되고 있다. 예를 들어, 국문 시

---

1) 조규익, 『조선초기 아송문학 연구』, 태학사, 1986, pp.60-76.

가만으로는 의미가 충분히 전달되지 못하게 되는 것도 <용비어천가> 텍스트의 이중 구조와 관련되는 현상이다. 따라서 이 작품에 대한 총체적 이해와 평가를 위해서는 우선 이 부분에 대한 고찰이 선행되어야 할 것이다.

1. 〈용비어천가〉의 이중 구조

(1) 국문 시가의 구조적 특수성

가. 비계기적 전개

전체 125장으로 나누어진 <용비어천가>는 다음과 같이 이루어져 있다. 먼저 제1·2장은 이 작품의 序詞에 해당하는 부분으로 여기에서는 왕조 창업의 정당성과 심원함을 상징하는 어휘를 통해 주제를 비유적으로 표현한다. 즉 제1장은 용비어천가 전체의 주제를 통괄하여 미리 제시해 주는 역할을 하는 序章에 해당하며, 이를 받아 제2장에서는 작품의 주제를 구체적 대상에 비유하여 강조하고 있는 것이다.

> (제1장)
> 海東六龍이ᄂᆞ라샤 ○ 일마다天福이시니 ❷ 古聖이同符ᄒᆞ시니
> (제2장)
> 불휘기픈남ᄀᆞᆫ ○ ᄇᆞᄅᆞ매아니뮐씨 ❷ 곶됴코 ○ 여름하ᄂᆞ니
> 식미기픈므른 ○ ᄀᆞ문래아니그츨씨 ❷ 내히이러 ○ 바ᄅᆞ래가ᄂᆞ니[2]

本詞인 제3장에서 124장은 이러한 서사의 주제를 구체적인 사건

2) 〈용비어천가〉의 인용은 아세아문화사 편 『龍飛御天歌』(1972)에 의하며, 이하에서는 장 번호만을 부기하도록 한다.

과 인물의 행적을 통해 전개해 나간다. 끝으로 結詞에 해당하는 제 125장은 앞의 내용을 바탕으로 하여 후왕들을 규계하는 형식을 통해 이 작품의 주제를 다시 한 번 강조하고 있다.

(제125장)
千世우희 ㅇ 미리定ᄒ산漢水北에 ㅇ 累仁開國ᄒ샤 ㅇ 卜年이ᄀᆞᆺ업스시니 ㅇ
聖神이니ᅀᆞ샤도 ㅇ 敬天勤民ᄒ샤ᅀᅡ ㅇ 더욱구드시리이다 ㅇ
님금하아ᄅᆞ쇼셔 ㅇ 洛水예山行가이셔 ㅇ 하나빌미드니잇가

따라서 이 작품에 드러난 시간의 흐름을 살펴보기 위해서는 인물들의 행적을 중심으로 전개되는 本詞 부분을 중심으로 논의해야 할 것이다. 그런데 본사 가운데에서도 '勿忘章'이라 일컬어지는 제 110장에서 124장은 앞의 3장에서 109장까지에서 언급된 구체적 행적들을 바탕으로 후왕들에게 경각심을 촉구하는 데에 초점이 맞추어져 있다. 한 예를 들어보면 다음과 같다.

(제114장)
大業을ᄂᆞ리오리라 ㅇ 筋骨을몬져ᄀᆞᆺ고샤 ㅇ 體創瘢이 ㅇ 흐두곧아니시니
兵衛儼然커든 ㅇ 垂拱臨朝ᄒ샤 ㅇ 이ᄠᅳᆯ ㅇ 닛디마ᄅᆞ쇼셔

즉 제114장에서는 나라를 지키는 일이 얼마나 어렵고 힘든 일이었는지를 주지시키기 위해 진포 싸움에서 태조가 부상을 입으면서까지 분투하였던 내용인 앞 장(50, 51, 52장)이 다시 한 번 언급되고 있다. 따라서 이 장에서는 '－쇼셔'라는 명령형 어미를 사용하여 과거의 교훈을 전달하는 데에 초점이 맞추어져 있다고 볼 수 있다.
그러므로 시간에 대한 본격적인 논의는 본사 가운데에서도 전반부에 속하는 제3장에서 109장에 해당될 것이다. 여기에 등장하는

중국 측 인물들은 先秦의 三代(夏·殷·周)로부터 兩漢, 魏晋, 南北朝, 隋, 唐, 宋, 遼, 金, 元, 明에 이르는 시대의 사람들이며 우리 측의 인물들은 穆祖에서 太宗에 이르는 6조이다.[3] 중국 측에 인용되고 있는 인물들은 대개 시간의 순서에 관련없이 등장하고 있지만, 6조의 경우는 대체로 인물의 순서대로 관련 사실이 제시되는 규칙성을 보인다.[4] 4조→태조(3～16장), 4조→태조→태종(17～109장)의 순서로 제시되고 있기 때문이다. 이러한 배열은 조선의 창업을 이태조 당대에만 관련시키는 것이 아니라 그 면면한 흐름을 조상과 후손으로까지 확장시켜 한 편의 서사시를 완성시킬 수 있는 조건이다.[5] 이러한 종적 고찰을 통해 조선 왕조에 대한 유원한 전망 역시 가능해지는 것이다.

그러나 각 인물에 관련된 장들 안에서 시간의 연결을 살펴보면 각 사건들이 시간의 흐름과는 무관한 순서[6]로 제시되고 있음을 알 수 있다. 그 한 예를 다음에서 들어 본다.

(제9장)
奉天討罪실씨 ○ 西方諸侯ㅣ 몯더니 ❷ 聖化오라샤 ○ 西夷ㅅ모ᄃ니
唱義班師ㅣ실씨 ○ 千里人民이몯더니 ❷ 聖化ㅣ 기프샤 ○ 北狄이

---

3) 예외적으로 고려 태조(제15장), 고려 숙종(제16장), 元敬王后(제108·109장)가 중심인물로 나오는 경우도 있다.

4) 이는 우리 측의 사적을 중심으로 해서 그에 어울리는 중국 측의 사적을 임의로 선택하는 과정에서 필연적으로 파생한 문제라고 생각할 수 있다.

5) 참고로, 조선 창업의 모형으로 삼고 있는 주나라의 경우에서도 始祖 후직에서부터 不茁, 鞠陶, 公劉, 古公亶父에 이르기까지의 가계의 흐름이 강조되고 있다. 여기에는 중국 역사상 대표적인 역성혁명의 예가 되며, 한편 공자가 칭송하여 마지않은 주나라의 창업과의 동일화를 통해 조선 건국의 정당성을 역설하려는 의도가 내재되어 있었으리라 생각된다.
김선아, 앞의 논문, pp.30～33.

6) 일반적인 서사 문학의 경우에도 시간의 재구성은 발견된다. 이때의 플롯은 부분들 사이의 인과적 관계를 토대로 하여 작품의 통일성을 이룩하기 위한 구성 기법이다. 그러나 〈용비어천가〉의 경우 각 사건들 자체는 개연적 또는 필연적인 질서를 따라 긴밀히 연결되어 있지 않다. 그보다는 각 사건이 대표하는 주제의 논리성에 따라 배열되고 있는 것이다. 이와 같은 주제적 측면에 대한 배려는 이 작품의 교술적 성격과도 상통하는 것이다.

쏘모ᄃ니

(제10장)
一夫ㅣ 流毒홀씨 ❸ 我后를기드리ᅀᄫㅏ ❸ 玄黃筐篚로 ○ 길헤ᄇ라ᅀᄫ니
狂夫ㅣ 肆虐홀씨 ❸ 義旗를기드리ᅀᄫㅏ ❸ 簞食壺漿ᄋ로 ○ 길헤ᄇ라
ᅀᄫ니

(제67장)
ᄀ룴ᄀ새자거늘 ○ 밀므리사ᄋ리로ᄃㅣ ❸ 나거ᅀㅏ ○ ᄌᄆ니이다
셤안해자실제 ○ 한비사ᄋ리로ᄃㅣ ❸ 뷔어ᅀㅏ ○ ᄌᄆ니이다

(제68장)
ᄀ룴ᄀᆯ아니말이샤 ○ 밀므를마ᄀᆞ시니 ❸ 하ᄂᆞᆯ히 ○ 부러ᄂᆞ믈뵈시니
한비ᄅᆞᆯ아니그치샤 ○ 날므를외오시니 ❸ 하ᄂᆞᆯ히 ○ 부러우릴뵈시니

(제72장)
獨夫를하ᄂᆞᆯ히니ᄌᆞ샤 ○ 功德을國人도ᇝ거니 ❸ 漢人ᄆᅀᆞ미 ○ 엇더
ᄒ리잇고
하ᄂᆞᆯ히獨夫를ᄇ리샤 ○ 功德을漢人도ᇝ거니 ❸ 國人ᄆᅀᆞ미 ○ 엇더
ᄒ리잇고

(제89장)
숤바올닐굽과 ○ 이봇나모와 ❸ 투구세사리 ❸ 녜도쏘잇더신가
東門밧긔 ○ 독소리것그니 ❸ 聖人神功이 ○ 쏘엇더ᄒ시니

위에 제시된 장들은 모두 위화도 회군이라는 역사적 사건에 관
련된 삽화들이다. 9장은 이성계의 군사가 위화도에서 회군하여 서
울 근교에 주둔하고 있을 때 본래 종군하지 않았던 여진 사람들이
이 소식을 듣고 주야로 급히 달려 왔다는 내용이며, 10장은 우왕의
신하와 백성들이 술과 미음으로 반란군을 맞이했다는 내용이다. 한
참 후에 나오는 위화도 회군 관련 삽화인 67, 68장은 섬에서 군사
를 돌려 압록강을 건널 때, 이성계의 군사가 무사히 물가에 닿았을

때에야 비로소 섬이 물에 잠겼다는 이야기이다. 72장은 명나라 序班 李添祥이 이성계의 위화도 회군을 칭송하였다는 후일담적인 삽화이다. 끝으로 89장은 이성계가 서울을 지키고 있는 최영의 군대와 맞서 싸우기 전에 승리의 조짐을 점쳐 여러 사람의 마음을 하나로 하려고 100보쯤 떨어져 있는 곳의 소나무를 화살 하나로 쏘아 부러뜨렸다는 이야기이다.

내용을 살펴보았을 때 알 수 있듯이 위의 삽화들은 위화도 회군이라는 하나의 사건을 이루는 부분들로 이곳저곳에 흩어져 있으며, 흩어져 있는 것들 사이의 순서도 순차적 질서를 따르고 있지 않다. 이들을 만약 시간 순서에 맞추어 재배열한다면 '67(68)→9, 10→89→72'와 같이 될 것이다.

앞에서 든 위화도 회군 관련 삽화 외에도 순차적 질서에 따라 이야기를 전개시키지 않고 있는 것은 용비어천가에서 일반적으로 나타나는 현상인데, 이를 중심 사건별로 도식화하면 다음과 같이 될 것이다.

중심인물	중심 사건	관련 장
목조	三陟·德源·斡東으로의 이주	3, 17, 18
익조	赤島·德源으로의 이주	19 → 20 → 5 → 6 → 4
도조	大蛇御鵲	7, 23
태조	위화도 회군	67(68) → 9, 10 → 89 → 72
태조	태조의 즉위	12 → 93 → 77
태조	건국의 천명성	13 (14 → 83)
태조	홍건적 격파	34 → 33
태조	元의 納哈出 격퇴	88 → 35, 36
태조	왜구와 토아동에서 전투	89 → 59 → 60 → 58 → 61
태조	개국공신 포상과 예우	78, 79
태종	정도전의 난 평정	108 → 98
태종	방간의 난 평정	99 → 101 → 102 → 103

이상의 표에서 보듯, <용비어천가>의 각 장은 일견 매우 무질

서하게 배열되어 있는 듯하다. 그러나 이 작품의 제작 의도나 목적성이 어느 작품보다도 강하며, 개인에 의해 撰進된 악장들과는 달리 이 작품은 오랜 기간에 걸쳐 대대적인 국가사업의 일환으로 이루어졌음을 고려한다면, 과연 <용비어천가>가 아무런 질서 없이 구성되었을 것인가는 상당히 의문시된다. 오히려 제작의 목적[7]에 알맞은 구성을 위하여 의도적으로 시간을 재배치하고 있는 것은 아닐까 하는 생각이 드는 것이다.

이때 주목해야 할 것이 바로 전체적인 흐름에 있어서의 '4조 → 태조 → 태종'의 엄격한 순서이다. 즉 개별 사건들은 시간의 순서와는 무관한 비계기적 전개를 보이고 있으나 그들을 통어하는 큰 틀이 존재하는 이중성을 보이고 있는 것이다. 그런데 이와 같은 성격은 다음에서 살펴볼 사건 제시의 방법과 관련하여 풀 수 있는 문제로 보인다.

나. 단편적 제시

위에서 살펴보았듯이 <용비어천가>에서 다루고 있는 사건들이 시간의 순서와 무관하게 제시되고 있는 점은, 한편으로 이 작품이 전체 사건을 이루는 지극히 작은 부분들로써 이야기를 전개해 나가고 있는 점과도 연관된다. 개국의 기초를 읊은 제3장의 예를 살펴보자.

（제3장）
周國大王이 ○ 豳谷애사ᄅ샤 ○ 帝業을 ○ 여르시니
우리始祖ㅣ ○ 慶興에사ᄅ샤 ○ 王業을 ○ 여르시니

周나라의 조상 后稷의 이름은 棄이다. 어렸을 때부터 거인의 뜻이

---

7) 麗末에 등장하여 건국 주체 세력으로 부상한 사대부 계층의 현실 인식·왕조 창업에 대한 철학적 기반의 구축과 왕통 체계에 대한 권위 부여의 시급성은 조선 초 雅頌文學의 출현 동인으로 작용하였다.
조규익, 앞의 책, p.202.

우뚝했다. 그는 놀 때에도 麻나 콩 심기를 좋아했는데 심으면 잘 자랐다. 어른이 되어서는 농사짓는 일을 좋아하여 농사짓기에 적당한 땅을 보고 거기에 적합한 곡식을 심어 수확했다. 백성들이 모두 이를 법칙으로 삼았다. 堯임금이 이를 듣고 農師를 삼았다. 천하가 그 이익을 얻으니 공이 있다 하여 舜임금이 그를 邰지방에 봉하였다. 후직이라 부르는데 별도로 姬氏라는 성이 있다. 후직이 흥하던 때는 陶唐, 虞, 夏 시절인데 이들은 모두 선덕을 베풀었다. 후직이 죽자 아들 不窋이 그 직을 맡았다. 불줄의 말년에 夏后氏의 정치가 쇠미하게 되자 직책을 버리고 일하지 않았다. 불줄은 그 관직을 잃고 스스로 오랑캐 땅으로 몸을 숨겼다. 불줄이 죽자 아들 鞠陶가 섰다. 국도가 죽자 아들 公劉가 섰다. 공유는 비록 오랑캐 사이에 있었지만 능히 후직의 일을 다시 닦을 수 있었다. 이리하여 인민들이 넉넉하고 실속 있게 되었다. 이에 적당한 땅을 보아 빈 지방에 나라를 세웠다. 공유의 9세손 古公亶父는 다시 후직과 공유의 업을 닦고, 덕을 쌓고 의를 행하니 나라의 인민이 모두 그를 추대하였다.

고공단보가 빈 땅에 살 때, 오랑캐가 침입해 왔다. 그런데 가죽이나 폐백을 주어도 침입을 면할 수 없었으며, 구슬과 옥을 주어도 이들의 침입을 면할 수 없었다. 그래서 노인들을 모아놓고 다음과 같이 말했다.

"오랑캐가 바라는 것은 우리의 땅이다. 나는 군자는 사람을 길러내는 것 때문에 사람을 해치지는 않는다는 말을 들었다. 두세 사람이 어찌 임금이 없는 것을 걱정하리오. 나는 이곳을 떠나겠다."

드디어 식구들과 빈 땅을 떠나 漆水와 沮水를 건너 梁山을 넘어 岐山 아래 고을을 만들어 살았다. 빈 지방 사람들이,

"어진 사람이다. 그를 잃을 수 없다."

며 나라 전체가 노인은 부축하고 약한 사람은 끌며 따르는 사람이 시장에 가는 것같이 다투어 왔다. 고공단보가 어질다는 말이 마침내 이웃 나라에까지 알려져 많은 사람이 왔다. 이때 고공단보는 오랑캐의 습속을 버리고 성곽을 쌓고 가옥을 지어 고을을 나누어 살면서 이름을 고쳐 周라고 했다. 후에 추존하여 태왕이라고 불렀다.[8]

처음에 穆祖가 전주에 살았다. 관가의 기생 일로 지주와 틈이 생겼다. 지주가 모함을 하여 목조는 강원도 삼척현으로 옮겨 가 살았다.

---

8) 배경 사화에 대한 번역 관계는 이윤석 역 『용비어천가』(寶庫社, 1992)를 따른다.

백성 가운데 따라 옮기려 한 집이 170여 가구였다. 후에 새로 안렴사가 왔는데 목조와 오랜 혐의가 있었다. 목조는 장차 그가 온다는 말을 듣고 가족을 끌고 바다로 해서 함길도 덕원부에 이르러 살았다. 170여 가구가 또 모두 따라갔다. 그 후에 元나라에 歸附하여 幹東 지방으로 옮겨 갔다. 원나라는 목조를 5천호의 다로가치(達魯花赤)로 삼았다. 동북지방 사람들이 모두 마음속으로 붙좇았다. 왕업이 일어난 것은 이로부터 시작되었다.

이 장은 용비어천가의 전체 序詞部에 해당하는 1, 2장에 이어 本詞가 시작되는 첫머리이다. 따라서 구체적인 사건이나 인물에 대한 평가에 앞서 창업의 심원함과 신성함을 부각시키기 위한 내용은 매우 적절한 것이었다.

이 장의 前行은 周의 고공단보가 오랑캐의 침입으로부터 백성들을 구하기 위해 빈 고개로 이주한 고사이며 後行은 목조가 官妓 문제로 인해 전주에서 삼척 등지로 옮겨 갔다는 내용을 담고 있다. 이 두 사건이 나란히 병치될 수 있었던 것은 '새로운 지방으로 이주하여 國基를 닦았다.'는 내용의 공통성에 의해서이다. 즉 건국의 기틀을 마련하기 위한 전초 작업에 해당하는 내용이 초점화되어 제시된 것이다.

그러나 국문 시가에 제시된 부분의 배경 사화를 살펴보면 사정은 매우 달라진다. 먼저 周國의 경우 고공단보의 사적을 이야기하기에 앞서 그의 조상인 후직, 국도, 공유 등을 제시한 것이 특징이다. 始祖인 후직은 중국에서 穀靈(Corn Spirit)으로 여겨지는 신성한 존재이다.[9] 그의 어머니는 거인의 발자국을 밟고서 그를 낳았는데, 상서롭지 못하다 하여 길가와 얼음 위에 그를 버렸다. 그러나 그때마다 牛馬가 비켜 가고 새들이 덮어 주어 무사할 수 있었다. 그는 어렸을 때부터 移植에 능했고 토지를 보는 능력이 뛰어나 농

---

9) 장기근, 『중국의 신화』, 을유문화사, 1974, p.192.

경을 시작함으로써 주국의 기초를 세웠다. 이와 같이 출생에 따른 이적은 移植과 知地之鑑의 능력과 더불어 그의 초월적인 성격을 나타내 주는 것으로, 인격체라기보다는 신격체로서의 성격을 반영하는 것이라고 볼 수 있다.[10]

후직 이외의 조상들에서는 그와 같은 신비로움은 보이지 않는다. 인격체로 그려지고 있는 것이다. 그러나 이들의 경우에는 仁과 德을 갖춘 王者였음과 이 王者之德에 민심이 따랐음이 강조되고 있다. 이를 통해 神異를 받아들이지 않으면서도 受命의 증거를 확보할 수 있게 되는 것이다.[11]

그러나 목조의 경우, 그와 같이 신성화되거나 훌륭한 덕성을 지닌 존재로 그려지기보다는 지극히 인간적인 존재로 제시되고 있다. 한갓 官妓 문제로 지방 관리와 사이가 어그러졌으며 그로 인해 다른 지방으로 이주를 행했다는 이야기에서는 평범하기까지 한 인간의 면모를 살필 수 있기 때문이다. 또한 전행의 중국 사적과는 달리 목조의 이주에 강원도 백성이 따라온 이유도 국문 시가에는 명확히 제시되어 있지 않다.

앞에서 정리한 표에서도 알 수 있듯이, 전체 사건을 이루는 지극히 작은 한 부분으로 이야기를 진행시켜 나가는 방식은 제3장뿐만 아니라 <용비어천가>에서 일반적으로 발견되는 현상이다. 이와 같은 단편적 제시 방법은 필연적으로 해당 사건의 총체적인 모습을 알기 힘들게 하는데 이에 대해서는 Ⅲ장에서 상론하기로 한다.

---

10) 한편, 요순시대의 농사로서 큰 공을 세우고 그로 인하여 舜에 의하여 邰에 봉해지고 號와 姓을 받았다는 것은 곧 신화의 역사화, 신격의 인격화라고 할 수 있으며 후직은 이와 같이 신격과 인격이 공존하는 존재로 파악한 예도 보인다.
　김선아, 앞의 논문, pp.55~56.

11) "하늘은 백성이 보는 것을 통하여 보고 백성이 듣는 것을 통하여 듣는다.(天視自我民視 天聽自我民聽)"는 말이 단적으로 보여주듯이 천명사상에서는 天意·天心을 민심의 반영으로 본다.
　이경선, 「건국신화와 천명사상」, 『동양학』 5, 단국대학교 동양학연구소, 1975, p.271.

(2) 배경사화의 기능

전체 사건을 이루는 한 부분만을 제시하고 있으며, 그것 역시 의미 해독을 위해 충분한 정보가 제시되어 있지 않는 경우가 대부분인 <용비어천가>에는 필연적으로 의미의 빈 공간이 생기게 된다. 이러한 의미의 빈 공간은 의미 해독에 있어서 미결정 요소로 작용하는 한편, 표현되지 않은 부분을 수용자로 하여금 해석하게 만듦으로써 더 오랫동안 기억에 남게 한다. 물론 이러한 해석 역시 제작자에 의해 제시되고 있는 배경 사화에 기대어 있는 것이므로, 수용자의 능동성 역시 제한된 범위 안의 그것이다.[12] 이와 같이, 제시되어 있는 배경 사화에 의한 의미의 완성이 사실은 제작자에 의해 조정당하는 것임에도 불구하고 최종적인 해석 자체는 독자에게 유보됨으로써 <용비어천가>는 그러한 해석이 수용자 자신의 산물인 것처럼 받아들이게 하는 효과를 산출할 수 있게 된다.

이처럼 <용비어천가>는 국문 시가와 배경 사화라는 두 축을 통해, 의미를 구성하게끔 하는 특수한 형태를 취하고 있다. 이러한 형태는 수용자의 해석을 일정한 방향으로 통제하는 동시에 해석된 의미를 보다 설득력 있게 받아들일 수 있게 하려는 의도가 작용한 것이라고 볼 수 있을 것이다. 즉 국문 시가에서 보이는 잠정적인 정보 박탈이 암시적 의미와 어떤 이미지를 형성하는 것이라면, 배경 사화의 개입은 이에 대한 수정과 가감을 통해 의미를 일정한 방향으로 확충하는 효과를 갖게 되는 것이다. <용비어천가>의 배경 사화가 갖는 이러한 속성에 대한 이해를 바탕으로 하여 다음에서

---

12) 한 텍스트의 빈자리는 독특한 힘을 가지는 것으로 이는 정치적·상업적·미학적으로 이용될 수 있다. 이 중에서 교훈과 선전을 통해 정치적 목적을 달성하고자 하는 경우, 텍스트의 접속 가능성은 고도로 규제되어 있다. 즉 독자의 참여를 위한 최소한의 유희 공간만을 열어주는 셈이다.
Wolfgang Iser, 이유선 역, 『독서 행위』, 신원문화사, 1993, pp.298~305.

는 배경 사화의 기능을 세분하여 살펴보도록 한다.

가. 의미의 상세화

앞에서 살펴본 바와 같이 <용비어천가>는 제1·2장을 제외한 대부분이 시가 부분만으로는 의미의 해독이 어려운 상태이다. 그 이유는 관련 사건 가운데 지극히 작은 모티프들만이 제시되어 있으며, 이들마저도 시간의 순서에 따라 배열되고 있는 것이 아니기 때문이다. 이러한 해석의 어려움은 또한, 각 행적의 주체나 배경 등이 대개의 경우 명시되어 있지 않다는 점에 의해서 더욱 커진다. 다음의 예를 보자.

(제37장)
셔볼賊臣이잇고 ㅇ 훈부니天命이실씨 ㅇ 쩌딘ᄆᆞ롤하놀히내시니
나라해忠臣이업고ᄒᆞᆼ봉ᄼᅡ至誠이실씨 ㅇ 여린홀글 ㅇ 하놀히구티시니

조조가 한나라 獻帝를 許로 옮기고 스스로 대장군이 되어 무평후에 봉해지니, 이로부터 국정은 조씨에게로 돌아가고 천자는 자리만 지키고 있을 뿐이었다.

촉의 선주가 번성에 머물렀다. 형주목 劉表가 인사를 하고는 그 사람 됨을 꺼려 연회를 열고 그때에 죽이려 했다. 선주가 깨닫고는 변소 가는 척하고 몰래 숨어 나갔다. 타는 말의 이름이 的盧였다. 적로를 타고 달리다가 양양성 서쪽에 있는 단계수에 떨어졌는데 빠져 나올 수가 없었다. 선주가 급히 말하기를,
"적로야, 오늘 이렇게 되었지만 힘을 써 보아라."
라고 하니, 이에 적로가 한 번에 3장을 솟구쳐 드디어 넘어갔다.

元나라 奇后가 고려에서 기씨들이 죽임을 당한 것에 대해 고려 공민왕에게 유감이 있었다. 기후는 태자에게 말하기를,
"너는 나이를 먹었으면서도 어찌 나를 위해 원수를 갚지 않느냐."라고 했다. 우리나라 사람 최유가 원나라에서 將作同知 벼슬을 하고 있었다. 그는 기후가 공민왕을 원망하는 것을 알고 불령스러운 무리

들과 함께 기후를 달래어 공민왕을 폐하고 덕흥군 탑사첩목아를 왕으로 하려고 계책을 꾸몄다. 順帝는 참소를 듣고 공민왕을 폐하고 탑사첩목아를 왕으로 세웠다. 그리고 奇族의 아들 三寶奴를 元子로 삼고 최유를 승상으로 하여 군대 만 명을 보냈다. 이들이 압록강을 건너자 공민왕은 贊成事 安遇慶 등을 보내어 막았으나 패하여 물러나 안주를 지켰다. 왕이 다시 찬성사 최영에게 정병을 거느리고 급히 안주로 가서 군대를 지휘하도록 명하고, 태조에게는 동북면으로부터 정예 기병 천 명을 이끌고 가도록 명했다. 안우경과 密直司事 李龜壽, 池龍壽 그리고 版圖判書 羅世를 좌익으로 하고, 判開城 李珣, 三司左使 禹磾, 密直使 朴椿과 태조는 우익이 되고, 최영은 중군이 되어 정주에 이르렀다.

태조는 여러 장수들이 패하여 물러난 것을 보고, 비겁하고 나약하여 힘껏 싸우지 않은 것을 말했더니 여러 장수들이 싫어했다. 이때 적은 이미 수주의 달천에 주둔하고 있었다. 여러 장수들이 태조에게,

"내일 싸움은 장군이 혼자 맡으시오."

라고 말했다. 다음 날 적이 군사를 셋으로 나누었다. 태조와 그 휘하의 장수 둘이 각각 적의 한 부대씩을 맡아 분발하여 싸웠다. 태조의 말이 진흙에 빠져 매우 위태로웠으나 말이 분연히 몸을 솟구쳐 나오니 사람들이 모두 놀라고 기이하게 생각했다. 태조가 적장 몇 명을 활로 쏘고 두 노장과 함께 싸워 크게 이겼다. 탑사첩목아의 군대가 겨우 17명만 돌아갈 수 있었다.

제37장은 전·후행 모두 해당 내용을 이해하기 위해 필요한 정보가 부족하게 제시되고 있음을 알 수 있다. '셔블', '나라'라는 말로 사건의 공간적 배경이 극도로 단순화되어 있으며, 갈등을 일으키고 있는 행위 주체 역시 명시되어 있지 않기 때문이다. 즉 국문시가는 매우 모호한 상태로 압축되어 있는 것이다. 따라서 이를 통해서는 사건의 전모보다는 그 사건에 대한 추상적인 인상만을 받게 된다.[13]

이와 같이 시가 부분만으로는 알 수 없는 전체적 상황을 배경사

---

13) 여기에는 '天命', '至誠', '하늘히' 등과 같은 단어들이 형성하는 분위기가 큰 역할을 한다.

화에서는 이 부분에 관련된 시·공간적 상황에 대한 설명으로 보완해 주고 있다. 즉 전행의 경우, '서울 賊臣'은 한나라 때의 조조를 뜻하는 것이며 '한 분'이라는 말로 제시되어 있는 이 장의 주인공이 바로 유현덕을 의미하고 있음을 알 수 있게 되는 것이다. 또한 발생하고 있는 사건이 구체적으로 어떠한 계기에 의한 것인지를 이해할 수 있게 된다. 이러한 상황은 塔思帖木兒 군의 침입에 대한 태조의 활약상을 읊고 있는 후행의 경우에도 적용된다. 즉 비겁하고 성실한 자세로 싸움에 임하지 않은 여러 장수들과 태조의 충성심을 대조시킨 뒤, 전투 가운데 있었던 위기 상황과 그것으로부터 빠져나와 적군을 물리친 과정이 구체적으로 제시되어 있는 것이다.

이와 같은 보완의 기능을 통해 다양하게 해독될 가능성을 지닌 국문 시가의 의미는 비로소 고정된다. 즉 6하 원칙에 해당하는 정보가 제공됨으로써 고도로 압축되어 있는 국문 시가의 의미가 분명해지는 것이다. 이와 같이 생략되어 있는 정보를 통해 의미를 상세화하는 것은 1차적으로는 이 부분의 해석을 위한 것이다. 그런데 이 기능은 건국의 정당성과 양양한 왕조의 미래를 상징적으로 표현하고 있는 제1·2장을 제외한 대부분의 장에 필요한 것이기도 하다. 사건의 경과와 등장인물들 사이의 갈등, 원인과 결과에 대한 해설적 진술을 통해 시적 압축으로 인해 놓치기 쉬운 사항을 보충해 주는 것은 배경 사화의 중요한 기능이라고 할 수 있다.

나. 배경지식의 형성

앞에서 살펴본 해석을 위한 의미의 상세화는 국문 시가의 1차적 해독을 위해 <용비어천가> 대부분의 장에 필요한 배경 사화의 기본적인 기능이라고 할 수 있다. 한편, 이를 통해 해독된 내용이 역사·문화적인 맥락에서 어떠한 의미와 중요성을 갖는 것인지에 대한 수용자의 이해를 돕기 위해 여러 가지 배경 지식이 제공되기도 한다. 이러한 측면을 배경 사화의 두 번째 기능으로 하여 다음에서 살펴보기로 한다.

(제9장)
奉天討罪실씨 ○ 西方諸侯ㅣ몯더니 ❷ 聖化ㅣ오라샤 ○ 西夷ᄯᅩ모
ᄃᆞ니
唱義班師ㅣ실씨 ○ 千里人民이몯더니 ❷ 聖化ㅣ기프샤 ○ 北狄이
ᄯᅩ모ᄃᆞ니

周 무왕의 은나라 토벌과 태조의 위화도 회군 사적을 다루고 있는 제9장의 경우, 상당히 많은 양의 배경 사화가 부기되어 이 사석의 다양한 측면을 조명하고 있다. 전행의 경우, (1) 은나라의 紂임금의 폭정으로 국정이 문란해지고 백성들은 고통을 받음. (2) 주임금의 三公 가운데 西伯은 덕을 쌓아 제후들의 마음이 그를 향했음. (3) 서백이 죽자 武王이 즉위함. (4) 주임금의 정치가 더욱 어둡고 포악해지자 제후들이 주임금을 쳐야 한다고 진언함. (5) 무왕이 주를 치기 전에 그를 칠 수밖에 없는 이유를 들어 밝힘. (6) 은나라를 평정하여 정치를 바로잡음. 후행의 경우, (1) 우왕이 최영과 함께 요동 정벌 계획을 꾸밈. (2) 태조의 4 불가론을 받아들이지 않음. (3) 좌우군도통사가 군대를 돌릴 것을 청하는 글을 올렸으나 진군하기를 재촉함. (4) 태조가 위화도에서 회군하여 우왕을 유배보냄. (5) 명나라에서 태조를 칭송함.

두 사적 모두 유교적 綱常論에 비추어 보았을 때 문제적 사항이라고 볼 수 있다. 즉 殷의 제후국이었던 주의 무왕이 은을 멸망시키고 나라를 세우게 된 사적과 이태조가 고려왕에 대하여 반기를 들고 조선 건국을 한 것은 모두 대표적인 역성 혁명이라고 할 수

있는 일이기 때문이다.[14) 따라서 이들의 역성혁명을 정당화하기 위해서는 그럴 수밖에 없었던 필연성을 여러 측면에서 부각시키는 일이 필요해진다. 다음의 예를 보자.

> 이때 虞와 芮의 임금이 밭 때문에 서로 다퉜는데 오랫동안 해결되지 않자 같이 주나라로 뵈러 갔다. 주나라 경계에 들어가 보니, 밭 가는 사람은 밭두둑을 양보하고, 길 가는 사람은 길을 양보하였다. 주나라의 읍에 들어가니 남녀가 서로 다른 길을 걷고, 半白인 노인이 손에 무엇을 들고 있지 않았다. 주나라 조정에 들어가 보니 士는 大夫에게 양보하고 대부는 卿에게 양보하고 있었다. 두 나라 임금은 西伯을 만나기도 전에 모두 부끄러워하며 서로 상대방에게 말하기를, "우리가 다투는 일은 주나라 사람들은 부끄럽게 여기는 것이다. 무엇 때문에 가서 마침 욕을 보겠는가? 우리 같은 소인들은 군자의 뜰에 거닐 수 없다."
> 라고 하고 드디어 서로 양보하여 그들이 다투던 밭을 閒田으로 만들고 돌아갔다. 온 천하에서 이 말을 듣고 주나라를 붙좇는 나라가 40여 국이 되었고 제후들은 서백을 가리켜 하늘의 영을 받은 임금이라고 했다.

위에 제시한 것은 제9장 전행에 해당하는 배경 사화 가운데 일부분으로, 주 무왕의 아버지인 서백의 德과 善治를 알 수 있게 하는 내용이다. 먼저 국가 간의 분쟁을 서백을 통해 해결하려 우와 예의 임금이 찾아왔다는 것은 그만큼 서백의 덕망이 높았음을 간접적으로 말해 주고 있다. 또한, 예의와 도덕을 알고 서로 양보할 줄 아는 良俗이 자리잡혀 있음을 보고 우와 예 임금이 부끄러워하여 정작 주나라까지 와서도 서백을 만나지 않고 돌아갔다는 일화를 통해 서백의 덕치를 강조하고 있다.

예의도덕이 잘 지켜지고 있다는 사실은 그만큼 정치가 잘 이루

---

14) 김선아, 앞의 논문, p.32.

어지고 있다는 사실을 반영하는 예이다. 왕은 백성들의 행복과 복지를 증진시켜 주기 위해 존재한다는 사상[15]은 당시 왕의 중요한 자질을 말해 주는 동시에 앞서 제시된 紂王의 폭정과 대비를 이루어 무왕의 討紂를 정당화한다. 즉 역성혁명을 정당화시키기 위해 무왕 본인뿐만 아니라 그의 아버지 대에부터 쌓아 올려졌던 덕망에 대한 배경 지식을 제공하고 있는 것이다.

이 외에도 제9장에 따르는 방대한 양의 배경 사화에는 주왕의 실정과 무왕이 그를 칠 수밖에 없었던 혹은 그러는 것이 하늘의 뜻을 따르는 것이었음을 드러내주는 다양한 사적이 제시되어 있다. 이와 같이 다양한 사적들은 국문 시가의 1차적 해독에 직접적으로 관여한다기보다는 오히려 이것의 심층적 의미를 강화함으로써 궁극적으로 역설하고자 했던 내용 차원에 주로 관련하고 있다고 할 수 있겠다.

중국에 있어서의 대표적인 역성혁명에 해당하는 이 사적은 <용비어천가>에서 매우 중요하게 다루어지는 것으로, 제9장에만 관여하는 것이 아니라 주국 창건과 관련된 다른 장들에도 배경 지식으로 작용하고 있다. 또한 이 장의 후행에서 다루어지고 있는 이태조의 역성혁명에 관한 사적에도 전이가 되어 이에 대한 또 다른 차원의 배경 지식의 역할도 할 수 있게 된다.[16]

이와 같이, 일종의 배경 지식의 역할을 하는 배경 사화에 제시된 정보를 통해 수용자는 국문 시가에는 표현되지 않은 접속들을 만들어 내게 된다. 그런데 이러한 접속이 국문 시가에서 발견되는 빈자리의 의미를 상세화해 주고 있는 배경 사화를 바탕으로 이루어짐은 물론이다. 따라서 배경 지식을 형성하는 기능은 위에서 살펴

---

15) 전낙희, 『동양정치사상연구』, 단대출판부, 1992, p.46
16) 이러한 전이는 <용비어천가>의 전·후행 사이의 동일성을 강화시키는 다양한 기재에 의해 보다 쉽게 이루어진다. 이에 대해서는 다음 장에서 상론하기로 한다.

본 '의미의 상세화'라는 배경 사화의 또 다른 기능을 전제로 하는 것이다. 이 둘을 나누어 설명한 것은 다분히 편의를 위한 것이며 배경 사화라는 하나의 대상의 여러 측면을 나누어 살핀 것에 불과하다.

지금까지 살펴 본 바와 같이 <용비어천가>는 시가와 배경 사화라는 커다란 두 축을 통해 이야기를 전달하고 있다. 즉 국문 시가만으로 의미가 완결되어 있는 것이 아니라 배경 사화와의 관련 속에서 의미가 구성되는 것이다. 시가 부분에서 읊고 있는 행적의 주체마저 명기되지 않고 있는 점은 그만큼 시가와 배경 사화가 밀착되어 있다는 사실을 증명해 주는 예가 된다. 이것은 또한 배경 사화 부분이 작품 전체의 의미를 형성하는 데에 큰 비중을 차지하고 있음을 말해 주는 것이기도 하다.

운문과 산문이라는 형식상의 차이, 앞에 드러나 있는 텍스트와 뒤에 가려져 있는 텍스트라는 성격 등 이 두 부분은 필연적으로 서로 다른 역할을 하게 되며 이질적인 체계의 병존에서 일종의 긴장을 형성하게 된다. 그런데 이때 형성된 긴장의 성격에서 <용비어천가>의 독특성이 발견된다. 즉 제시된 내용의 구체화라는 주해가 갖는 1차적 기능뿐만 아니라 시가에 어떠한 방식으로 관여하여 전체 담론을 형성하고 있는지는 이 작품을 이해하는 데에 있어 매우 중요한 사항이 된다.

그러므로 이에 대한 고찰은 <용비어천가>의 시적 형상화 원리를 해명할 수 있게 할 뿐만 아니라, 시가와 산문이 병존시켜 이야기를 진행하는 방식이 무엇을 의미하는 것인지에 대한 해명으로도 연결될 수 있을 것이다. 따라서 이에 대한 내용을 주로 그것의 의도와 결부시켜 다음 장에서 살펴보도록 한다.

2. 용비어천가 텍스트의 구성 원리

(1) 주제적 제시

앞 장에서 살펴본 바와 같이 배경 사화를 통해 사건의 전모를 알 수 있는 것과는 달리, 시가 부분에서는 그 가운데에서 특정 삽화를 선택하는 방식을 택하고 있다. 또한 선택된 부분들을 한데 모은다 해도 발단에서 결말에 이르기까지의 과정을 이루는 완결된 한 편의 사건을 재구해 내기란 쉽지 않다. 이는 시가에 제시된 삽화가 그것이 속한 사건의 부분으로서보다는 다른 면에서 중요하기 때문에 선택된 것이라는 추측을 가능케 한다. 그리고 이 '선택'의 기준을 해명하는 일은 시간의 2중성과 관련하여 <용비어천가>의 구조화 방식에 대한 해명으로 이어질 수 있을 것 같다. 그렇다면 시가 부분에 제시된 내용은 어떠한 기준에 의한 것인지 살펴보도록 한다.

『조선왕조실록』에 의하면 세조 3년에 判書雲觀事 梁誠之가 <龍飛御天圖>를 바치고 이에 대한 서문을 썼다는 기록이 보인다.[17] 양성지는 태종에서 성종에 이르기까지 관직에 있었으며 <용비어천가>를 제작한 집현전 학자들 가운데 한 사람이다. 그의 <용비어천도>는 현재 전해 내려오지 않으나 그 서문을 통해 대략적인 모습을 재구해 볼 수 있다. 그의 서문에 의하면, <용비어천가>가 후성들이 마땅히 귀감으로 삼아야 할 내용을 담고 있음을 전제한 뒤,[18] 시의 내용을 일곱 가지 大綱으로 나누어 도식화한 것이 바로 <용비어천도>임을 알 수 있다. 그의 구분에 의하면 다음과 같이 그 요점을 간추릴 수 있다.

---

17) 庚申判書雲觀事梁誠之 進龍飛御天圖 其序文曰.
18) 今此歌 所以敍祖宗積累之艱難 以爲子孫持守之規 誠後聖之所當鑑也.

(1) 中上行 - 선왕께서 왕업을 쌓아 올린 지 오래인 것 - 11장
(2) 中心 - 開國 - 2장
(3) 中下行 - 후성께서 왕업을 유지하여 지키기가 어려운 것 - 16장
(4) 左一行 - 盛德 - 34장
(5) 三行 - 大功 - 34장
(6) 右一行 - 天命 - 26장
(7) 二行 - 民心 - 2장[19]

이를 보면 개국에 관련된 제 요소들의 역학 관계를 쉽게 알 수 있다. 우선 개국을 중심으로 종적인 축에 위치하는 것은 선왕과 후왕의 역할이다. 한 나라의 건국을 당대에만 한정지어 생각하는 것이 아니라 그 前後에 존재해야 하는 역할을 부각시킨 점이 주목된다. 후대의 건국과 관련을 지어 제시한 4조 관련 기사[20]가 '선왕'에 대한 것이라면, '勿忘章'에 속하는 16개 장은 '후왕'에 대한 역할을 주지시킨 부분이 될 것이다.

다음으로 횡적인 축을 살펴보겠는데, '개국'을 중심으로 그것의 좌측에는 '성덕'과 '대공'이 위치한다. 양적으로 가장 큰 비중을 차지하고 있으며, 주인공 이태조의 인품과 영웅적 활약상을 그린 부분으로 본사의 많은 장들이 이에 해당된다. 여기에서는 이성계가 개국을 이룰 수 있었던 직접적 요인이 제시되고 있다면, '개국'의 우측에 위치하는 '천명'과 '민심'은 그에 부수하여 개국의 필연성을 증명해 주는 의미 요소이다. <용비어천가>에 자주 등장하는 신이한

---

19) 詩凡三百二十五章 今以七條爲大綱 而分屬之 中上行曰先世積累之久 屬一十一章 中心曰開國 屬二章 中下行曰後聖持守持難 屬一十六章 在一行曰盛德 屬三十四章 三行曰大功 屬三十四章 右一行曰天命 屬二十六章 二行曰民心 屬二章
『조선왕조실록』 권 7, p.205.

20) 목조가 관기 문제로 인해 강원도 등지로 이주했다는 제3장의 사적을 받아서, 이러한 일이 결국에는 북방에서 나라를 열 것을 재촉한 것이었다는 내용을 담고 있는 제17장이 그 한 예가 될 것이다.
宮女로놀라샤미 ○ 宮監이다시언마 ○ 問罪江都ᄅ ○ 느치리ᅌᅵᆺ가
宮妓로怒ᄒᆞ샤미 ○ 宮吏의다시언마 ○ 肇基朔方올 ○ 뵈아시니이다

조짐이나 吉兆 등이 이에 해당되며, 앞에서 든 내용 요소 못지않게 중요한 건국의 요소로 제시된다. 종적인 축이 당대를 전후한 시대의 역할이라면 횡적인 축은 개국의 주역인 이성계 당대의 역할을 주지시키고 있는 의미의 축이라고 할 수 있겠다. 以上의 항목들을 통해 개국에 필요한 과업이 통시적·공시적으로 제시되고 있는 것이다.

이와 같이 '선왕의 업적, 개국, 후성들에 대한 경계, 성덕, 대공, 천명, 민심'의 7항목은 당시 <용비어천가> 제작자들이 조선 왕조의 창업과 관련하여 중요시했던 내용 요소들이다. 다시 말해 <용비어천가>를 이루는 소주제 항목이라고 할 수 있는 것이다. <용비어천도> 서문은 이들이 맺고 있는 관계 그리고 각각이 전체에서 차지하는 비중들을 보여준다. 이를 도식화한다면 대략 다음과 같은 모습이 될 것이다.

先王
|
大功 — 盛德 — 開國 — 天命 — 民心
|
後王

<용비어천가>의 각 장에 선택되는 내용은 바로 이 7가지 의미 요소들을 가장 잘 보여줄 수 있는 삽화에 해당하며, 이들이 이루는 의미축에 의해 새롭게 배열되고 있다. 즉 각 삽화는 그것이 속해 있는 사건의 부분으로서보다는 그것으로부터 끌어낼 수 있는 '의미'의 인과성을 토대로 선택되며, 이러한 사건제시 방법은 '주제적 제시'라고 부를 수 있을 것이다.[21] 앞 장에서 살펴본 비서사적 전

---

21) 용비어천가의 서사와 결사의 짜임이 서사 내용의 전개에 따른 서사적 짜임이 아니라 주제 중심의 논리적 짜임이라는 생각을 토대로 용비어천가 전체 구조를 다음과 같이 분석하고 있는 연구물이 있다.

개는 이처럼 주제를 중심으로 한 배열 방식에서 파생된 현상이라고 이해할 수 있게 된다.

즉 <용비어천가> 125장은 하나의 중심 주제를 구심점으로 삼아 발전적으로 이야기가 진행되는 것이 아니라, 7강의 내용을 反復歌詠함으로써 내용을 확충해 나가는 방식을 취하고 있는 것이다. 이러한 방식은 주제를 반복하여 강조할 수 있게 하는데, 이를 위해서는 순차적 전개보다 주제에 따른 삽화적 전개 방식이 유용했을 것이다. 배경 사화를 활용해야 사건의 전체 내용을 알 수 있는 구조를 갖게 된 것은 이와 같이 각 장이 독립적으로 하나의 주제를 대변해 주는 데에 그치고 있기 때문이다.

前代에 많이 제작된 <夢金尺>, <受寶籙>과 같은 단형 악장에 비해 연장체 악장인 <용비어천가>가 갖는 장점은 동질적인 주제에 적합한 다수의 줄거리를 집합시킬 수 있다는 점이다. 이를 통해 주제를 부각시킬 수 있을 뿐만 아니라, 동시에 건국의 정당성이 단편적이고 특정적인 경우에만 한정되는 것이 아닌 총체적이고 보편적인 사실이라는 인상을 줄 수 있게 된다.[22] 이에 대한 구체적 설명을 위해 제47장과 이 장의 후행에 해당하는 배경 사화를 순서대로 제시하면 다음과 같다.

(제47장)
大箭ᄒᆞ나태 ○ 突厥이놀라ᅀᆞᄫᅡ니 ⊖ 어듸머러 ○ 威不及ᄒᆞ리잇고

서사(1~16장): 조선 왕조 창업의 당위성 제시
본사(17~109장): 조선 왕조 창업의 당위성 증명
결사(110~125장): 왕업의 영속을 위한 후대왕에의 규계
성기옥(1982), 앞의 논문.

22) 세종은 <수보록>, <몽금척>처럼 특정 사실을 들어 찬양하는 것은 악장 제정의 마땅한 방도가 아니라고 하고, 조선왕조의 건국을 총체적으로 다루어 제왕이 바뀌더라도 다시 지을 필요가 없도록 하자고 했다.
조규익, 앞의 책, pp.110~111.

片箭호나태 ○ 島夷놀라슥밧니 ⊖ 어늬구더 ○ 兵不碎호리잇고

고려 우왕 때 경기도 원수 우인열이 급히 보고하기를,
"나졸이 말하기를, 왜적이 대마도로부터 바다를 덮고 오는데 돛대가
서로 마주 볼 정도라니 助戰元帥를 보내주시기를 청합니다."
라고 했다. 이때 왜적이 있는 곳마다 가득하였다. 태조에게 가서 치
라고 명령을 내렸다. 태조가 도착하기 전에는 인심이 흉흉하였다.
우인열의 급한 보고가 계속 왔다. 태조가 이틀을 가서 지리산 밑에
서 적을 만났다. 약 200보쯤 서로 떨어져 있는데 적 한 명이 돌아서
서 몸을 굽히고 자기 볼기를 손으로 두드려 겁나지 않음을 보임으로
써 욕을 했다. 태조가 짧은 화살을 쏘았더니 한 살에 꺼꾸러졌다.
이에 적이 놀라고 두려워하며 기를 뺏기니, 적을 크게 무찔렀다. 적
이 낭패하여 산으로 올라가 절벽에서 적의 무리가 칼을 빼어들고 창
을 내려뜨리고 있으니 마치 고슴도치의 털 같아 관군이 올라가지 못
했다. 태조가 비장을 보내 무리를 이끌고 공격하도록 했다. 비장이
돌아와 말하기를 바위가 높고 험해서 말이 올라갈 수 없다고 했다.
태조가 꾸짖고 다시 恭靖大王에게 자신이 거느린 용맹한 군사를 나
눠 주고 같이 가도록 했다. 공정대왕이 돌아와서 아뢰는데 역시 비
장의 말과 같았다. 태조가 말하기를,
"그렇다면 마땅히 내가 친히 가서 보아야겠다."
라고 하고는, 휘하의 군사들에게 말하기를,
"내 말이 먼저 올라가면 너희들은 마땅히 따르라."
고 하고 말에 채찍을 치며 이리저리 달려 그 땅의 모양을 살폈다.
그리고는 칼을 뽑아 칼등으로 말을 치니 이때는 바야흐로 한낮이라
칼빛이 번개처럼 번쩍였다. 말이 한 번 뛰어 올라가니 군사들이 혹
은 밀고 혹은 당기며 따랐다. 이에 분발하여 적을 치니 적이 절벽에
서 떨어져 죽은 자가 태반이었다. 드디어 남은 적을 쳐서 모조리 없
애버렸다.

<용비어천도>의 7강 가운데 '大功'에 속하는 제47장은 고려 우
왕 때 있었던 왜구의 대마도 침범을 태조가 물리쳐 나라의 근심을
덜었다는 내용이다. 이 사건 외에도 <용비어천가>에는 고려 말에
잦았던 외침을 태조가 영웅적 활약을 통해 물리쳤다는 내용이 자

주 등장한다.23) 이러한 국가적 위기 상황은 고려 왕조의 무능함과 함께 태조의 武功을 부각시키기에 적합한 설정인데, 특히 왜구의 침략이 자주 다루어지고 있다. 그중 몇 예를 들면 다음과 같다.

(제48장)
굴허에ᄆᆞᆯ디내샤 ○ 도ᄌᆞ기다도라가니 ⊖ 半길노ᄢᆞᆫᄃᆞᆯ ○ 년기디나리잇가
石壁에ᄆᆞᆯ올이샤 ○ 도ᄌᆞᆯ다자ᄇᆞ시니 ⊖ 현번ᄢᅴ운ᄃᆞᆯ ○ ᄂᆞ미오ᄅᆞ리잇가

(제52장)
請드른다대와노니샤 ○ 바ᄂᆞᆯ이아니마치시면 ⊖ 어비아ᄃᆞ리 ○ 사ᄅᆞ시리잇가
請으로온예와싸호샤 ○ 투구아니밧기시면 ⊖ 나랏小民을 ○ 사ᄅᆞ시리잇가

(제59장)
東都앳도ᄌᆞ기 ○ 威武를니기아ᅀᆞᄫᅡ ⊖ 二隊玄甲을 ○ 보습고저ᄒᆞ니
東海옛도ᄌᆞ기 ○ 智勇을니기아ᅀᆞᄫᅡ ⊖ 一聲白螺를 ○ 듣줍고놀라니

(제62장)
도ᄌᆞᆯ나ᅀᅡ가보샤 ○ 일후믈알외시니 ⊖ 聖武ㅣ어시니 ○ 나아오리잇가
도ᄌᆞ기겨신ᄃᆡᆯ무러 ○ 일후믈저ᄊᆞᄫᅮ니 ⊖ 天威어시니 ○ 드러오리잇가

제48장은 47장을 이어 반복하여 읊은 것이다. 제52장은 鎭浦에서 있었던 왜구와의 싸움에 대한 것인데, 아기바톨(阿其拔都)이라는 적장의 투구 끈을 활로 쏘아 투구를 벗겨 무찌를 수 있었다는 내용이다. 아기바톨은 몽고에서 온 장수로 그 무용이 뛰어나 당해 낼 자가 없을 정도였는데 태조의 지략과 활솜씨로 꺾을 수 있었던

---

23) 홍건적 격파(제33장), 원나라와의 결전(제35·36·38·88장), 동녕부 공격(제39·40장), 납합출 격퇴(제42장), 정도전의 난 평정(제98장) 등이 그러하다.

것이다. 제59장은 함흥부에 침입하여 우리 인민을 마구 죽이고 잡아간 왜구들이 태조의 소라 나팔 소리에 놀라 그 기세가 꺾였다는 내용으로, 왜구들 사이에 널리 퍼져 있던 태조의 무용을 말해 주고 있다. 제62장은 왜적이 우리나라 사람을 사로잡으면 반드시 이태조가 지금 어느 곳에 있는가를 물어 감히 그 가까이에는 가지 못했다는 내용으로 이 역시 태조의 위용이 대단했음을 보여주는 장이다. 이처럼 그 구체적인 내용은 다르지만 위의 장들은 모두 이태조의 '뛰어난 무용'을 부각시키고 있다는 점에서 동질성을 띤다. 이와 같이 동질성을 띤 다양한 사적들을 취합하여 반복함으로써 7강에 속하는 소주제는 응집·강화된다.

한편, 다양한 사적들을 7강이라는 주제를 중심으로 통어하기 위해 전체 사적의 일부분을 탈맥락화하여 새로운 문맥으로 이동시키는 방식도 보인다. 즉 부분의 일치를 통해 우리 측의 사적이 다양한 중국 고사와 병치됨으로써 내용의 확충이 이루어지도록 하고 있는 장들이 바로 그러한 경우이다.[24] 여기에는 앞 장에서 살펴본 제3장의 예가 속할 것이다. 제3장의 전후에 병렬되고 있는 고공단보와 목조의 사적이 세부적으로는 매우 다른 성격의 것임을 배경 사화를 통해 알 수 있었다. 그러나 이러한 구체적 맥락이 드러나지 않은 채 목조의 이주 당시에 삼척 주민들이 그를 따랐다는 부분이 제시되면 이는 또 다른 중국 측 고사와 짝을 지어 나타날 수 있게 된다.

(제18장)
麗山役徒를일ᄒ샤 ○ 지ᄫ로도라오싫제 ❷ 열희ᄆᅀᆞ물 ○ 하ᄂᆞᆯ히달애시니
셔ᄫᆞᆯ使者를ᄭᅥ리샤 ○ 바ᄅᆞᆯ ○ 건너싫제 ❷ 二百戶를 ○ 어느뉘請ᄒ니

---

24) 이와는 반대로 중국 측 사적 하나에 우리의 여러 가지 사적이 포괄되는 경우 역시 존재한다.

제18장의 전행에 제시된 중국 측 사적은 무리한 秦의 국가적 토목 공사에 동원된 백성들을 漢高祖가 풀어주었으나 그의 인품을 흠모하여 따르려는 이가 10여 명이었다는 이야기이다. 이에 병치된 후행은 바로 3장의 목조 고사이다. 즉 이번에는 이주 당시 강원도 '백성 200여 가구가 따라왔다.'는 사실을 초점화하여 18장의 한고조 사적과 병치를 이루게 되는 것이다. 다시 말해 3장의 목조 사적 하나가 맥락을 서로 달리하는 다양한 중국 측 사적과 병치되고 있는 것이다. 이와 같이 전체 사건의 특정 부분이 초점화되어 제시됨으로써, 다수의 독립된 줄거리를 작품 속에 포괄할 수 있게 되는 것이다. 이러한 단계를 거쳐 '물망장'에 속하는 110장에서는 목조의 이주 사적이 왕업의 기틀을 닦기 위한 간난의 과정으로 고정되어 後王들의 귀감의 대상으로 평가된다.

(제110장)
四祖ㅣ便安히몯겨샤 ○ 현고돌올마시뇨 ❷ 멫間ㄷ지븨 ○ 사ᄅ시리잇고
九重에드르샤 ○ 太平을누리싫제 ❷ 이뜨들 ○ 닛디마ᄅ쇼셔

이와 같이 조선 건국의 정당성을 입증하기 위해 우리 측의 사적뿐만 아니라 중국의 고사들을 동원하여 그들 사이의 동질성을 부각시키는 방식을 채택[25]하고 있는 <용비어천가>에서는 수많은 사건과 인물들의 행적을 소재로 삼게 된다. 따라서 이러한 방대한 자료들을 효과적으로 통어하기 위해서는 독특한 기법이 요청되었을 것이다. 통어되지 않은 정보는 오히려 인식에 장애가 될 수 있으며 결과적으로 주제를 불명료하게 할 수도 있기 때문이다.

---

25) 최항의 〈용비어천가〉 跋에는 '撫古擬今'(과거의 일을 들어 현재에 비의한다.)의 방식이 용비어천가 제작의 중요 원리였음이 제시되어 있다. 이때의 과거의 일이란 역대 중국 관련 사적이며 이는 하나의 규범, 근본 원리로 기능한다.

이러한 문제점을 <용비어천가>에서는 개별 주제를 가장 잘 반영할 수 있는 부분을 전체 이야기에서 탈맥락화하여 그 부분에 독자성을 부여하는 방식으로 해결하고 있다. 전체 사건에서 탈중심화된 단편들은 새로운 중국 측의 사적과 병치됨으로써 다수의 이야기를 포괄할 수 있게 되기 때문이다. 이때 배경 사화에서는 이들 삽화의 전후 상황이 총체적으로 제시되어 있다. 즉 7강에 속하는 소주제들을 다양한 경우를 통해 강조하기 위해 필요했던 방대한 자료들은 한편으로는 고유의 맥락을 가지고 존재하면서, 노래 한 편에 집약되기에도 적합한 구성을 취할 수 있게 되는 것이다. 이는 시가와 배경 사화의 적절한 역할 분담에 의한 것이다.

이와 같이, 작품의 기반이 되는 사상을 가장 잘 드러내 줄 수 있는 모티프들에 의한 진행은 또한 부분적 사실의 일치를 통해 중국 사적과 병치를 가능케 함으로써 다양한 이야기를 포괄할 수 있게 한다. 이러한 장치는 제작자의 의도에 부합하는 소재를 광범위하게 취할 수 있게 해 준다. 즉 始末이 분명한 서사적이고 인과적인 구조보다는 단편적이면서 동질적인 화제를 집합시키는 데에 유효한 방식인 것이다. 결국 부분의 단편성이 갖는 특성을 충분히 살림으로써 주제를 효과적으로 부각시킬 수 있게 되는 것이다.

이처럼 7강에 속하는 <용비어천가>의 소주제 항목들은 건국기에 관한 방대한 자료들을 '반복'·'변용'시킴으로써 작품 한 편에 효과적으로 담길 수 있게 된다. 태조에서 태종에 이르는 건국 초기와는 달리, 世宗祖의 어느 정도 안정된 상황에서 건국 당시의 기억을 보존하고자 했던 집권층의 의도는 '주제적 제시'라는 효과적 방식에 의해 구현되고 있는 것이다.

(2) 평가적 서술

국문 시가가 극도로 압축되어 제시되고 있음은 앞 장에서 살펴본 바 있다. 그런데 이때 주목되는 사항은 짧은 각 행에는 어떠한 사건과 더불어 반드시 그에 대한 직접적인 평가가 함께 제시된다는 점이다. 사건 자체에 대한 설명이 불충분한 것에 비해, 이러한 평가가 각 장에서 차지하는 비중은 매우 크다고 볼 수 있다.

평가적 견해는 언급되고 있는 화제에 대해 일종의 해석의 기능을 하는 것으로 사건을 그냥 보여주는 것이 아니라, 그에 대한 평가를 몇 글자 속에 압축하여 제시하는 방식이다. 각 사건마다 그에 대한 평가가 함께 제시되는데 이때 평가적 해석의 인과 관계에 따라 결과에 대한 평가, 원인에 대한 평가로 크게 나누어 볼 수 있다.

(제4장)
狄人ㅅ서리예가샤 ○ 狄人이 ○ 굴외어늘 ⊖ 岐山올ᄆ샴도 ○ 하ᄂᆞᇙ뜨디시니
野人ㅅ서리예가샤 ○ 野人이 ○ 굴외어늘 ⊖ 德源올ᄆ샴도 ○ 하ᄂᆞᇙ뜨디시니

(제7장)
블근새그를므러 ○ 寢室이페안ᄌᆞ니 ⊖ 聖子革命에 ○ 帝祜ᄅᆞᆯ뵈ᅀᆞᆸ니
ᄇᆞ야미가칠므러 ○ 즘겟가재연ᄌᆞ니 ⊖ 聖孫將興에 ○ 嘉祥이 ○ 몬졔시니

(제21장)
하ᄂᆞᆯ히 ○ 일워시니 ○ 赤脚仙人아닌ᄃᆞᆯ ○ 天下蒼生올 ○ 니ᄌᆞ시리잇가
하ᄂᆞᆯ히 ○ 굴히이시니 ○ 누비즁아닌ᄃᆞᆯ ○ 海東黎民을 ○ 니ᄌᆞ시리잇가

(제32장)

天爲建國ㅎ샤 ○ 天命을느리오시니 ⊖ 亭上牌額을 ○ 세사룰마치시니

天爲拯民ㅎ샤 ○ 天才룰느리오시니 ⊖ 藪中담뵈룰스믈살마치시니

제4·7장은 해당 사적의 결과에 대해 평가를 내리고 있는 예이다. 오랑캐의 침입을 피해 이주한 것이 결국 다 하늘의 뜻에 의한 것이었다든가 심상치 않은 사태들이 바로 훗날 왕업을 열 상서로운 조짐이었다는 식으로 결론내리고 있기 때문이다. 이에 비해 도조의 탄생에 대한 예언이나 태조의 뛰어난 활솜씨를 하늘의 뜻에서 비롯한 것으로 해석하고 있는 제21·32장은 원인에 대한 평가에 속한다. 결과가 아닌 원인의 위치로 해석을 돌리고는 있지만 평가에 의지하는 기준은 앞의 두 예와 비슷하다. 즉 하늘을 따르고 백성을 위했다는 것으로 어떠한 행위 또는 사건의 원인과 결과를 돌리는 것이다.

이때에 각 행을 종결하는 방식은 이러한 평가적 해석을 사실로 받아들이게 하는 데에 일조를 한다. <용비어천가>의 終結詞에 쓰인 어미의 분포를 살펴보면 다음과 같다.

〈종지형〉
(1) -니이다: 8장, 14장, 17장 2행, 34장, 35장, 43·44장 1행, 46장, 50장, 63장, 67장, 79장 1행, 80장, 81장, 84장, 96장, 98장, 103장, 108장, 111·122장 1행
(2) -리이다: 125장 2행
(3) -리잇가: 15장, 17장 1행, 21장, 26장, 31장, 48장, 51-54장, 62장, 69장, 79장 2행, 93장, 125장 3행
(4) -니잇고: 28장
(5) -리잇고: 47장, 72장, 110장 1행
(6) -가(까): 43장 2행, 88·89장 1행
(7) -샷다: 100장
(8) -쇼셔: 110-124장 2행

〈생략형〉

(1) - 니: 1-7장, 9-13장, 18-20장, 22-25장, 27장, 29장,
   30장, 32장, 33장, 36-42장, 44장 2행, 45장, 49장, 55
   -61장, 64-66장, 68장, 70장, 71장, 73장, 75-77장,
   82장, 83장, 86장 1행, 88·89장 2행, 90-92장, 94장,
   95장, 97장, 101장, 102장, 104-107장, 109장, 114·11
   5·117장 1행, 119-121장 1행, 123·124·125장 1행
(2) - 리: 16장, 74장, 78장, 85장, 86·87장 2행, 99장, 112·
   113·116·118장 1행
(3) - 며: 87장 1행

위의 분석은 '-니'는 '-니잇고'의 생략형으로, '-리'는 '-리
이다, -리잇가, -리잇고'의 생략형으로 파악한 견해에 따른 것이
다.[26] 이 견해에 의하면 <용비어천가> 각 행의 어미는 대개 '-
니, -리' 부류에 속한다고 할 수 있다. 용비어천가의 총 종결사
250개 가운데서 이에 속하지 않는 부류는 21개(전체의 8.4%)에 불
과하기 때문이다. 그리고 이 중에서도 '-니' 형이 150회(전체의
60%), '-니이다' 형이 36회(전체의 14.4%)로 가장 큰 빈도로 나타
나고 있음을 알 수 있다.

이와 같이 절대적 비중을 차지하고 있는 '-니-' 군은 이 작품
의 일관된 분위기를 형성하는 데에 큰 역할을 하고 있다. 일반적으
로 원칙법 어미로 불리는 '-니-'는 화자가 사태를 불변적·기정
적인 것으로 파악하여 알림으로써 그것에 주의가 집중되기를 바랄
때 쓰인다.[27] 이것은 제작자의 주장을 이미 확정된 사실로 독자들

---

[26] 종지형과 생략형이 사용된 환경을 검토해 보았을 때 생략형은 종지형과 문맥상으로는 아무런
차이가 없으며, 시행에서 제3권점 이하의 음절수를 5~7음절로 조절하려는 원칙에 따른 것
이라고 볼 수 있다.
정병욱, 「용비어천가의 결미법에 대한 고찰」, 『도남학보』 3, 도남학회, 1980, pp.12~17.
참고로, 이와는 달리 '-니, -리'를 연결의 성격을 띤 어미로 파악한 견해도 있음을 밝혀 둔다.
Peter H. Lee, *Songs of Flying Dragons: A Critical Reading*, Harvard Univ. Press,
1975, pp.39~40.

에게 일깨워주어 그러한 의도를 받아들이게 만든다. 즉 화제를 당연시하는 효과를 낳는 것으로, 산문으로 되어 있는 배경 사화에서는 얻기 힘든 정서적 환기력을 동반하게 된다. 여기에는 청자의 답변을 기대하는 태도가 들어 있지 않고 단지 일방적으로 화자의 의도를 통보하는 성격이 강하다. 다음의 예는 <용비어천가>가 제작된 당시 쓰인 다른 문헌에 존재하는 용례이다.

> (1) 사룸마다 히여 수비 니겨 날로 ᄡᅦ메 便安킈 ᄒᆞ고져 ᄒᆞᇙ ᄯᆞᄅᆞ미
> 니라.
> (2) 夫妻ᄒᆞ야 사로ᄆᆞᆫ 힝뎌기 조티 몯ᄒᆞ야 輪廻를 벗디 몯ᄒᆞᄂᆞᆫ 根
> 源일ᄊᆡ 죽사릿 인연이라 ᄒᆞ니라.

(1)은 <訓民正音>, (2)는 <月印釋譜>의 한 부분이다. (1)은 한글을 창제한 이유를 밝혀 널리 선포하는 글이며, (2)는 불교 사상과 철학을 담아 알리기 위한 글로서, 특정한 지위에 있는 화자가 어떤 의도를 가지고 백성을 교화한다는 의미가 포착된다. 이 두 경우 모두 화제에 대한 화자의 태도 면에서, 그리고 청자에 대한 화자의 태도 면에서 일방성이 발견된다.

한 문장의 내용은 사태를 바라보는 화자의 태도 여하에 따라 현실적으로 표현될 수도 있고 비현실적으로 표현될 수도 있으며, 경우에 따라서는 동작을 현실화하고자 하는 화자의 의지가 수반되기도 한다. 이러한 의미 특징을 '심리적 태도(psychological attitude)'라 하는데 그것이 일정한 활용 형태에 의해 표시될 때 이를 '敍法(mood)'이라고 한다.[28] 따라서 종결 유형은 대상에 대한 작자의 태

---

27) 예를 들어 할머니가 손자에게 '거짓말을 해서는 안 되느니라'라고 타일렀을 경우를 생각해 보자. 이때 '─느니라'는 누구나 인정하는 객관적 믿음을 토대로 하여 화자가 청자에게 행동의 규범을 확인, 강조하는 역할을 하게 된다.

28) 남기심 · 고영근, 『표준 국어문법론』, 탑출판사, 1993, p.318.

도의 일면을 살펴보는 데에 유용할 수 있다고 생각한다.

위에서 살펴본 예들에 의하면, <용비어천가>는 화제를 확정적·불변적인 것으로 전달하는 일종의 강조법 어미인 '-니-'를 통해 각 행의 평가적 해석을 사실인 것처럼 받아들이게 하고 있다. 즉 원칙법 어미 '-니-'를 통해 시적 여운과 상상을 차단함으로써 주어진 평가에 주의가 집중되게 하는 것이다. 따라서 이러한 어미는 평가적 견해를 강조하는 결과를 낳으며, 그만큼 다른 판단이나 생각이 개입될 여지를 줄이게 한다.

한편, 이에 따르는 배경 사화 부분에서는 사건에 대한 평가보다는 사건 그 자체를 그리는 데에서 그치고 있다. 대부분의 경우, 각 사건의 전개 과정과 그 결과를 비교적 객관화하여 제시하는 데에 치중하고 있는 것이다. 제4장의 후행, 즉 익조 사적에 따르는 배경 사화를 살펴보면 다음과 같다.

> 목조가 斡東에 살 때 여진의 여러 千戶들이 사는 곳에 가면 저들은 언제나 소와 말을 잡아 며칠씩 향연을 베풀었다. 여러 천호들이 斡東에 오면 목조도 역시 그처럼 대접하여 자주 서로 연회를 열었다. 익조도 이것을 이어받아 그대로 했다. 후에 익조의 위엄과 덕이 점점 커지자 여러 천호들의 아랫사람들이 모두 익조에게 마음으로 붙좇았다. 여러 천호가 이를 싫어하여 모해하려고 다음과 같이 속여 말했다.
> "우리가 북쪽에 사냥을 갔다 올 테니 청컨대 모임을 20일 동안은 하지 맙시다."
> 익조가 응낙하였다. 그러나 기일이 지나도 오지 않으므로 익조가 몸소 奚關城으로 갔다. 길에서 물통을 이고 손에는 밥그릇 하나를 들고 오는 노파를 만났는데 익조가 갈등이 나서 물을 마시려 하자, 노파가 그릇을 닦아 물을 담아 올렸다. 그러면서 "公께서는 모르고 계십니다. 이곳 사람들이 사실은 군대를 부르러 간 것입니다. 귀관의 위엄과 덕이 아깝기 때문에 내가 얘기하지 않을 수 없군요."
> 라고 말했다.

익조가 황급히 돌아왔다. 그리고 집안 식구들에게 배를 타고 두만강을 좇아 내려가 赤島에 모이라고 했다. 그리고 자신은 부인과 함께 경흥 뒤 언덕에서 斡東의 들판을 바라보았더니 적병이 들판에 가득하고 선봉 300여 인은 이미 가까이 왔다. 익조와 부인이 말을 달려 바닷가 언덕에 이르렀다. 해안으로부터 적도까지는 600보쯤 되었다. 본래 여기는 밀물, 썰물이 없고, 깊으므로 건널 수가 없는 곳이다. 그러나 약속한 배는 아직 오지 않아 어찌할 수가 없었다. 갑자기 물이 빠져 백여 보 정도만 물이 남았다. 익조와 부인이 백마 한 필을 같이 타고 건넜다. 따르는 사람들이 다 건너자 물이 다시 크게 일었다. 적이 왔으나 건너지 못하고 돌아갔다. <u>북방 사람들이 아직까지도 하늘이 한 일이지 사람의 힘으로 된 것이 아니라고 말한다.</u>
익조는 드디어 움집을 만들어서 살았는데 그 터가 아직까지도 남아 있디. 알동 사람들은 이조가 적도에 있다는 말을 듣고 모두 붙좇아 왔다. 후에 익조가 덕원부로 돌아와 살 때 경흥 사람으로 따라온 사람이 시장에 오는 것같이 많았다.

시가 부분에서 생략되거나 간단히 처리된 사건의 추이가 배경 사화에서는 이처럼 발단에서 결말에 이르기까지 비교적 소상히 제시되어 있다. 여기에서는 사건의 배경이 되는 구체적 장소가 제시되어 있으며, 등장인물들 사이의 갈등의 원인이 밝혀져 있다. 또한 갈등의 주체인 주요 인물들 외에도, 익조에게 위험을 알려주는 노파와 같은 조력자 등 다양한 인물들이 등장하여 사건을 더 현실감 있게 전달해 주고 있다. 또한 시가에서는 '하늘 뜻'이라는 말로 사건에 대한 직접적인 평가를 내리는 데에 비해 산문에서는 밑줄 친 부분과 같이 평가의 주체가 제작자 자신이 아닌 '북방 사람들'로 나타난다. 이는 사실을 보다 객관적으로 제시하고자 하는 의도가 반영된 것이다.

도조가 일찍이 行營에 있을 때 까치 두 마리가 숙영지의 큰 나무에 앉았다. 도조가 이 새를 쏘려고 했는데 거리가 몇백 보나 떨어져 있었다. 부하들이 모두 맞출 수 없다고 했다. 드디어 쏘았는데 까치 두 마리가 다 떨어졌다. 이때 큰 뱀이 나와 이것을 물고 다른 나무 위에 가져다 놓고 먹지는 않았다. 이때 사람들이 기이하게 생각하며 칭송하였다.

이는 제7장의 도조 관련 배경 사화인데, 매우 간략하고 단순한 내용으로 이루어져 있다. 도조의 뛰어난 활솜씨와 상서로운 조짐을 보이기 위해 설정된 사건이다. 시가 부분에는 이 사건의 결말 부분인 '뱀이 죽은 까치를 물어 나무 위에 얹어 놓았다.'는 내용만이 제시되어 있으며 이에 대한 평가가 곧바로 이어지는데 산문에서는 그렇게 된 전후 사정이 간략하게나마 제시되어 있다. 짧지만 시·공간적 배경이 제시되고 문제의 해결 자체로 마무리되는 등 하나의 완결된 서사 구조를 갖추고 있다. 제4장의 배경 사화와 마찬가지로 사건에 대한 제작자의 직접적 평가는 보이지 않고 있다.

익조가 정숙황후와 함께 강원도 낙산 관음굴에 가서 자식을 빌었다. 밤에 꿈을 꾸었는데, 누비옷을 입은 중 하나가 와서 말하기를, "반드시 귀한 자식을 낳을 텐데 그 이름을 善來라고 하라." 고 했다. 얼마 되지 않아서 도조가 태어나, 이름을 선래라고 했으니 이는 어릴 때의 이름이다.

제21장 도조의 탄생과 관련된 이야기이다. 귀한 자식을 얻을 것이라는 예언을 '꿈'을 통해 제시하고 있는 점이 특징이다. 이러한 태도는 영웅을 형상화하면서도 합리성을 잃지 않으려는 이중의 태도에서 비롯된 것이다.[29] 이런 배경 사화 역시 사실을 객관화하여

---

29) 제83장은 이러한 자세와 상통한다고 보인다.
　　君位를보빅라ᄒᆞᆯ씨 ○ 큰命을알외요리라 ❷ 바롨우희 ○ 金塔이소스니
　　자ᄒᆞ로制度ㅣ날씨 ○ 仁政을맛됴리라 ❷ 하ᄂᆞᆯ우횟 ○ 金尺이 ○ ᄂᆞ리시니
　　즉 고려 태조가 9층으로 된 금탑이 바다에 솟아 있는 '꿈'을 꾸고 임금이 되었다는 것은 왕권의 정당성을 입증하면서도 합리성을 견지하려는 태도인 것이다.

제시하려는 자세라고 볼 수 있겠다.

> 태조가 일찍이 더운 여름날 洛川에서 목욕을 마치고 냇가에 앉아 있
> 었다. 가까이에 있는 큰 늪에서 蜜拘 한 마리가 달려 나왔다. 태조
> 가 급히 樸頭를 가져다 쏘아 맞춰 넘어뜨렸다. 또 한 마리 밀구가
> 뛰어나오니 쇠촉이 달린 화살로 쏘았다. 이에 계속해서 나오는데,
> 모두 20발에 다 죽고 도망간 것이 없었다. 그 활솜씨의 신묘하기가
> 이와 같았다.

제32장은 태조의 뛰어난 활솜씨에 대한 내용이다. 그리고 위의
글은 이의 배경 사화에 해당한다. 그의 활솜씨가 얼마나 뛰어났었
는가를 구체적 사실을 통해 보여주고 있으나, 그러한 뛰어난 재주
가 백성을 구하기 위해 하늘이 내려주신 것이라는 시가 부분에서
와 같은 평가를 산문에서는 드러나지 않고 있다.

이처럼 제시되고 있는 사적에 대해 해석적 태도를 강하게 개입
시킴으로써 허구를 사실화하려는 태도를 시가에서 취하고 있는 바
와는 대조적으로 배경 사화에서는 직접적인 평가를 개입시키지 않
은 채 사실을 서술하는 태도를 취하고 있다. 이야기되고 있는 사건
전체에 대한 평가가 산문에 제시되는 경우엔 제3자[30]나 후세의 역
사가나 문인[31] 혹은 권위 있는 문헌[32]에서 인용함을 반드시 밝히
고 있다는 사실은 사건에 대한 제작자의 태도가 시가와 산문에 있
어서 대조적임을 말해 주는 사항이다.

그런데 이러한 태도는 오히려 설득적 담화를 구조화하는 데에

조동일, 앞의 책, p.289.

30) 이 유형에 속하는 장은 중국 측 사적으로는 53장(돌궐의 돌리가한), 78장(당태종), 84장(이
덕유)이며 우리 측 사적으로는 11장(공양왕), 12장(조준), 50장(창왕), 80장(창왕), 105장(권
근) 등이다.

31) 여기에 속하는 장은 18장(응소), 24장(호안국), 41장(범조우), 66장(호인), 71장(호인), 76장
(소식), 78장(여조겸, 사마광, 호인), 104장(호인), 105장(사마광)이다.

32) 69장(讒書), 70장(八駿圖誌)이 여기에 속한다.

유효하다. 왜냐하면 이데올로기적 담화는 순전히 선동적이어서만은 안 되기 때문이다.[33] 이러한 객관화된 해설 부분에 의해 시가에 제시되고 있는 의미는 더욱 설득력을 띨 수 있었을 것이며, 그 생명도 오래 지속될 수 있었을 것이다.

이와 같이, 시가 부분의 의미를 객관적인 사실로 받아들이게 하기 위한 노력은 역사적 기록에 의한 參證을 행하는 데에서 더욱 두드러지게 나타나고 있다. <태조실록>, <태종실록> 등이 빈번히 인용되는가 하면 민간에서 널리 유통되는 이야기들을 통해 배경 사화를 마련했음을 강조하는 것이 바로 이러한 예이다.[34] 배경 사화의 기능 가운데 설명의 기능이 의미의 1차적 해독에 주로 관련하는 것이라면, 참증의 기능은 참고되는 자료의 권위에 의해 텍스트의 설득적 기능을 보다 강화시켜 준다. 즉 시가 부분의 의미를 해설해 주면서 동시에 이것이 객관적 사실임을 은연중에 강조하는 기능인 것이다. 국문 시가에서 보여주는 서술 특성이 역사의 문학화를 통해 문학이 갖는 설득성을 십분 발휘한 것이라면 이러한 참증의 기능은 허구적 사실을 '역사화'함으로써 갖게 되는 또 다른 종류의 설득력을 보장해 준다.

이와 같이 국문 시가와 더불어 배경 사화가 필요했던 것은 조선 창업에 관련된 사적을 신성화하되, 당대의 합리주의적 가치관 속에서의 조화를 모색한 결과로 볼 수 있다. 이는 결국 全篇에 걸쳐 외경감과 장중한 분위기를 형성하고 있는 시가의 내용에 객관성을 부가함으로써 설득력을 확보하고자 한 다각적 배려였다.

---

33) Olivier Reboul, 홍재성·권오룡 역, 『언어와 이데올로기』, 역사비평사, 1994, p.65.
34) 용비어천가 箋. '謹探民俗之稱頌 敢擬朝廟之樂歌'

(3) 부분의 초점화

지금까지는 국문 시가와 배경 사화가 적절한 역할 분담을 통해 <용비어천가> 텍스트를 이루고 있음을 살펴보았다. 이를 통해 앞 장에서 살펴보았던 비계기적 전개나 사실의 단편적 제시와 같은 서술 특성의 의미가 어느 정도 해명될 수 있었다고 생각한다. 그런데 한편으로 <용비어천가>의 독특한 구조에 대한 해명은 이 작품의 존재 양상을 떠나서는 이루어질 수 없다.

여기에서 주목해야 할 점이 바로 <용비어천가>가 속한 樂章이라는 장르적 성격일 것이다. 조선 초기 왕조 창업에 대한 철학적 기반의 구축과 왕통 체계에 대한 권위 부여를 주요 목적으로 존재한 악장[35]은 기본적으로 실용되었다는 특성을 갖게 되고 한편 실용적이어야만 의미가 있는 문학 장르의 하나이다.[36] "시로써 가르치고 그것을 聲律에 화합하여 나라 안에서 사용함으로써 천하의 교화를 이루며, 천 년의 뒤에도 사람으로 하여금 감동하여 떨치고 일어나게 한다."[37]는 말에서도 드러나듯이 <용비어천가> 역시 사람을 感發興起시키는 효용성을 1차적으로 의도했던 것은 그것이 속한 장르적 성격에서 파생되는 특성이라고 할 수 있겠다. <鳳來儀>라는 악곡에 실려 국가의 각종 행사에 연행되었다는 점 역시 이러한 사실을 뒷받침해 준다.

그렇다면 <용비어천가> 텍스트의 독특한 구성 방식 역시 악장으로의 연행을 고려한 가운데에 이루어진 것이라고 볼 수 있으며,

---

35) 조규익, 앞의 책, p.202.

36) 이 점으로 인해 용비어천가의 문학적 가치가 폄하되고 있는 것도 사실이다. 그러나 용비어천가의 문학적 실상을 제대로 파악하기 위해 보다 중요한 것은 어떤 고정된 기준에 의한 문학성의 평가보다는 그러한 작품이 생성될 수밖에 없었던 문화적 배경 속에서 용비어천가를 이해하는 태도일 것이다.

37) 以詩爲敎 叶之聲律 用之鄕國 以化成天下 至今千載之下 尙能使人感發 而興起
최항의 〈龍飛御天歌〉跋.

본고에서는 특정 부분의 '초점화'를 통해 이 목적이 효과적으로 달성될 수 있었음을 지적하고자 한다. 그리고 이러한 초점화가 이루어질 수 있었던 것은 여러 가지 기재를 통해 <용비어천가>의 각 장이 독립성을 최대한 획득할 수 있었던 데에 있음을 먼저 언급하고자 한다.

앞 장에서 살펴보았듯이 <용비어천가>에서는 6조의 행적을 시간의 순서와는 무관하게 제시하고 있다. 물론 크게 보았을 때 등장인물들이 家系의 순서대로 배열되고 있음은 사실이나, 이러한 순서 역시 계기적 접속의 원리에 따른 것은 아니다. 오히려 그들의 순서가 갖는 의미는 주인공 태조의 활약상을 전후로 하여 '선조의 업적'과 '후왕의 역할'을 강조하기 위한 논리성에 있는 것이다. 그렇기 때문에 선조에 대한 고사는 왕업의 기틀을 이루기 위한 간난에 관한 것으로 일관되어 있으며,[38] 후왕들에의 경계에 해당하는 소위 '勿忘章'에서는 '－쇼셔'라는 어미를 사용해서 시종일관 규계에 치중하고 있는 것이다.[39] 그리고 <용비어천가>의 중심이 되는 수많은 태조 관련 사적에서는 그의 덕성과 전쟁에서의 무공에 대한 것이 큰 비중을 차지하게 된다. 이와 같이 이야기 자체보다는 이야기에서 끌어낼 수 있는 주제적 의미에 비중을 두는 구성 방식은 필연적으로 각 장의 독립성을 강화하는 계기가 된다.

따라서 각 의미 요소들을 대표할 수 있는 몇 장만을 적절히 추출하여도 전체 구조를 손상시키지 않으면서 주제를 전달하는 데에는 별 지장이 없었을 것이다. <치화평>이 1～16장과 125장, <취풍형>이 1～8장과 125장, 그리고 <여민락>은 1～4장과 125장만

---

38) 여기에는 3～8장·17～26장이 해당되며, 새로운 지방으로의 이주, 穴居生活, 길한 조짐 등이 이 부분의 주요 내용이다.

39) 110장～125장이 여기에 해당되는데 앞에서 언급한 구체적 내용을 든 뒤, 후왕들이 정치를 하는 데에 있어서 이를 교훈으로 삼도록 경계하고 있다.

으로 이루어졌던 것은 이러한 생각을 뒷받침해 주는 중요한 사실이다.[40]

두 번째로, 각 장에서 다루어지고 있는 내용이 6조에 관련된 단편적 성격의 일화이거나 전체 사건을 이루고 있는 하나의 모티프들이라는 점은 노래의 양식이 갖는 성격과 관련하여 주목을 요하는 부분이다. 노래란 산문 양식이 갖는 서사성이나 인과적 귀결보다는 대상의 부분적 특징을 드러내는 데 유리한 양식[41]인데, 이러한 성격이 <용비어천가>에서는 모티프 중심의 진행이라는 현상으로 나타나고 있는 것이다. 그 한 예를 다음에서 들어 본다.

(제13장)
말ᄊᆞ물 ᄉᆞᆯᄫᆞ리 하ᄃᆡ ○ 天命을 疑心ᄒᆞ실ᄊᆡ ⊖ ᄭᅮ므로 ○ 뵈아시니
놀애ᄅᆞᆯ 브르리 하ᄃᆡ ○ 天命을 모ᄅᆞ실ᄊᆡ ⊖ ᄭᅮ므로 ○ 알외시니

제13장 태조 사적의 배경을 이루는 내용을 요약하면 다음과 같다. (1) '木子得國'의 노래를 백성들이 부름, (2) 지위가 너무 높아지자 물러나기를 청하여 태조가 올린 箋의 내용, (3) 그것을 허락하지 않는 이유를 밝힌 공양왕의 敎旨의 내용, (3) 태조의 두 번째 箋, (4) 왕의 교서, (5) 태조의 세 번째 箋, (6) 왕의 교서, (7) 潛邸時에 金尺을 꿈에 봄.

배경 사화에서는 태조의 辭職의 뜻과 공양왕의 만류가 장황하게 언급되고 있으며 금척을 본 꿈[42] 이야기가 여기에 간략히 덧붙이

---

40) 치화평과 취풍형은 국문 시가, 여민락은 한역시가 불린 것으로 알려져 있다. 여민락의 경우 한역시가 불렸다는 점이 본고의 논의에 설득력을 약화시키는 것은 아니다. 한역시라 하더라도 시가의 성격을 갖고 있으며 앞에서 분석한 국문 시가의 서술특성이 여기에도 적용될 수 있기 때문이다.

41) 김대행, 『詩歌詩學硏究』, 이화여자대학교 출판부, 1991, p.37.

42) 이 모티프는 제83장에서도 반복되고 있으며, 정도전이 제작한 단형 악장 <夢金尺>에서도 언급되는 등 조선 건국의 천명성을 드러내는 데에 자주 등장하고 있다.

고 있는 데에 비해, 국문 시가에서는 이 꿈에 초점이 맞추어져 있는 것이 특징이다. 즉 자세한 전후 상황에 대한 설명은 생략되어 있는 대신, 훗날 태조가 왕위에 오르게 되는 것의 천명성을 드러내 주는 것이라는 해석과 함께 꿈 이야기가 전면에 부각되고 있는 것이다. 이와 같이 전체 사건 가운데에서 건국의 천명성을 단적으로 보여주는 부분을 부각시킴으로써 이 부분은 전체 맥락으로부터의 독립성과 더불어 강한 환기력을 갖게 된다.

이와 같이 부분이 갖는 강한 인상은 전·후행의 통사 구조의 일치를 통해 중국 사적과 동일시함으로써 더욱 강화된다.[43] <용비어천가>의 전·후행에 제시되고 있는 사적은 그 내용의 유사성뿐만 아니라 대부분의 경우 음수율·통사 구조 면에서도 일치를 보이고 있다.[44] 앞에서 살펴본 제13장을 예로 들어 보면 다음과 같다.

> (1) 말ᄊᆞᆷ을 ᄉᆞᆯᄫᅡ리 하ᄃᆡ / (2) 天命을 疑心ᄒᆞ실ᄊᆡ / (3) ᄭᅮ므로
> 뵈아시니
> (1)ʹ 놀애ᄅᆞᆯ 브르리 하ᄃᆡ / (2)ʹ 天命을 모ᄅᆞ실ᄊᆡ / (3)ʹ ᄭᅮ므로
> 알외시니

위는 이 장의 전·후행을 통사적 응집력을 가진 어군으로 나눈 것인데, 전·후행 사이에서 각각 대응되는 어군들이 음수율의 측면에서뿐만 아니라 문장 성분의 배열에 있어서도 완벽한 일치를 보

---

43) 전·후행을 의미뿐만 아니라 형태 면에서도 맞춤으로써 전행의 역사적 사실만큼이나 후행의 6조의 행위에 대해 신빙성을 더하는 시적 효과를 나타내며, 형태를 단순화시킴으로써 암송하기에도 쉽게 된다. <용비어천가>의 교화시로서의 성격을 고려해 보았을 때 이러한 장치는 이 작품의 응집력을 높이기 위해 의도된 것이라고 볼 수 있다. 최소한 언어학적 관점에서 보았을 때 <용비어천가>의 구조는 응집력의 장치를 통해 시적 효과를 높이고 있는 것이다.
배석범, 「용비어천가의 독특한 질서를 찾아서 ─ 수사의문을 중심으로」, 『국어학』 27, 국어학회, 1996, pp.91~93.

44) <용비어천가>는 제3권점 이하의 음절수를 일정한 양으로 조절하기 위해 종지형('─니이다'형)과 생략형('─니'형)을 선택하고 있는데, 이러한 배려 역시 각 장의 전·후행 사이의 음절수를 일치시키는 결과를 낳게 된다.

이고 있음을 알 수 있다.

이러한 장치는 전·후행의 의미를 동일시하는 데에도 크게 기여하며, 그 결과 동일한 모티프가 두 번 반복되는 효과를 낳는다. 즉 주제를 드러내기에 적합한 모티프를 전체 내용에서 탈맥락화하여 반복함으로써 의미가 강조·응집되는 것이다. 다시 말해, 국문 시가에 선택되는 모티프는 높은 의미 비중을 갖게 되는 반면 다른 장들과는 긴밀한 연관을 보이지 않는 등 강한 독립성을 띠게 되는 것이다.

이와 같이 모티프 중심의 전개는 사건의 전모를 알기 어렵게 하는 단점을 갖는 한편, 그 부분을 초점화함으로써 강한 인상을 줄 수 있다. 또한 덜 중요한 부분 혹은 드러내고 싶지 않은 부분을 은폐하는 기능 역시 갖고 있는 전개 방식이다. 여말선초라는 격동기에서 조선을 창업하게 된 과정에는 그리 떳떳하지 못한 일들이 존재했을 것이며,[45] 전체가 아닌 부분의 속성을 통해 이러한 문제를 어느 정도 해결할 수 있었으리라 생각한다.

부분이 갖는 이러한 성격을 고려해 보았을 때, 국문 시가에 선택되어 제시되는 내용들을 살펴보는 것은 당대의 가치관을 역으로 고찰할 수 있게 해 준다. 고려의 건국 신화인 <동명왕편>에서와는 달리 <용비어천가>에는 신이한 출생에 대한 언급이 보이지 않는다. 이는 유교적 가치관에 비추어 보았을 때 허용할 수 없는 사항이기 때문이었을 것이다.[46] 그 대신 신적인 존재로서가 아니라

---

45) 역성혁명이라는 것 자체가 유교를 숭상하는 조선조 유학자들에게는 윤리적·철학적으로 커다란 짐이 되었을 것이다. 이러한 어려움에도 불구하고 조선 창업을 합리화하기 위해서는 이 과정의 총체적 재구보다는 필요한 부분의 부각이 절실히 요청되었을 것이다.

46) 유교사관에서는 鬼神·來世 또는 신비의 세계를 實在로서 인정하지 않고 그러한 사실들을 기록한 신화 혹은 설화들을 荒誕不經한 것으로서 배격한다. 종교적 세계관이나 신비주의를 배격하고 가시적이고 경험적인 현실세계를 실재로서 인정한다는 점에서 유교사관은 합리적이며, 신비주의에 바탕을 둔 고대의 사관과 기본적으로 구별된다. 물론 유교의 합리정신은 자연과학적 지식에 토대를 둔 근대적 합리주의와는 성격이 다르다는 점을 유의할 필요가 있을 것이다.

훌륭한 '인격체'로서 동원 가능한 내용인 덕과 공에 관한 내용이 압도적으로 많이 출현하고 있다. 특히 전쟁 상황이 많이 등장하는 것은 주인공 이태조의 영웅상을 효과적으로 부각시킬 수 있게 하는 계기가 된다. 또한 혁명적 영웅으로뿐만 아니라 훌륭한 인격자였음을 부각시키는 것은 인간으로서 가질 수 있는 최대의 조건이 될 것이다.

그러나 이러한 자질만으로는 조선 건국의 필연성을 역설하는 데에 부족하였을 것이며 그것을 증명해 주는 권위 있는 대상이 요구되었다. <동명왕편>이나 <단군신화>에서는 천제의 자손임이 이미 건국의 정당성을 확보해 주는 근거가 되지만, 그러한 입장을 배제한 조선적 상황에서는 이를 대신 확인해 줄 수 있는 것으로 민심을 들게 된다. 이는 하늘과 인간의 연관성을 토대로 하는 天命思想에서 비롯된 것으로, 天意·天命은 민심의 반영이라고 보는 사상이다. 따라서 민의를 얻은 자는 곧 하늘의 뜻을 얻은 자와 같게 된다는 것이며, 이를 통해 신이성은 배제하면서 신성성을 통해 이태조를 부각시킬 수 있게 되었다.[47] 양성지의 구분에 따른 <용비어천가>의 7강 가운데 천명을 노래한 것이 전체 125장의 약 1/5인 26개 장에 이름은 이러한 사상이 조선 건국의 합리화에 이론적 기반이 되고 있음을 말해 주는 사항이다.

<용비어천가>가 부분의 단편성을 최대한 살려 주제적 배치를 꾀하고 있다면 이때에 진술 내용에 대한 화자의 평가 개입적 태도는 매우 중요한 역할을 하게 된다. 앞에서 살펴보았듯이 <용비어천가>의 각 장에서 다루고 있는 사건에는 화자의 해석적 태도가 강하게 개입되고 있다. 이러한 일종의 평가의 기능을 하는 해석은

---

47) 문영철, 「조선 전기 유학 사상의 역사적 특성」, 『한국사상사대계』 4, 한국정신문화연구원, 1991, pp.113~117.

각 장의 내용이 그 이상의 단위로 발전하는 데에 장애가 되며, 그 결과 각 장은 강한 독립성을 띠게 된다. 이는 평가의 화제 완결적 성격에서 기인하는 현상이다.

그런데 이러한 평가 개입적 진술 태도는 각 장의 독립성을 강화시키는 역할뿐만 아니라, <용비어천가>의 각 장이 강한 정서적 환기력을 동반할 수 있게도 한다. 특히 '-니'로 대표되는 확정법 종결어미는 <용비어천가>의 율격적 장치와 관련되면서,[48] 앞의 내용을 사실적인 것으로 받아들이게 하는 힘을 갖는다. 이러한 성격은 노래가 갖는 일종의 주술성과도 통하는 사항이다. 즉 노래는 그 율격적 특성에 기인하여 듣는 이로 하여금 일깨우고 분별하게 한다기보다는 흥분하고 고양되게 하는 기능을 갖고 있는데, 여기에 덧붙인 화자의 강한 평가적 어조는 제작자의 의도를 청자로 하여금 보다 더 쉽게 받아들이게 하는 데에 일조하는 것이다.

이와 같이 부분을 초점화하는 방식은 <용비어천가>가 음악으로 존재했던 사정과도 밀접한 관련을 갖는 특성이다. 즉 의미 구조뿐만 아니라 통사 구조, 리듬 구조에 대한 복합적 고려를 통해 산문의 언어 질서와는 부분적으로 조금은 다른 특수한 언어 질서를 취하게 되는데, 이는 결국 음악을 통해 조선 건국의 정당성을 역설하려는 이 작품의 정치적 효용성을 극대화할 수 있게 한다.

지금까지 살펴본 <용비어천가>의 서술 특성은 결국 각 장의 독립성을 극대화함으로써 조선 건국의 정당성을 강하게 각인시키는 역할을 하고 있음을 알 수 있었다. 그런데 이때의 이미지의 강력함은 의도적인 모호함과 불완전성에서 기인한 것이기도 하다.[49] 부분

---

48) <용비어천가>의 매 행은 고정부와 가변부로 구성된다. 고정부가 율격적인 규칙성을 보이고 있는 부분이라면 가변부는 유동성을 보이는데, 바로 이곳에 강조되는 의미가 놓이게 된다. 반복되는 율격의 정형성을 깨고 변격이 나타나는 바로 그곳에 강조하려는 의미가 놓임으로써 그 의미는 이중으로 강화된다.
성기옥, 앞의 논문, pp.296~305.

을 초점화하는 과정에서 필연적으로 의미의 빈 공간이 생겼을 것이라는 점은 충분히 짐작할 수 있는 바이다. 이러한 빈 공간은 한편으로 그에 대한 담론을 필요로 한다. 하나의 이미지가 비로소 작동할 수 있기 위해서는 언제나 그것의 의미에 대한 이해가 전제되어야 하는 것이기 때문이다. 배경 사화 부분은 국문 시가의 모호한 응축성에 구체적이고 총체적인 의미를 구성함으로써 그것이 강력한 이미지로 작용할 수 있게 한다.

이 두 부분의 공존으로 인해 <용비어천가>는 비로소 조선 건국기라는 정치적 격동기의 총체적 파악과 인상적 부분에 의한 강력한 이미지를 동시에 줄 수 있게 되는 것이다. 전자가 이성에 호소하는 것이라면 후자는 음악과 함께 제시되면서 수용자의 정서적 측면에 영향력을 미칠 수 있는 여지를 갖는다. 이 두 부분의 공존으로 <용비어천가>는 그것의 정치적 효용성을 효과적으로 수행할 수 있게 된다.

49) Olivier Reboul, 앞의 책, pp.133~134.

제3장
〈용비어천가〉의 표현교육적 가치

1. 신화 만들기의 구체적 사례

易姓革命과 두 차례에 걸친 왕자의 난 등 건국 초기의 反儒教的 상황을 정당화하는 일은 王家의 질서를 유지하기 위해 무엇보다도 시급했던 세종조의 과제였다. 이러한 과제를 효과적으로 수행하기 위해 건국을 정당화시켜[1] 줄 수 있는 건국신화의 창출이 요청되었을 것이다. 힘에 의한 지배뿐만 아니라 이와 같은 일종의 상징조작[2]에 의한 통치는 지배 계급의 이데올로기를 성공적으로 전파, 주입함으로써 더욱 강력한 지배 수단이 될 수 있기 때문이다.

예사 이야기들과 구별되는 신화의 특성은 그것이 절대적 권위와

---

1) 세종조의 정당성 역시 건국의 정당성을 바탕으로 하고 있는 것이기 때문에 윤통 시비를 사전에 막고 당대의 질서를 강고히 하는 데에는 이처럼 당대에 대한 합리화보다 이씨 조선의 건국을 정당화하는 편이 더 효과적인 방법이었을 것이다.

2) 지배자층은 정치권력의 유지를 위한 수단으로 다양한 상징들(symbols)을 만들어 낸다. 상징이란 지배자층이 의도하고 생각한 바를 표현하는 것으로 피지배자들에게 의식적으로나 무의식적으로 전달되어 그들로부터 일정한 동조적 반응과 태도를 이끌어 내는 것에 목적을 둔다. 여기에는 각종 기념일, 음악과 노래, 예술작품, 기념식, 법제정, 정부에 대한 선전문들이나 지도자들의 전기 등이 속한다.
신정현, 『정치학』, 법문사, 1993, pp.334~335.

초월적 경이를 지닌, 함부로 훼손할 수 없는 신성한 이야기라는 점에 있다. 이러한 신성성이야말로 신화를 전설이나 민담으로부터 구분해 주는 중요한 속성이 되는 것이다. 즉 신화는 신들 스스로에 의해 이야기되고 신들에 의해 인간에 전하여진 것이며, 신화의 진위 여부는 신화 자체에 기대어 있을 뿐이다. 이것이 바로 신화의 자족적 명증성이다.[3]

이러한 신화의 일반적인 속성을 고려해 볼 때 <용비어천가> 텍스트는 본질적인 의미에서의 신화라기보다는 왕권을 강고히 하기 위해 의도적으로 신화화한 노력의 산물이라고 할 수 있다.[4] 즉 조선 건국에 태조의 업적이 컸음을 드러내주는 다양한 사적들을 들어 당대 정치 권력의 신성성을 역설하고자 한 것이다. 이와 유사한 시기에 편찬된 『고려사』의 경우 태조로 대표되는 왕실의 건국 과정에서의 역할이 소홀하게 취급되었다는 점에 늘 불만을 가진 세종[5]이 태조 관련 기사를 수집하기 위해 열성을 기울였던 것도 결국 왕통 체계의 권위를 확립하려는 의도에서 비롯된 것이다.

<용비어천가>는 史書도 아니었으며, 왕실의 업적을 詩歌로 편찬하였기 때문에 儒臣들의 표면적인 반대를 초래할 것은 아니었다. 그러나 세종은 이 시가들의 바탕이 되는 사실을 상세하게 편집·기록하도록 하였기 때문에 실은 태조 관계 기록을 일반에 공개하는 결과를 초래한 것이었다.[6] 이러한 편찬 배경을 살펴보았을 때,

---

3) 김열규, 『신화/설화』, 춘추문고, 1975, p.81.

4) 정치적 목적을 이루기 위해 '인위적으로 만들어졌다.'는 점에서 이는 신화의 불순한 형태이다. 즉 역사적으로 성장하지 않고, 의도적으로 특정한 목적을 이루기 위해 만들어진 것이다. Mircea Eliade, 이은봉 역, 『신화와 현실』, 성균관대학교 출판부, 1985, pp.214~217.

5) 건국사에 대한 역사 기술의 방향에 대해 왕실의 입장과 유신의 입장이 갈등을 보이고 있었던 상황에 대해서는 정두희의 「조선건국사 자료로서의 용비어천가」(『한국고전 심포지엄』 4, 진단학회, 일조각, 1994)에서 자세히 다루고 있다.

6) 정두희, 위의 논문, pp.118~119.

이 작품은 처음부터 국문 시가만 존재할 것을 전제하고 이루어진 것은 아니라는 점을 알 수 있다. 물론 악장으로 연행되는 경우를 생각해 볼 수 있지만, 악장에는 <용비어천가> 가운데 몇 개 장만이 속함을 고려해 본다면 이와 같이 125장에 걸친 장편의 시가가 필요했던 것은 태조에 관한 구체적 기록을 대중에 공개하여 王家의 질서를 단단히 하려는 의도가 오히려 강하게 작용한 것이라고 볼 수 있다.[7] <용비어천가> 텍스트의 구성 방식은 필요한 기록을 보존하면서도 그에 따른 시비를 막을 수 있는 교묘한 방식이 될 수 있는 것이다.

또한 이러한 방식은 국문 시가와 배경 사화라는 이질적 축의 공존에서 파생되는 효과를 적절히 살려 건국의 주체를 신성하고도 우월적 존재로 형상화할 수 있게 한다. 즉 일종의 '배경 지식(schema)'의 역할을 하는 배경 사화를 통해 국문 시가 부분의 빈 공간을 해석하도록 만듦으로써 총체적인 의미를 얻을 수 있게 하는 것이다. 결과적으로 배경 사화는 국문 시가와 함께 공존하면서 <용비어천가> 텍스트라는 하나의 질서 잡힌 메시지를 이루는 역할을 하게 된다.

이러한 구성 방식은 정작 전달하고자 하는 바를 강한 이미지와 병존시킴으로써 정서적 환기력을 높일 수 있게 한다. 앞 장에서 살펴본 내용은 결국 이러한 메시지 조작이 갖는 유효성을 구체적으로 살펴본 것이라고 할 수 있다. 즉 다수의 이야기를 이와 같은 방식으로 통괄함으로써 주제의 효과적 부각과 반복을 꾀할 수 있었던 것이다. 가장 주목되고 환기되어야 할 사항을 전면에 내세워 반복시킴으로써 수용자의 의식 저층에 각인시키며 시로서의 압축을

---

7) 종교 주술적 세계에서는 신화가 제의의 구술적 상관물로 존재하지만 정치 사회적 세계에서는 왕권을 강화하는 정치적 담론의 역할을 할 수도 있다.
   임재해, 『민족신화와 건국영웅들』, 천재교육, 1995, p.27.

가능케 할 수 있게 되는 것이다.

이와 같이 왕가의 권위를 확고하게 하기 위해 문학이 갖는 이점을 이용하면서도 건국기에 있었던 태조의 활약상을 사실적으로 기록하는 방식을 취한 점은 <용비어천가> 텍스트의 조작된 신화8)로서의 본질과 문학적 실상의 파악이라는 측면에서 중요하게 언급되어야 할 것이다.

시가와 산문의 이질적 축을 통해 신화적 힘을 얻을 수 있었던 독특한 구성 방식은 그러나, 과거로부터의 전통과도 맥이 닿아 있다. 동명왕을 통해 민족의 주체성을 고취시키려는 의도하에9) 창작된 이규보의 <동명왕편> 등에서도 한시의 중간 중간에 주를 달아 시로써 미처 다 나타내지 못한 사실을 필요한 자료를 들어 밝히고 있기 때문이다. 예를 들어 해모수가 등장하는 부분에는 다음과 같은 註가 부기되어 있다.

本記에 이렇게 적혀 있다. 부여왕 해부루가 늙도록 아들이 없어 산천에 제사하여 아들 낳기를 빌러 가는데, 탄 말이 鯤淵에 이르자 큰 돌을 보고 눈물을 흘렸다. 왕이 괴이하게 여기어 사람을 시켜 그 돌을 굴리니 금빛 나는 개구리 형상의 작은 아이가 있었다. 왕이, "이것은 하늘이 내게 아들을 준 것이다."하며, 길러서 金蛙라 하고 태자를 삼았다. 정승 아란불이, "일전에 天帝가 내게 내려와서, '장차 내 자손으로 하여금 이 땅에 나라를 세우려 하니 너는 피하라.'하였는데, 가섭원이란 땅이 있어 오곡이 잘되니 도읍할 만합니다."하고, 아란불은 왕을 권하여 옮겨 도읍하고 동부여라 이름하였다. 예전 도

---

8) 신화는 대상이나 개념이나 관념이 아니라 오히려 의미작용의 한 양식이다. 신화적인 대상들을 질료(substance)의 측면에서 구별하려는 것은 완전한 착각에 지나지 않는다. 왜냐하면 신화는 일종의 빠롤이며, 그렇기 때문에 담론의 규칙을 따르기만 한다면 모든 것은 신화가 될 수 있기 때문이다. 신화는 자신이 전달하는 전언의 대상에 의해서 규정되지 않는다. 오히려 신화는 전언을 생산하는 방식에 의해서 규정된다. 모든 것은 신화가 될 수 있는 것이다.
Roland Barthes, 정현 옮김, 『신화론』, 현대미학사, 1995, p.16.
9) 내우외환과 민족의식의 분열 등 이 시대의 상황에 대해서는 김진영의 「동명왕편의 시정신과 시적 특성」(『고전문학 어떻게 가르칠 것인가』, 집문당, 1994)에서 자세히 다루어진 바 있다.

읍터에는 해모수가 천제의 아들이 되어 와서 도읍하였다.[10)

여기에는 고대로부터 내려오는 영웅의 신이한 탄생에 관한 내용이 실려 있는데, 그것이 <구삼국사기 동명왕 본기>에 실려 있음을 강조하여 설득력을 갖고자 하는 배려가 엿보인다. 이러한 태도는 중세적 합리주의가 보편화된 당대의 상황과 무관하지 않다. 이규보 역시 처음에 동명왕에 관한 이야기를 듣고 "先師 중니께서는 괴력난신을 말씀하지 않았다. 동명왕의 일은 실로 황당하고 기괴하여 우리들이 얘기할 것이 못 된다."[11)고 웃어 넘겼었는데 이것은 중세 보편주의의 한 반영인 것이다.

그러나 한편, 이규보가 <동명왕편>을 제작했던 당시는 중국 중심주의가 흔들리고 주체 의식이 성장한 데다가 원나라 통치를 벗어나 민족 국가로서의 긍지를 회복해야 할 필요성이 절실해졌던 때였다. 이를 위해서는 유교 문화에 의해 경직되고 폐쇄된 사고를 극복하는 일이 중요한 과제였다. 그리고 이러한 과제를 수행하는 데에 고대 문화에 대한 재인식을 통해 고대적인 자기중심주의를 새롭게 계승할 수 있는 방법을 모색하게 된 것이다.[12)

그럼에도 불구하고 이 시기는 고대 신화시대와는 본질적으로 차이가 있다.[13) 비록 새로운 문화 창조를 위한 자양분을 고대의 발랄한 생명력에서 얻고자 한 것은 사실이지만, 그들은 이미 중세적 합

---

10) 이규보, 〈東明王篇〉, 『東國李相國集』, 이식 옮김, 민족문화문고간행회, 1984.

11) 先師仲尼 不語怪力亂神 此實荒唐奇怪之事 非吾曹所設.
이규보, 〈동명왕편〉, 『동국이상국집』.

12) 조동일, 앞의 책, pp.85~86.

13) 고대 역사가들은 페이지 밑에 주석을 달지 않는다. ……문헌 자료는 출처가 아니다. 그것의 출처는 전통 ― 물론 구전 전통 ― 으로서, 문헌은 전통을 옮겨 적은 사본일 뿐이다. ……사실은 자명하고 너무나도 자명하여 역사가들은 그들의 출처와 의견을 달리할 경우에만 출처를 인용한다. 진실은 작가 불명이고, 오로지 오류만이 개인적 소산이다.
Paul Veyne, 김지영 역, 『그리스인들은 신화를 믿었는가』, 솔출판사, 1993, pp.18~19.

리주의의 영향력을 송두리째 부인할 수는 없었다. 위와 같은 노력 역시 어디까지나 중세적 세계관 안에서의 모색일 수밖에 없는 것이다.

서사시만으로써 영웅의 시련과 투쟁을 전개해 나가지 못하고 여기에 주를 달아 근거를 제시한 양식은 이러한 어려움에서 비롯된 것으로 이해해야 할 것이다. 즉 경험적 근거와 합리성을 구태여 캐묻는 시대에 이르렀으므로 서사시에서 전개되는 흐름은 잠시 비켜 놓더라도 이에 대한 보충 작업을 하지 않을 수 없었다.[14]

<용비어천가>에 오면 이러한 설명에의 의존도는 더욱 커진다. 주몽 신화와는 달리 이태조의 가계에 대해서는 널리 전승되어 오는 바가 적었기 때문에 오히려 더 많은 전거를 들어 권위를 부여하는 일이 절실했을 것이다. <용비어천가>의 경우 이러한 속성이 더욱 강화되고 정형화된 모습으로 나타나게 된 것은 이 작품이 조작된 신화로서의 지향점이 매우 강했음을 알 수 있게 한다. 즉 한 편으로는 건국 신화를 재현하고자 하면서도 자연스러운 상상력에 의해서라기보다는 조선 창업의 정당성을 합리성에 근거하여 역설하고자 한 강한 목적성이 선행하고 있는 것이다.

시가만으로 혹은 산문만으로 이야기를 전개해 나가지 않고 이질적인 이 두 축의 긴장에서 파생되는 효과를 활용하려 했다는 점, 즉 시가 부분의 미결정 요소를 산문을 통해 보완하는 과정을 통해 강한 이미지와 객관성을 동시에 획득하고자 한 표현 방식은 이 작품의 중요한 특성이 될 것이다. 이러한 점에 대한 고려는 의도에 따른 표현 방식의 양상에 대한 이해, 그리고 전통과 변이에 관련되는 요소들의 이해로 이어질 수 있을 것이다.

---

14) 조동일, 앞의 책, p.89.

2. 방대한 자료의 효과적 통어

앞에서 살펴본 바와 같이 <용비어천가>는 국문 시가와 배경 사화의 이중 구조를 통해 이야기를 전개해 나가고 있다. 그런데 이러한 이야기 전개 방식은 과거로부터의 전통을 십분 활용한 것이라고 할 수 있을 것이다. 즉 핵심 이야기를 음수와 음운에 맞춰 진행시키는 본문이 있고 사이사이에 주석으로 보조 이야기를 삽입시켜 부연 설명하는 문예 양식은 이규보의 <동명왕편>이나 이승휴의 <제왕운기>에서부터 이미 나타나고 있는 것으로 한국 서사시의 한 전형인 것이다.[15] 이러한 양식은 산문과 시가 결합된 것으로서, 시적 형식을 빌려 서술하는 이야기 문학의 모습을 보여준다.

한 작품은 과거로부터의 전통과 함께 당대의 요구가 작용한 결과로 산출되는 것임을 고려해 볼 때, 이와 같은 양식이 과거로부터 내려오는 것이라 하더라도 이 시기의 어떠한 성격이 <용비어천가>와 같은 구성 방식을 가능케 했는지에 대한 고려 역시 간과할 수 없는 사항이다. 이에 대한 이해가 뒤따를 때에야 비로소 이러한 텍스트 구성 방식의 의미와 유효성이 온전히 파악될 수 있을 것이다. 그렇다면 이 시기의 문화적 배경을 읽을 수 있는 하나의 단서를 다음에서 들어 보도록 한다.

> 신 등이 모두 보잘것없는 재주로 외람되이 글 쓰는 소임을 맡아 삼가 백성들의 칭송하는 소리를 모아 감히 조정에서 쓸 노래를 만들었습니다. 여기에는 목조께서 나라의 터를 닦으신 때부터 태종이 왕위에 오르기 전까지의 모든 사적 가운데 특별히 훌륭한 일을 빠짐없이 찾아내어 왕업을 이루는 일의 어려움을 모두 갖추어 서술하였습니다. 모든 옛일은 바르게 고쳤으며 노래는 나랏말을 썼습니다. ······

---

15) 이러한 방식은 석가의 일대기를 그린 불교 서사시 〈월인석보〉에서도 발견된다.

이 노래를 아들에게 전하고 다시 손자에게 전하여 나라를 이루는 일
이 쉽지 않음을 알게 하고, 고을에서 사용하고 또 나라에서 사용하
여 영원토록 잊지 않게 해야 할 것입니다.[16]

위의 예문은 권제 등이 쓴 <용비어천가> 箋이다. 이 글로부터
<용비어천가> 제작에 관련된 몇 가지 사실을 알 수 있다. 첫째는,
이 작품의 소재에 관한 것이다. 이 글에 의하면 <용비어천가>에
채택된 소재는 민간전승 설화에서부터 역사 기록에 이르기까지 매
우 방대함을 알 수 있다. 실제로 <용비어천가>의 제작 과정에 대
한 연구에 의하면[17] 관리들을 파견하여 전국 각지에 흩어져 있는
6조 관련 설화를 수집하였으며 문헌 자료로는 『태조실록』, 『정종
실록』, 『태종실록』 등이 참고되었음을 알 수 있다. 이 점에서 있어
서 <용비어천가>는 일반적인 '상상력의 문학'과 어느 정도 거리를
두며 그 본질은 역사적인 사실의 문학화에 있다고 할 수 있겠다.

둘째, 제작의 태도에 관한 것. 이와 같이 방대한 자료에서 필요
한 사항을 '빠짐없이' 기록하려는 태도는, 조선 초기 사료 편찬의
기본 방향인 '기록보존주의'와도 상통하는 점이다. 기록 보존주의
란, 사료 편찬 시 어떤 가치 기준에 입각한 筆削을 삼가고 입수할
수 있는 모든 자료를 망라하여 과거의 문화를 복원하려는 원칙을
말한다.[18] 이를 위해서는 필연적으로 방대한 자료를 효과적으로 통
제하기 위한 특징적인 텍스트 구성 원리가 요청되었을 것이다.

---

16) 『용비어천가』, 아세아문화사, 1972.

17) 박찬수, 앞의 논문, p.18.

18) 실제로 세종대에 편찬된 高麗史는 體裁에 있어서도 觀覽에 편리하고 가치평가가 준엄한 綱
目體보다는, 관람에 불편하지만 敍事가 상세해질 수 있는 편년체를 택하고 있는데 이는 위
의 원칙을 따른 것이다. '번거로운 폐단이 있더라도 소략하여 史實을 매몰시켜서는 안 된다.'
는 것이 세종의 기본 태도였는데, 이러한 입장은 전통문화를 되도록 원형대로 이해하여 문화
의 自己個性을 보존하려는 태도와 연관된다.
한영우, 『朝鮮前期 史學史 研究』, 서울대학교출판부, 1981, pp.39~44.

셋째, 제작의 목적에 관한 것으로, 이 작품의 제작 의도 가운데 後嗣 교육적 측면이 강했다는 점을 알 수 있겠다. 즉 임금이 된다는 것은 오랜 세월에 걸쳐 피나는 노력을 하여, 덕을 쌓아 하늘의 명을 받아야 한다는 것을 강조하고, 후대 임금들은 이렇게 어렵게 쌓아 올린 공덕을 헛되이 하지 말아야 할 것임을 경계하려는 데에 있다.[19] 세조 때에 양성지가 지어 올린 <용비어천도> 서문에서 보이듯이 <용비어천가>가 동궁의 교육용으로 사용되었다는 등 실제로 이 작품이 후왕들의 역사 교육용으로 사용되었다는 기록은 여러 군데에서 보인다.[20]

이상의 <용비어천가> 箋에서 알 수 있듯이 궁극적으로 정치적 목적을 달성하기 위해 건국과 관련된 구체적 기록을 소중히 했던 이 시기의 동향은 유례없이 많은 史書와 서사 문학의 탄생과도 연결되는 사항이다.[21] 이 시기의 역사는 유교적 통치 규범의 확립과 관련하여 매우 중요한 의미를 지닌다. 즉 정치의 원리를 제공해 주는 것이 經이라면 경의 이념을 실천으로 옮긴 구체적인 사례가 역사라는 것으로 인식하고 있었던 것이다. 따라서 治者들은 반드시 경서와 더불어 역사를 공부해야 한다고 여겼던 것이며, 이들 가운데에서도 구체적 일에 적용함에 있어서는 역사가 더 중요하다는 것이 강조되어 왔다.[22]

---

19) 용비어천가의 총 結詞인 제125장은 이러한 주제를 가장 직접적으로 드러내준다. 그뿐 아니라 본사의 후반부인 제110장에서 124장까지를 물망장으로 구성한 것은 후왕에 대한 강한 교술의 뜻이 엿보이는 대목이다.

20) 소신이 항상 書筵을 모시는데, 동궁저하께서 용비어천가를 내어놓고 신 등으로 하여금 口訣을 정하여 읽어 보는 데 대비하게 하였습니다.(小臣常侍書筵 東宮邸下出龍飛御天歌 使臣等定口訣 以備觀覽)
『조선왕조실록』 권 7, p.205.

21) 선초에 간행되어 현존하는 사서로는 『동국사략』, 『고려사』, 『고려사절요』, 『삼국사절요』, 『동국통감』 등이 있다. 또한 시가 형식으로 역사적 사건을 서술한 것은 권근의 〈응제시〉, 권제의 〈동국세년가〉 등이 있다.

22) 신하들의 역사에 대한 무지를 깨우쳐 주기 위해 세종의 명령으로 『資治通鑑訓義』가 발행된

사회 제반 문물의 정비를 통해 유교적 질서를 확립해야 할 과제를 물려받은 세종조에 제작된 <용비어천가>가 방대한 양의 배경 사화를 필요로 했던 것은, 정치에 있어서의 실천적 행동 규범을 절실히 필요로 했던 이 시기의 관심과 직결된다고 할 수 있을 것이다. 이에 대한 고려는 작품에만 매몰되는 것을 막고 그것을 탄생시킨 문화에 대한 이해로 이끌게 하므로 수용자의 문학에 대한 인식을 확장시킬 수 있게 한다. 즉 어떤 고정된 기준에 의거하여 이 작품의 문학성을 폄하하게 되는 것이 아니라 그것을 이루는 사회·문화적 배경 속에서 올바른 가치 평가를 할 수 있게 하는 것이다.

이처럼 이 작품이 제작된 당시의 사회·문화적 배경을 고려해 볼 때, 연구 대상을 국문 시가만으로 한정시킨 기존의 논의는 극복되어야 할 것이다. 국문 시가만으로는 이 작품의 작시 의도가 어떠한 문화적 맥락 속에서 소통되고 있는지를 파악하기 힘들며, 서사시를 비롯한 여타의 문학 장르의 기준에 미달된다는 평가를 초래할 뿐이기 때문이다. 그러나 이 작품의 이해에 있어서 보다 중요한 것은 <용비어천가>가 배경 사화라는 의미의 담지체에 의해 사람들을 '감발흥기'시키는 효용성을 최대한 발휘할 수 있었다는 사실을 음악의 정치적 효용성을 중시했던 당대의 문화 속에서 이해하는 것이다.

太祖朝(1392~1398)로부터 2년간의 定宗朝를 거쳐 제3대 太宗朝(1401~1418)에 이르는 건국 초의 기간이 한국 정치사에 있어 근세 국가의 정치권력의 형성기라 한다면 世宗朝(1419~1450) 32년간의 두 번째 기간은 세종의 주도 아래 근세 정치 문화를 형성하고 유교적 국가 체계를 확립하기 위하여 정치·의례·제도·문화를 유교주의적 기초 위에 정비해 간 시기라고 할 수 있다.[23] 첫 번

것 등 역사에 대한 세종의 관심은 여러 곳에서 발견된다.

째 기간이 정치권력의 획득에 주로 치중한 정치적 격동기였다면, 두 번째 시기는 어느 정도 안정된 기반 위에서 역성혁명에 의한 왕조의 정통성을 뒷받침하고 국민의 교화와 사상적 통일을 유교적 질서 속에서 모색한 시기라 할 수 있다.

이때 유교 이념이 단순히 추상적 원리로서만 추구되는 것이 아니라 구체적 생활양식을 규정하는 것이 되기 위해서 禮樂의 정비는 중요한 국가사업의 하나였다. 이를 통해 국가의 행사에서부터 민중의 일상생활에 이르기까지 유교적 이념의 심화가 가능할 수 있었기 때문이다. 왕조 창업의 타당성 선양을 중심으로 한 훈민·교화가 이 시기의 주요한 특성[24]임을 고려할 때, <용비어천가>의 제작 역시 이러한 문화적 배경 속에서 이해할 수 있다.

즉 음악은 이 시기의 중요한 통치 수단의 하나였으며[25] 당대에 治者 계층이 이에 관심을 가졌던 것은 당연한 일인 것이다.

> 엎드려 생각건대, 예로부터 성제·명왕이 일어나면 반드시 문신들의 가영 찬송이 있어 그 아름다움을 드날리고 관현에 올리며 금석에 새겼으니 그 쟁쟁한 소리와 찬란한 빛이 천고에 드리웁니다. 상고하건대 주아의 생민 청묘와 같은 시편들이 이것입니다. 신 등은 모두 비재이나 엎드려 성대한 일을 뵙고 기뻐 날뜀을 이기지 못하여 삼가 거 글을 지어 손잡아 절하고 머리를 조아리며 드립니다.[26]

---

23) 김운태, 「세종조의 정치사상」, 『세종조 문화연구』, 박영사, 1982.

24) 조규익(1990), 앞의 책, p.228.

25) 禮는 윤리적 질서의 원리이며 樂은 조화의 원리라고 할 수 있다. 이는 順從體系에 따른 질서에 의하여 조화되고 안정된 사회를 이룩하려는 유교의 기본 이념에 부합하는 것이다. 세종조에는 五禮의 정비와 더불어 雅樂을 정리하는 데에 힘써, 이와 같이 예악과 도덕을 근본으로 하고 권력과 形政을 말단으로 하는 이른바 도의정치가 이루어질 수 있는 여건이 성숙되었다.
김운태, 위의 글, pp.238~239.

26) 『조선왕조실록』 7, p.20.

위의 예문은 선초에 악장 제정의 당위성을 역설한 정도전의 말이다. 새 왕조의 창업을 기리고 이를 통해 새로운 정치 질서를 공고히 하는 데에 관련하여 음악의 역할을 언급하고 있는 자료들은 이 외에도 많이 보인다.27) <용비어천가>의 독특한 성격은 이와 같은 조선 초의 정치·사회적 배경을 간과하고서는 올바르게 파악될 수 없는 것이며, 여기에서 우리는 문학과 역사 그리고 사상적 측면을 포괄하는 관점의 필요성을 확인할 수 있다.

3. 언어 사용의 전통과 변용에 대한 시사

의미의 빈 공간을 수반하는 이미지를 선행시킨 뒤 이에 대한 객관적 설명을 부가하여 설득력을 높이는 구성 방식은 <용비어천가>의 중요한 특성이다. 그리고 이 작품이 일종의 신화로 기능할 수 있었던 것은 단순히 그것이 조선 초에 왕권의 정당성을 역설하기 위해 제작되었기 때문이 아니라, 이와 같은 구성 방식에서 기인하는 측면이 크다. 따라서 이러한 텍스트 구성 방식은 현재에도 설득적인 글쓰기의 하위 양식으로 유용성을 갖고서 활용될 수 있다. 이에 대한 이해는 고전 텍스트를 단지 과거의 특수한 문화에 대한 이해 자료로서뿐만 아니라 현재의 언어생활을 운용하는 데에 구체적으로 활용될 수 있는 유용성을 갖는 것으로 자리매김해 줄 수 있게 한다.

국어 교육에서 의미가 있는 것은 동일한 대상에서 동일한 요소를 '확인'하는 것이 아니라, 피상적인 차이에도 불구하고 그 속에 내재해 있는 본질적인 동질성을 이해하는 것이라고 할 때 언어 사

---

27) 조규익(1990), 앞의 책, pp.149~150.

용의 원리적 이해는 매우 중요하다고 할 수 있다. 이는 언어 사용의 한 국면이 변용을 거쳐 현재에도 이어지고 있음을 알게 하는 것이며 따라서 우리의 언어 유산에 대한 통시적 안목을 길러 줄 수 있게 하기 때문이다. 매우 극단적인 예이기는 하지만 광고에서 사용되는 메시지 조작 방식 역시 위에서 논의한 텍스트 구성 방식과 무관하지 않음을 보이는 것은 이러한 측면에서 의미가 있을 것으로 보인다.

<용비어천가>가 조선 건국의 당위성을 역설하고 후왕들에게 앞으로의 정치를 하는 데에 경계를 하기 위해 만들어졌다는 점을 고려해 볼 때 국민 의식의 관리, 사회 통합, 권위의 획득을 위해 행해지는 정부 PR 혹은 대기업을 중심으로 행해지는 기업 PR은 이와 유사한 제작 목적을 가지고 행해지는 활동이다. 특히 기업 PR은 기업의 목표, 경영법, 제품 및 서비스를 공중에게 해설하고 동시에 경영자가 사회적으로 책임 있는 경영을 하도록 돕는 역할을 한다.[28] 그런데 기업의 경영 철학과 경영 정책에 대한 PR은 기업의 전반적 이미지 형성에 중요한 역할을 하므로 기업의 홍보 전략은 가장 먼저 그 기업의 '기업 이념의 명확화'에서 비롯된다.[29]

기업 이념은 창업 시점부터 설정된 것일 수도 있으며 혹은 기업 경영을 전개해 나가는 가운데 확립되거나 재정립되기도 한다. 기업 이념으로 내세우는 내용 요소로는 능률과 이익 제일주의, 자연 보호 사상, 산업과 자연 환경의 조화 등 크게 몇 가지로 유형화되기도 한다. 이와 같이 대중들에게 효과적으로 소구하기 위한 기업 이념이 정해지면 본격적인 홍보 전략이 수행된다. 이 홍보 전략은 몇 가지 단계로 나누어질 수 있는데 이 가운데에서 가장 핵심적이라

---

28) 최윤희, 『현대 PR론』, 나남출판사, 1992, p.279.
29) 현대경영연구소 편, 『기업 홍보·CI·현대광고』, 승산서관, 1996, p.37.

고 할 수 있으며 연구가 활성화된 분야가 바로 메시지 조작 과정이라고 할 수 있다. 구체적인 예를 들어 하나의 기업 광고가 어떠한 방식으로 구성되는지를 살펴보자.

일간지상에 게재된[30] 어느 대기업 홍보물의 경우, 흑인 어린아이를 안고 있는 어느 여인의 모습과 그 옆에 큰 활자로 부기된 "우리가 정말 아름다운 ○○○ ○○을 만난 것은 ○○○ ○○에서가 아니라 아프리카에서였습니다."라는 문구가 큰 비중을 차지하고 있다. 그리고 하단에 작은 글씨로 이루어진 설명과, "세계 일류 – 기본은 함께 나누는 것입니다."라는 문구가 기업 이름과 함께 제시된다.

이러한 시각적 배치는 일단 우리들의 시선을 이끌어 광고물에 집중하게 만든다. 그러나 여기에 제시된 문구만으로는 이 광고가 전체적으로 전달하고자 하는 바를 이해하기 힘들다. 여기에 제시된 사진이나 문구는 전후 상황이 생략된 채 고도로 압축되어 있기 때문이다. 따라서 이때의 '아름답다'는 말이나 아프리카의 의미가 무엇인지는 지면 하단에 작은 글씨로 부기되어 있는 설명에 의해 온전히 파악된다. 거기에는 이 여배우의 과거 활동 경력이 연도순으로 제시되어 있으며, 현재에는 자신의 재산을 기금으로 유니세프 친선대사로 기아에 허덕이는 소말리아의 어린 생명을 구하기 위한 활동을 하고 있다는 사실이 명시되어 있다.

이 설명은 전면에 제시된 사진과 광고 문구의 의미를 설명해 주는 역할을 할 뿐만 아니라 그것의 압축을 가능케 한다. 즉 이 압축은 '함께 나누는 삶'이라는 내용을 단적으로 보여줄 수 있는 한 부분의 제시를 통해 성립되고 있으므로 여기에는 필연적으로 의미의 빈 공간이 생겨나기 마련인데, 이 공간을 객관화된 사실로 보완해 주는 설명문을 통해 설득력을 띠게 되는 것이다. 이와 같은 압축에

---

30) 『동아일보』, 1996. 10. 18.

의한 정서적 환기와 주제의 부각은 이를 보충해 주고 있는 설명문에 의해 힘을 얻게 된다. 즉 이 기업의 전체 홍보물은 이 두 요소의 상호 작용에 의해 이루어진다고 할 수 있는 것이다.

결국 이 광고에서는 자신의 기업이 추구하고 있는 '세계화'라는 기업 이념을 역설하고 있는 것이다. 그러나 그것을 자기업의 구체적 활동 등의 객관적 사실을 통해 이야기하는 것이 아니라 그것과는 사실 무관한 한 여배우의 삶으로부터 끌어낼 수 있는 강한 이미지를 적절히 활용[31]하여 자기 기업의 이미지와 동일시하도록 조작하고 있는 것이다. 이 기업이 내세우는 기업 이념으로는 '세계화' 외에도 '학력 철폐'와 같은 몇 가지 소수제 항목이 존재하는데 이러한 일련의 내용을 통해 이 기업에 대한 총체적 이미지가 구성된다.

이와 같이 기업 홍보는 개별 제품의 광고와는 달리 해당 기업에 대한 총체적이고 포괄적인 개념을 형성하게 한다는 중요성을 갖기 때문에 기업에서는 역점을 두는 작업이다.[32] 이때, 직접적으로 수용자에게 작용하게 되는 메시지의 처리는 특히 중요하다고 할 수 있다. 전달하고자 하는 내용을 최대한 압축하여 하나의 이미지로 전면에 내세운 뒤 그것의 배경에 놓이는 작은 설명들로 대상에 대한 구체적인 설명을 하는 방식은 결과적으로 수용자에게 전달하고자 하는 내용을 이미지화하여 설득하는 데에 유용한 방식이라고 할 수 있다. 이것은 전면에 제시된 이미지를 고정 · 중계해 주는 등의 기능을 갖는 배경에 놓인 설명에 의해서 가능해지는 것이다.[33]

---

31) 이 주제는 위대한 정치가, 예술가 등의 여러 인물들을 유사한 방식으로 제시하여 주기적으로 반복 · 강화되고 있다.

32) 또한 특정 상품에 대한 이미지는 그것을 직접 사용해 본 결과 얻어지는 구체적인 것일 수 있으나 기업가의 이미지 · 기업 · 특정 상표의 이미지는 구체적 경험에서 오는 것보다 소비자의 관념 속에 스테레오타이프 상태로 형성되는 것이라는 차이점이 있다. 그리고 그 형성된 이미지 체계는 직접 경험보다는 광고와 매스컴을 통해 얻어진 자료에 의존하는 2차 현실을 이루게 된다.
오두범, 『광고 커뮤니케이션 원론』, 전예원, 1983, pp.451~453.

광고의 경우 이와 같은 이미지를 연구하는 데에 편리함을 줄 수 있다. 왜냐하면 광고에서는 이미지의 의미작용이 확실하게 의도적인 것이기 때문이다.[34) 이와 같은 예는 비록 이에 사용되는 구체적 매체나 형식에 차이가 있기는 하지만 대중을 대상으로 하며 이미지를 통해 설득하려는 방식이라는 점에서 본질적으로 <용비어천가> 텍스트의 구성 방식과 매우 유사하다. 즉 하나의 원리에서 파생된 것이라고 볼 수 있는 것이다.

이처럼 <용비어천가> 구성 방식이 인간의 사고 구조, 즉 말하고자 하는 바를 효과적으로 배열하여 잘 전달하고자 의도하는 것이기 때문에 현재에도 여러 가지 형태로 반복이 가능한 것임을 아는 것은 표현 방식의 원리적 이해에 속하는 것이며 인식의 확장을 꾀할 수 있게 한다. <용비어천가>에서 발견되는 언어 사용의 한 국면의 반복 가능성을 밝히는 작업은 이러한 점에서 의의를 갖는다고 할 수 있겠다.

또한 이러한 양상은 오늘날 매스커뮤니케이션의 층위에 있어서 신문기사의 헤드라인, 삽화 설명문, 각종 인쇄물의 제목 등에서도 쉽게 발견되고 있다. 이들은 모두 단순한 정보 전달의 차원을 넘어, 시적 표현과 이미지의 효과적인 사용 양상을 보여주고 있다.

중요한 것은 문학인 것과 아닌 것에 대한 구별 자체라기보다는 매체와 형태를 달리하여 반복될 수 있는 텍스트 구성 방식과 그것의 발생 조건에 대한 이해이다. 이러한 태도는 피상적인 차이 속에 존재하는 보다 본질적인 원리를 읽어 낼 수 있게 한다. 또한 이러한 원리 중심의 접근은 과거와 현재에 대한 통시적 안목을 길러줄 수 있을 것이며, 현재의 언어문화를 이해하고 설계하는 데에 유용

33) 김치수 外, 「자동차 광고의 기호학적 분석」, 『현대사회와 기호』, 한국 기호학회 엮음, 문학
   과지성사, 1996, pp.426~432.
34) Roland Barthes, 김인식 편역, 『이미지와 글쓰기』, 세계사, 1993, p.87.

한 자료로서 고전 문학의 위치를 자리매김해 줄 수도 있으리라 생각한다.

고전 문학을 통해 선인들의 삶의 모습을 간접 체험할 수 있다는 것은 그 나름대로 소중한 고전 문학 교육의 의의가 된다. 그러나 거기에서 멈추는 것보다는 그 속에 체현된 인간의 삶과 표현의 현재적 연관성을 함께 고려할 때 고전 문학 교육은 더욱 그 빛을 발하게 될 것이다.

따라서 고전 문학 작품의 현재적 연관성에 대한 모색은 고전 문학 연구에 있어서 지속적으로 이루어져야 하는 작업이라고 생각한다. 본고는 이러한 생각을 바탕으로 하여 국문학사상 그 존재 기간이 매우 짧았으며 독특한 장르로 인식되어 온 조선조 악장의 대표작 <용비어천가>의 구성 원리를 분석해 보았다.

이 작품은 시가와 산문이라는 이질적인 두 축을 통해 이야기를 전개시키고 있다. 즉 국문 시가에 나타나는 의미의 빈 공간을 배경 사화에 의해 보충함으로써 소통이 가능해지는 이중 구조를 취하고 있는 것이다. 이와 같은 이중 구조는 부분의 독자성을 최대한 살려 주제를 이미지화하는 동시에, 서사적 문맥을 통해 내용을 구체화함으로써 설득적 담화를 이루는 데에 매우 유용하다. 그런데 이러한 표현상의 효과가 국문 시가와 배경 사화의 적절한 역할 분담을 통해 가능할 수 있었음은 주목되어야 할 사항이다.

특히 조선 건국의 정당성을 입증하기 위해 방대한 사적이 동원되었던 <용비어천가>에 있어서 국문 시가와 배경 사화의 역할 분담은 자료를 효과적으로 통어할 수 있게 한다. 즉 주제를 대표할 만한 부분을 초점화하여 제시함으로써 강한 인상을 남기게 하는 것이 국문 시가의 역할이라면, 배경 사화에서는 그에 대한 객관적이고 구체적인 설명을 통해 설득력을 확보하게 된다. 또한 주제를 부각시키기에 적합한 다수의 줄거리가 집합됨으로써 건국의 정당성이 보편적이고 항구적인 사항으로 받아들여지게 하는 것이다.

이때, 이 두 부분이 연결되어 하나의 총체적 의미를 구성할 수 있게 되는 것은 국문 시가 부분에 나타나는 의미의 빈 공간에 의해서이다. 즉 어느 한 부분을 이미지화하는 과정에는 필연적으로 의미의 빈자리가 생기게 마련인데, 이는 해독에 있어 미결정 요소로 작용하게 된다. 그러나 <용비어천가>의 경우, 이러한 미결정 요소를 제작자에 의해 미리 제시되어 있는 배경 사화를 바탕으로 스스로 채우게 함으로써 수용자의 해석을 일정한 방향으로 통제하는 동시에 해석된 의미를 더욱 설득력 있게 받아들일 수 있게 한다. 즉 국문 시가에서 보이는 잠정적인 정보 박탈이 암시적 의미와 어떤 이미지를 형성하는 것이라면, 배경 사화의 개입은 이에 대한 수정과 가감을 통해 의미를 일정한 방향으로 확충하는 것이다.

<용비어천가>의 구성 방식에서 밝혀 낸 이러한 이미지와 의미의 효과적 사용 양상은 설득적 담화를 구성하는 데에 유용한 언어 사용의 한 측면을 보여주는 예이며, 현재에도 여러 가지 양상으로 나타나고 있다. 이 점을 이해하는 것은 텍스트 자체에 매몰되는 위험을 방지해 주면서 거기에 담긴 인간의 삶의 모습을 통시적으로 이해할 수 있게 해 줄 것이다. 즉 차이성에만 주목하여 대상을 개별화된 것으로 파악하는 태도를 지양하고 그들 사이에 흐르는 보다 본질적인 원리를 볼 수 있도록 하는 것으로 고전 문학 교육을 자리매김할 수 있게 하는 것이다. 현재 우리의 일상 언어에서도 발견되는 요소가 극대화된 모습으로 존재하고 있다는 시각에서 진행된 본고의 논의는 이러한 측면에서 그 의의를 부여받을 수 있으리라 생각한다.

참고문헌

1. 자료

『珍本 青丘永言』
『國樂院本 歌曲源流』
『瓶窩歌曲集』
『星州本 松江歌辭』
『孤山遺稿』
『漆室遺稿』
『松巖續集』
『校本 歷代時調全書』
『龍飛御天歌』
『月印釋譜』
『東明王篇』
『帝王韻紀』
『朝鮮王朝實錄』

2. 논문 및 단행본

강영혜 외, 『현대사회와 교육의 이해』, 교육과학사, 2004.
고대혁, 「自己認識과 自己尊重의 儒家的 意味: 孟子의 論議를 중심으로」, 『대학생활연구』 11, 인천교육대학교, 1999.
고영화, 「용비어천가 텍스트의 구성 원리 연구」, 서울대학교 대학원, 1997.
_____, 「미래사회와 고전시가 교육: 향가 교육을 중심으로」, 『문학교육학』 25, 한국문학교육학회, 2008.

곽성원, 「음악 학습에서의 언어 리듬 활용 방안 및 적용에 관한 연구: 아동의 가창활동을 중심으로」, 서울대학교 대학원, 1999.

구인환·박대호·박인기·우한용·최병우 공저, 『문학교육론』, 삼지원, 1988.

권두승, 『성인학습 지도방법의 이론과 실제』, 교육과학사, 2005.

권순정, 「고전시가의 어휘교육 연구」, 서울대학교 대학원, 2006.

김경연, 「독일 '아동 및 청소년 문학' 연구: 교육적 관점과 미적 관점의 역사적 고찰」, 서울대학교 대학원, 2000.

김경용, 『기호학이란 무엇인가』, 민음사, 1994.

김광순, 「악장가사연구」, 『국어교육연구』 2, 경북대 국어교육연구회, 1971.

김기도, 『정치선전과 심리전략』, 나남출판사, 1990.

김대행, 『시조유형론』, 이화여자대학교 출판부, 1989.

_____, 『詩歌詩學研究』, 이화여자대학교출판부, 1991.

_____, 「손가락과 달: 時調 形式을 통해 본 文學敎育의 指標論」, 『雲堂丘仁煥敎授 停年退任 紀念論文集』, 서울大學校 國語敎育科, 1995.

_____, 『국어교과학의 지평』, 서울대출판부, 1995.

_____, 『문학교육 틀짜기』, 역락, 2000.

_____, 「국어교육의 위계화」, 『국어교육연구』 19, 서울대학교 국어교육연구소, 2007

_____, 「내용론을 위하여」, 『국어교육연구』 10, 서울대학교 국어교육연구소, 2002.

_____, 「수행적 이론의 연구를 위하여」, 『국어교육학연구』 22, 국어교육학회, 2005.

김대행 외, 『문학교육원론』, 서울대학교 출판부, 2000.

김덕현, 『시조문학 교육론』, 박이정, 2004.

金東俊, 「宋純論」, 『續·古時調作家論』, 白山出版社, 1990.

金文煥 編, 『美學의 理解』, 文藝出版社, 2000.

김명자, 「도시 공간 위의 민속문화 양상」, 『한국민속학』 41, 민속학회, 2005.

김병국, 『한국고전문학의 비평적 이해』, 서울대학교 출판부, 1995.

김상욱, 「<농가월령가>의 교육적 수용을 위한 담론 분석」, 『고전문학 어떻게 가르칠 것인가』, 집문당, 1994.

김석준, 「한국 현대시에 나타난 전통지향성 연구」, 서울대학교 대학원, 2005.

김석회, 「<농가월령가>와 <월여농가>의 대비 고찰」, 『국어국문학』 137, 국어국문학회, 2004.

김석회, 『조선후기 시가 연구』, 월인, 2003.

김선배, 『시조문학 교육의 통시적 연구』, 박이정, 1998.

김선아, 「용비어천가연구 – 서사시적 구조분석과 신화적 성격」, 숙명여자 대학교 대학원, 1985.

김성룡, 『여말선초의 문학사상』, 한길사, 1995.

김신정, 「동시 교육과 인지발달」, 『문학교육학』 11, 한국문학교육학회, 2003.

김안중, 『한국 아동의 도덕성 발달에 관한 연구』, 한국교육개발원, 1982.

김연숙, 「레비나스의 他者 倫理에 關한 硏究」, 서울대학교 대학원, 1999.

김열규, 『신화/설화』, 춘추문고, 1975.

金烈圭, 「孤山作品論: 反復法과 그 聯章關係를 中心으로」, 『孤山研究』 1, 고산연구회, 1987.

金瑢龜, 『國民文學에 대한 考察』, 서울대학교 대학원, 1980.

김영범, 「알박스의 기억사회학 연구」, 『사회과학연구』 6, 1999.

金禹昌, 「慣習詩論: 그 構造와 背景」, 『論文集』 10, 서울대학교, 1964.

김운태, 「세종조의 정치사상」, 『세종조 문화연구』, 박영사, 1982.

김인경・윤진, 「청소년기의 자아중심성에 관한 연구: 이론과 현상의 개관」, 『한국심리학회지』 7, 한국심리학회, 1988.

金一根, 「<丹心歌>의 評價 序說 ― 歷史的 思考의 3形態에 立脚하여 ― 」, 『尙虛劉錫昶博士古稀紀念論文集』, 1970.

金周坤, 『韓國詩歌와 忠孝思想』, 國學資料院, 2000.

김정화, 「시조 형식의 교육 실상과 문제점」, 『語文學』 90, 한국어문학회, 2005.

金鍾烈, 「강호가도의 개념」, 『도남학보』 14, 도남학회, 1993.

김종철, 「고전문학교육의 방향과 교과서」, 『민족문학사연구』 12, 민족문학사학회, 1998.

김중신, 『소설감상방법론 연구』, 서울대학교 출판부, 1995.

_____, 『문학교육의 이해』. 태학사, 1997.

김진영, 「동명왕편의 시정신과 시적 특성」, 『고전문학 어떻게 가르칠 것인가』, 집문당, 1994.

김창원, 「초·중등 문학교육의 연계 연구」, 『한국초등국어교육』 13, 한국초등국어교육학회, 1997.

김학성, 「宋純 詩歌의 詩學的 特性」, 『古詩歌研究』 4, 韓國古詩歌文學會, 1997.

_____, 『한국고전시가의 연구』, 한국학술정보(주), 2001.

_____, 『한국 시가의 담론과 미학』, 보고사, 2004.

_____, 「시조의 양식적 독자성과 현재적 가능성」, 『韓國詩歌研究』 19, 韓國詩歌學會, 2005.

_____, 「시조의 3장구조 미학과 그 현대적 계승」, 『인문과학』 38, 성균관대학교 인문과학연구소, 2006.

김한종, 「역사학습에서의 상상적 이해」, 서울대학교 대학원, 1994.

김형태, 「농가월령가 창작 배경 연구: 御時記 및 農書, 家學, 詩名多識과의 연관성을 중심으로」, 『동양고전연구』 25, 동양고전학회, 2006.

김흥규, 「고전문학 교육과 역사적 이해의 원근법」, 『현대비평과 이론』, 1992.

_____, 「평시조 종장의 律格·統辭的 定型과 그 기능」, 『욕망과 형식의 詩學』, 태학사, 1999.

_____, 「한국 고전시가 연구와 주제사적 탐구」, 『韓國詩歌研究』 15, 韓國詩歌學會, 2004.

남기심·고영근, 『표준국어문법론』, 탑출판사, 1993.

남상준, 『환경교육론』, 대학사, 1995.

문영철, 「조선 전기 유학 사상의 역사적 특성」, 『한국사상사대계』 4, 한국정신문화연구원, 1991.

문지연, 「학습자 중심의 문학교수법 고찰」, 서울대학교 대학원, 1995.

박노준, 「한국 고전시가에 나타난 志節의 모습 ― 신라·고려 시대 작품을 중심으로 ―」, 『한국학논집』 6, 한양대학교 한국학연구소, 1984.

박성근 편역(2006), 『시간의 의미를 찾아서』, 과학과문화.

박인기, 「문화적 문식성의 국어교육적 재개념화」, 『국어교육학연구』, 15, 국어교육학회, 2002.

박일우,「글과 그림」,『문화와 기호』, 문학과지성사, 1995.

박찬수,「용비어천가 연구」, 충남대학교 대학원, 1994.

박혜인,「역사이해력 향상을 위한 감정이입적 역사 학습 프로그램 개발」,
    『이화교육논총』 12, 이화여자대학교, 2002.

배석범,「용비어천가의 독특한 질서를 찾아서 – 수사의문을 중심으로」,
    『국어학』 27, 국어학회, 1996.

백기수,『미의 사색』, 서울대학교 출판부, 1981.

사재동,「月印千江之曲의 불교서사시적 국면」,『한국문학연구입문』, 지
    식산업사, 1982.

徐用錫,「解釋學的 經驗으로서의 理解의 意味」, 서울大學校 大學院,
    2005.

서우석,『詩와 리듬』, 文學과知性社, 1993.

徐元燮,『時調文學硏究』, 螢雪出版社, 1995.

성기옥,「용비어천가의 서사적 짜임」,『백영 정병욱선생 환갑 기념 논
    총』, 신구문화사, 1982.

_____,「고산 시가에 나타난 자연인식의 기본 틀」,『고산연구』 1, 고
    산연구회, 1987.

_____,「용비어천가의 구조와 서사성」,『한국 판소리·고전문학연구』,
    아세아문화사, 1983.

成範重,「金宗瑞의 <豪氣歌>와 邊塞詩」,『한국고전시가작품론』, 集
    文堂, 2000.

소광희,『시간의 철학적 성찰』, 문예출판사, 2001.

송기한,「전후 한국시에 나타난 시간의식 연구」, 서울대학교 대학원, 1996.

송지언,「탈관습적 발상의 국어교육 내용 연구」, 서울대학교 대학원, 2005.

신득렬,「인격 훈련의 개념」,『敎育哲學』 16, 한국교육철학회, 1998.

_____,『현대 교육철학』, 학지사, 2003.

신은경,『風流: 동아시아 美學의 근원』, 보고사, 1999.

신정현,『정치학』, 법문사, 1993.

신헌재,「학교 문학 교육의 위상과 지향점」,『문학교육학』 10, 한국문
    학교육학회, 2002.

안정오,「헤르더의 언어관과 언어교육」,『한국학연구』 13, 고려대학교

한국학연구소, 2000.

양미경(1998),「교육과 시간: 시간의 의미에 대한 교육적 이해」,『교육원리연구』3, 교육원리연구회.

양희찬,「古時調 主題分類 方法論」,『時調學論叢』12, 韓國時調學會, 1996.

염은열,「시조 교육의 위계화를 위한 방향 탐색」,『고전문학과 교육』8, 한국고전문학교육학회, 2004.

_____,『고전문학의 교육적 발견』, 역락, 2007.

오두범,『광고 커뮤니케이션 원론』, 전예원, 1983.

오석원,『한국 도학파의 의리사상』, 성균관대학교 출판부, 2005.

오정인,「敎育的 槪念으로서의 興味: Dewey의 興味論을 중심으로」, 서울대학교 대학원, 1996.

우리말연구소 엮음,『외국의 국어 교육과정 1』, 나라말, 2004.

_____,『외국의 국어 교육과정 2』, 나라말, 2004.

우한용,「창작교육의 이념과 지향」,『창작교육, 어떻게 할 것인가』, 푸른사상, 2001.

윤여탁,『시교육론 Ⅱ: 방법론 성찰과 전통의 문제』, 서울대학교출판부, 1998.

이경선,「건국신화의 천명사상」,『동양학』5, 단국대학교 동양학연구소, 1975.

이규호,『人間의 社會化와 社會의 人間化』, 배영사, 1995.

_____,『언어철학』, 연세대학교 출판부, 2005.

_____,『사회화와 주체성』, 연세대학교출판부, 2005.

이기상,『하이데거의 실존과 언어』, 문예출판사, 1993.

이노형,「충절시조에 대한 북한의 미학적 관점과 그 변화양상」,『語文論集』35, 경북대학교 국어국문학과, 2001.

李敏弘,『사림파문학의 연구』, 형설출판사, 1985.

_____,『朝鮮朝 詩歌의 理念과 美意識』, 成均館大學校 出版部, 2000.

李秉岐,『가람文選』, 三中堂, 1976.

이병한,『중국 고전 시학의 이해』, 문학과지성사, 1993.

이상익 外,『고전문학 어떻게 가르칠 것인가 - 耘亭 李相翊박사 회갑기

　　　　　념 논문집』, 집문당, 1994.

이석원, 『음악심리학: 음악적 경험의 과학』, 尋雪堂, 1997.

이숭원, 「<농가월령가>에 나타난 자연·인간·사회」, 『국어국문학』
　　　　　137, 국어국문학회, 2004.

李昇薰, 『文學과 時間』, 이우출판사, 1983.

이영길, 「음성상징어 연구」, 『人文論叢』 8, 昌原大學校 人文科學硏究
　　　　　所, 2001.

이용지, 「辭說時調의 言語 遊戲 樣相 硏究」, 서강대학교 대학원, 2002.

李壬壽, 「송강 장진주사의 구조미학」, 『송강문학연구』, 국학자료원, 1993.

이지중, 『교육과 언어의 성격』, 문음사, 2004.

이춘재 외, 『청년심리학』, 中央適性出版社, 1993.

이혜구, 「용비어천가의 형식」, 『한국음악연구』, 서울대출판부, 1985.

이홍우, 『지식의 구조와 교과』, 교육과학사, 1983.

　　　　　, 『增補 敎育課程探究』, 博英社, 2004.

이환기, 『헤르바르트의 교수이론』, 성경재, 2004.

인권환, 「석보상절의 문학적 고찰」, 『민족문화연구』 9, 고려대 민족문
　　　　　화연구소, 1975.

임경미, 「스땅달의 글쓰기와 자기 탐구」, 서울대학교 대학원, 1997.

임재해, 「전설과 역사」, 『한국문학연구입문』, 지식산업사, 1982.

　　　　　, 『민족신화와 건국영웅들』, 천재교육, 1995.

임주탁, 「연시조의 발생과 특성에 관한 연구」, 서울대학교 대학원, 1990.

임진영, 「인간 발달에 대한 전생애적 접근의 이론적 함의」, 서울대학교
　　　　　대학원, 1988.

임태평, 『존 듀이: 철학적 탐구와 교육』, 교육출판사, 2005.

장덕순, 「왕조서사시로서의 용비어천가」, 『한국문학연구입문』, 지식산
　　　　　업사, 1982.

전재강, 「정철 시조에 나타난 현실 지향과 풍류의 성격」, 『시조학논총』
　　　　　21, 한국시조학회, 2004.

정병욱, 「용비어천가의 결미법에 대한 고찰」, 『도남학보』 3, 도남학회, 1980.

정영수, 『인간교육의 탐구』, 동문사, 1995.

鄭永宇, 「靑少年의 道德的 實踐力 提高를 위한 道德的 正體性의 役

割에 관한 研究」, 서울대학교 대학원, 2005.

鄭雲采, 「<丹心歌>의 전승 계통에 따른 해석의 방향」, 『한국고전시가작품론』, 集文堂, 2000.

_____, 「윤선도의 시조와 한시의 대비적 연구」, 서울대학교 대학원, 1993.

丁益燮, 「宋純의 短歌考」, 『湖南文化研究』 6, 全南大學校 湖南文化研究所, 1974.

정혜원, 『한국 고전시가의 내면 미학』, 신구문화사, 2001.

정호표, 『현대교육철학』, 교육과학사, 2002.

조규익, 『선초악장문학연구』, 숭실대 출판부, 1990.

조긍호, 『이상적 인간형론의 동·서 비교』, 지식산업사, 2006.

조동일, 「산수시의 경치·흥취·주제」, 『국어국문학』 98, 국어국문학회, 1987.

_____, 『한국문학통사』 1·2, 지식산업사, 1994.

조세형, 「<동짓달 기나긴 밤…>의 시공인식」, 『한국고전시가작품론』, 集文堂, 2000.

조용환, 『사회화와 교육: 부족사회 문화전승 과정의 교육학적 재검토』, 교육과학사, 2004.

趙潤濟, 『韓國 詩歌의 研究』, 乙酉文化社, 1948.

조은희, 「어휘 설명을 추가하는 입력 수정이 우연적 어휘 학습에 미치는 영향」, 서울대학교 대학원, 2005.

조해숙, 「五友歌의 시적 구조와 의미 분석」, 『韓國詩歌研究』 1, 韓國詩歌學會, 1997.

조흥욱, 「용비어천가의 율격 연구」, 서울대학교 대학원, 1978.

_____, 「월인천강지곡 연구」, 서울대학교 대학원, 1993.

조희정, 「사회적 문해력으로서의 글쓰기 교육 연구: 조선 세종조 과거 시험을 중심으로」, 서울대학교 대학원, 2002.

주재우, 「고전기행문학과 경험 교육: <열하일기>를 중심으로」, 『고전문학과 교육』 15, 한국고전문학교육학회, 2007.

지정민, 「예기에 나타난 전통 교육의 종교성과 聖顯: 月令篇을 중심으로」, 『도덕교육연구』 17, 한국도덕교육학회, 2006.

차배근, 『설득커뮤니케이션이론』, 서울대출판부, 1989.

차봉희 편저,『수용미학』, 문학과지성사, 1985.
채완,『한국어의 의성어와 의태어』, 서울대학교 출판부, 2003.
최세훈,「역사적 사고력 향상을 위한 인물을 통한 감정이입적 역사학습 프로그램 개발」, 이화여자대학교 대학원, 2004.
최용섭,「Herbart의 多面的 興味論에 對한 硏究」,『綜合論文集』, 조선대학교, 1975.
최윤희,『현대 PR론』, 나남출판사, 1992.
최인자,「학습자의 발달 특성에 기반한 서사 텍스트 선정 원리 연구: 청소년 학습자를 중심으로」,『문학교육학』 23, 2007.
최재남,「시조의 풍류와 흥취」,『時調學論叢』 17, 韓國時調學會, 2001.
_____,「체험시이 전통과 시주의 서정미학」,『韓國詩歌研究』 16, 韓國詩歌學會, 2004.
崔珍源,『增補版 韓國古典詩歌의 形象性』, 成均館大學校出版部, 1996.
최혜실,「용비어천가 무엇을 어떻게 가르칠 것인가」,『고전문학 어떻게 가르칠 것인가 — 耘亭 李相翊박사 회갑기념 논문집』, 집문당, 1994.
韓相璉,「時調의 論理學的 硏究: 韓國論理學의 可能性 問題」,『論文集』 3, 동국대학교, 1967.
한영우,『朝鮮前期 史學史 研究』, 서울대출판부, 1981.
한우근·이태진 편저,『사료로 본 한국문화사: 조선 전기편』, 일지사, 1987.
한창훈,「강호시가의 문학교육적 가치에 관한 연구」, 고려대학교 대학원, 2000.
허범자,「孤山 시조문학의 생성배경 연구」, 서울대학교 대학원, 1991.
현대경영연구소 편,『기업 홍보·CI·현대광고』, 승산서관, 1996.
현주 외,『중고등학교 논리적 사고 및 정의적 발달 특성 조사 연구: 1982년과 1994년과의 비교』, 한국교육개발원, 1994.
홍성란 엮음,『중앙시조대상: 수상작품집』, 책만드는집, 2004.
황경식,「한국 유교의 자산과 그 현대적 변용: 충효사상의 현대적 의의」,『철학사상』 12, 서울대학교 철학사상연구소, 2001.

眞木悠介, 최정옥 외 역,『시간의 비교사회학』, 소명출판, 2004.

Allport, Gordon W., *The Individual and his Religion: a psychological interpretation,* Macmillan, 1976.

Alverson, Hoyt, Semantics and experience: universal metaphors of time in English, Mandarin, Hindi, and Sesotho, Johns Hopkins University Press, 1994.

Anderson, John R., *Cognitive Psychology and its Implications,* 李永愛 譯, 『認知心理學』, 乙酉文化社, 1987.

Ashby, Rosalyn, Students' Approaches to Validating Historical Claims, in *Understanding History,* RoutledgeFalmer, 2005.

Barthes, Roland, 김인식 편역, 『이미지와 글쓰기』, 세계사, 1993.

_____, 정현 옮김, 『신화론』, 현대미학사, 1995.

Blasi, A., Identity and the Development of the Self, in *Self, Ego and Identity: integrative approaches,* Spring – Verlag, 1988.

Bloom, Benjamin S., *The classification of educational goals,* 임의도 · 정범모 역, 『교육목표 분류학』, 교육과학사, 1990.

Booth, Wayne C., *The Rhetoric of Fiction,* 최상규 역, 『소설의 수사학』, 새문사, 1985.

Bowra C. M, 김남일 역, 『시와 정치』, 전예원, 1983.

Breger, Louis, *From Instinct to Identity,* 1974, 홍강의 · 이영식 옮김, 『인간 발달의 통합적 이해』, 이화여자대학교 출판부, 1998.

Bruner, Jerome, Nature and Uses of Immaturity, in *Play: Its Role in Development and Evolution,* Penguin Books, 1978.

_____, 李烘雨 譯, 『브루너 敎育의 過程』, 培英社, 1984.

_____, *Actual Minds, Possible Worlds,* Harvard University Press, 1986.

Bruner, Jerome · Helen Haste(ed.), *Making Sense: The child's construction of the world,* Routledge, 1990.

Burke, Edmund, 김동훈 옮김, 『숭고와 아름다움의 이념의 기원에 대한 철학적 탐구』, 마티, 2006.

Capra, Fritjof, 구윤서 · 이성범 옮김, 『새로운 과학과 문명의 전환』, 범양사, 1989.

Cassirer, Ernst, *An Essay on Man: an introduction to a philosophy of human culture,* 최명관 옮김, 『인간이란 무엇인가: 문화철학서설』, 서광사, 1988.

Chatman, Seymour, 김경수 옮김, 『영화와 소설의 서사구조』, 민음사, 1995.

Dacey, John · Travers, John, *Human Development: Across the Lifespan,* Wmc. C. Brown Communications, Inc., 1994.

Dewey, John, *Democracy and Education: an introduction to the philosophy of education,* 李烘雨 譯, 『民主主義와 敎育』, 敎育科學社, 1996.

Dickie, George, *Aesthetics: an introduction,* 오병남 · 황유경 공역, 『미학입문』, 서광사, 1981.

Dipple, Elizabeth, 문우상 역, 『플롯』, 서울대출판부, 1979.

Dufrenne, Mikel, 김채현 역, 『미적 체험의 현상학』, 이화여자대학교 출판부, 1991.

Egan, Kieran, *The Educated Mind: How cognitive tools shape our understanding,* The university of Chicago press, 1997.

Eisner, Elliot W., *The Educational Imagination: On the Design and Evaluation of School Programs,* 이해명 譯, 『敎育的 想像力: 교육과정의 구성과 평가』, 檀國大學校出版部, 1991.

Eliade, Mircea, 이은봉 역, 『신화와 현실』, 성균관대출판부, 1985.

Eliot, T. S., 崔鍾壽 譯, 『文藝批評論』, 博英社, 1974.

Elkind, David, *A Sympathetic Understanding of the Child: Birth to Sixteen,* Allyn and Bacon, 1994.

Erikson, Erik H. "Identity and the life cycle" *Psychological Issues.* International University Press, 1959, p.118.

_____. *The Life Cycle Completed.* Norton, 1985, p.72.

Flavell, John H. · Miller, Patricia H. · Miller, Scott A., *Cognitive Development, 3rd edition,* Prentice – Hall, Inc., 정명숙 역, 『인지발달』, 나남출판, 1999.

Gall, Joyce P. · Meredith D. Gall, Outcomes of the Discussion Method in *Teaching and Learning through Discussion,* Charles C. Thomas, 1990.

Gans, Herbert, Symbolic Ethnicity: The Future of Ethnic Groups and Cultures in America, in *Theories of Ethnicity,* ed. by Werner Sollors, New York University Press, 1996.

Ginsburg, H. · S. Opper, 『피아제의 지적발달론』, 성원사, 1984.

Goldmann, Lucien, *Sciences humaines et Philosophie,* 김현 · 조광희 공역, 『인문과학과 철학: 사회과학이란 무엇인가』, 문학과지성사, 1991.

Gossman, Lionel, *Between History and Literature,* Harvard Univ. Press, 1990.

Gray, W. & Hudson, L., Formal operations and the imaginary audience, *Developmental Psychology* 20, 1984.

Hatchett, Ethel L. · Donald H. Hughes, *Teaching Language Arts in Elementary Schools: A functional — creative approach,* Ronald, 1956.

Hauenstein, A. Dean, *A Conceptual Framework for Educational Objectives: A Holistic Approach to Traditional Taxonomies,* 김인식 외 공역, 『신교육 목표분류학』, 교육과학사, 2004.

Heidegger, Martin, *Sein und Zeit,* 이기상 옮김, 『존재와 시간』, 까치, 1998.

Herbart, Johann F., 김영래 옮김, 『일반교육학』, 학지사, 2006.

Hill, Water R., *Secondary School Reading: Process, Program, Procedure,* Allyn and Bacon, Inc., 1979.

Hobsbawm, Eric, *On History,* 강성호 옮김, 『역사론』, 민음사, 2002.

Holub, Robert C. *Reception Theory,* 최상규 옮김, 『수용미학의 이론』, 예림기획, 1999.

Hungerford, Harold, 최돈형 편역, 『환경교육학입문』, 원미사, 2005.

Ingarden, Roman, *Das Literarische Kunstwerk,* 이동승 옮김, 『문학예술작품』, 민음사, 1995.

Iser, Wolfgang, *Der Akt des Lesens,* 『독서행위』, 이유선 역, 신원문화사, 1993.

Jackson, P. W., *Life in Classroom,* 車京守 譯, 『兒童의 敎室生活』, 倍英社, 1978.

Jakobson, Roman, 신문수 편역, 『문학 속의 언어학』, 문학과지성사, 1989.

James, William, *Principles of Psychology,* 정양은 옮김, 『심리학의 원리』, 아카넷, 2005.

Lamping, Dieter, *Das lyrische Gedicht: Definitionen zu Theorie und Gedichte der Gattung,* 장영태 옮김, 『서정시: 이론과 역사』, 문학과지성사, 1994.

Lerner, Laurence, *The Frontiers of Literature,* Basil Blackwell, 1988.

Lickona, Thomas, 유병열 외 역, 『인격교육의 실제』, 양서원, 2006.

Light, Donald · Susanne Keller, *Sociology,* 노치준 · 길태근 공역, 『사회학 입문』, 한울 아카데미, 1992.

Lowenthal, David, *The Past is a Foreign Country,* 김종원 · 한명숙 옮김, 『과거는 낯선 나라다』, 개마고원, 2006.

Machotka, P., Aesthetic criteria in childhood: Justifications of preference, *Child Development 37,* 1966.

Marx, Werner, 장춘익 옮김, 『헤겔의 정신현상학』, 서광사, 1991.

McCready, Stuart, 남경태 옮김, 『시간의 발견』, 휴머니스트, 2002.

Muuss, Rolf E., *Theories of Adolescence,* The McGraw – Hill Companies Inc., 정옥분 외 공역, 『청년발달의 이론』, 양서원, 2003.

Nancy, Jean – Luc, 김예령 옮김, 『숭고에 대하여: 경계의 미학, 미학의 경계』, 문학과지성사, 2005.

Oliver, G., Knowing the Feelings of Others: A Requirement for Moral Education, *Educational Theory,* 1975.

Parsons, Michael J. *How we understand Art: A cognitive developmental account of aesthetic experience,* Cambridge Univ. Press, 1987.

Parsons, Michael J. · H. Gene Blocker, *Aesthetics and Education,* 1993, 김광명 역, 『미학과 예술교육』, 현대미학사, 1998.

Peter H. Lee, *Songs of Flying Dragons: A Critical Reading,* Harvard Univ. Press, 1975.

Reboul, Olivier, 홍재성 · 권오룡 역, 『언어와 이데올로기』, 역사비평사, 1994.

Ricoeur, Paul, *Interpretation Theory: Discourse and the Surplus of Meaning,* 김윤성 外 역, 『해석 이론』, 서광사, 1998.

_____, *Hermeneutics and Human Sciences: Essays on Language, Action and Interpretation,* 윤철호 옮김, 『해석학과 인문사회과학: 언어, 행동 그리고 해석에 관한 논고』, 서광사, 2003.

Sampson M. B. · T. V. Rasinski · M. Sampson, *Total Literacy: reading, writing, and learning,* Wadsworth, 2003.

Selman, Robert L., *The Promotion of Social Awareness,* Russell Sage Foundation, 2003.

Tompkins, Gail E., *Literacy for the 21st Century, 4th edition,* Pearson Education, Inc., 2006.

Warnier, Jean‒Pierre, *La Mondialisation de la Culture,* 주형일 옮김, 『문화의 세계화』, 한울, 2000.

Williams, Raymond, *Marxism and Literature,* Oxford University Press, 1977, 박만준 역, 『문학과 문화이론』, 경문사, 2003.

Worell, Judith and Fred Danner. *The Adolescent as Decision‒maker: Applications to Development and Education.* Academic Press Inc., 1989.

고영화 ─────────────────────────────

▌약 력

서울대학교 사범대학 국어교육과, 동대학원 졸업
교육학 박사
현) 서울대학교 BK21 국어능력계발 인재양성사업팀 연수연구원

▌주요 논문

「시조 교육의 위계화 연구」
「미래사회와 고전시가 교육」
「청소년기 향가 감상과 자아 형성에 대한 연구」 등

한국 고전시가의 교육적 탐색

초판인쇄 | 2009년 11월 30일
초판발행 | 2009년 11월 30일

지 은 이 | 고영화
펴 낸 이 | 채종준
펴 낸 곳 | 한국학술정보㈜
주　　소 | 경기도 파주시 교하읍 문발리 파주출판문화정보산업단지 513-5
전　　화 | 031) 908-3181(대표)
팩　　스 | 031) 908-3189
홈페이지 | http://www.kstudy.com
E-mail | 출판사업부　publish@kstudy.com
등　　록 | 제일산-115호(2000. 6. 19)

ISBN　978-89-268-0573-2　93370 (Paper Book)
　　　　978-89-268-0574-9　98370 (e-Book)